歴史文化ライブラリー

113

邪馬台国の考古学

石野博信

吉川弘文館

目次

卑弥呼の壺—邪馬台国（卑弥呼・台与）時代の設定……1

卑弥呼の居館と鬼道

卑弥呼の居館……8
卑弥呼の鬼道……21

卑弥呼の鏡

地域による三世紀中葉の鏡……40
三世紀中葉の日本列島の鏡種……51

卑弥呼の墓

卑弥呼の墓を求めて……56
九州の大型墓……59
瀬戸内沿岸地帯の大型墓……66
畿内の大型墓……78
山陰の大型墓……87

東海・中部・北陸・関東・東北の大型墓……102
卑弥呼の墓の候補地……123
三世紀の列島内交流
各地域の外来系土器……132
広域移動土器の動態……173
倭韓の墳上・墳中の建物
墓壙外柱穴と類似遺構……185
墓壙内柱穴と類似遺構……197
墓壙外柱穴と墓壙内柱穴……206
東アジアの中の邪馬台国……211
あとがき
引用・参考文献

卑弥呼の壺——邪馬台国（卑弥呼・台与）時代の設定

〝女王卑弥呼は、○×式土器を使っていたか？〟
〝それは、弥生か古墳か？〟

暦年代と土器

一九八三年十一月に奈良県橿原《かしはら》考古学研究所でシンポジュウム「三世紀の九州と近畿」を開いたとき、司会を担当した私のパネラーへの最後の問いかけであった（橿原考古学研究所付属博物館一九八六）。意外にも、四人のパネラー（都出比呂志・柳田康雄・下條信行・寺沢薫）は、庄内《しょうない》式土器か、その併行形式の土器という点でまとまった。〝意外にも〟とは、従来、邪馬台国《やまたいこく》の女王卑《ひ》弥呼《みこ》は弥生後期の人物とされており、高校の教科書ではすべて弥生時代にされている。庄内式土器とは、大阪府豊中市庄内遺跡を標準とする三世紀の土器であり、分布の中心は、奈良盆地東南部と大阪平野東部にある。庄内式土器の段階に、前方後円墳があるかどうかが問題となるが、詳細は「卑弥呼の墓」の章で検討したい。

「邪馬台国の考古学」を考えるときに、前提として整理しておくべき課題が二つある。一つは、女王卑弥呼と台与《とよ》治政期間の暦年代であり、他は、その治政期間に使用されていた土器の形式名である。

卑弥呼と台与の治政期間

女王卑弥呼と台与治政期間の暦年代は、文献史学の課題であり、考古学では解決できない。『三国志《さんごくし》・魏書《ぎしょ》』東夷伝《とういでん》倭人条《わじんじょう》に、「その国、本また男子を以《もっ》て王となし、住《とどま》ること七、八十年。倭《わ》国乱れ、相攻伐《こうばつ》すること歴年、乃《すなわ》ち共に一女子を立てて王となす。名づけて卑弥呼という」（石原道博編訳『魏志倭人伝他三篇』岩波書店、一九八五年。中国史書の引用は以下同、「倭人条」と略称する）。これを受けて『後漢書』倭伝では、「桓・霊の間、倭国大いに乱れ、更〻《こもごも》相攻伐し、歴年主なし」と、倭国乱の時期を後漢の桓帝と霊帝の間（一四七年〜一八八年）に限定している。

さらに『梁書《りょうしょ》』は、「漢の霊帝の光和年間、倭国に争いが起こり」（いき一郎編訳『中国正史の古代日本記録』葦書房、一九八四年）と光和年間（一七八年〜一八三年）にしぼりこんでいる。

「倭国乱」の年代については、『魏書』が原典であって『後漢書』は『魏書』を、『梁書』は『後漢書』を手本として編集されているので、後二書の史料価値は低いとされている。しかし、『魏書』の「住まること七、八十年」の男王を永初元年（一〇七）に後漢に遣使した「倭国王帥升」に当て、一〇七年から七、八十年後に当たる「光和中」は妥当な年代とする考えをとりたい。その上、「光和」につづく年号である「中平」銘（一八四―一八八）をもつ鉄刀が奈良県天理市東大寺山古墳から出土しているのは、女王・卑弥呼登場の機会に賜与された可能性があり、間接的に文献の裏付けとなる。

つまり、女王卑弥呼の登場は、一八〇年ごろとなる。そして、卑弥呼は、「その八年」（少帝の正始八年〈二四七〉）、狗奴国との戦闘を魏に報告し、「卑弥呼以て死す」（『魏書』）と続く。卑弥呼は、二四七年か二四八年に死亡した（本書では仮に二四八年とする）。その後、「更に男王を立てしも、国中服せず、……卑弥呼の宗女壱与（台）年十三なるを立てて王となし、国中遂に定まる」（『魏書』）。その後、台与は泰始二年（二六六）に晋《しん》に朝貢し、さらに、「東夷絶遠三十余国」を倭人の国とする吉田修説が正しければ太康十年（二八九）にも遣使していた可能性がある（『晋書』武帝紀）。要するに、中国史書によれば、女王卑弥呼と台与の時代は、後漢末から魏・晋にかけての約一一〇年間（一八〇〜二九〇年）となる。

卑弥呼と台与の時代の土器

西暦一八〇年から二九〇年にかけて、日本列島で使用していた文物は何か。ある程度、年号の分かる文物は、鏡と刀剣であろう。一八〇年から二二〇年は後漢末期で、内行《ないこう》花《か》文鏡《もんきょう》や方格《ほうかく》規《き》矩鏡《くきょう》が北部九州を中心に輸入されている。北部九州では、前漢式鏡は弥生中期の土器と、後漢式鏡は弥生後期の土器と共伴しているので、後

表1　2～4世紀の纒向様式土器編年と古墳（大和）

年代	旧編年		新編年		土器の特色	古　墳	
180	1式	（古）	1類	（前）	最後の長頸壺と小形長頸壺の流行		卑弥呼即位
				（後）			
		（新）	2類	（前）	小形器台・小形丸底鉢の登場	纒向石塚古墳	
210	2式	（古）		（中）	庄内大和形甕の登場		
				（後）			
			3類	（前）		ホケノ山古墳	
		（中）		（中）	庄内大和形甕の増加	纒向勝山古墳？	
				（後）	高坏の坏底面の水平化		卑弥呼遣使
		（新）	4類	（前）	小形器台の定式化 外面ハケ調整の庄内大和形甕	中山大塚古墳	卑弥呼死
250	3式	（古）		（中）	口縁端部の肥厚した布留式甕の登場	東田大塚・纒向矢塚古墳	台与遣使
		（新）		（後）		箸中山古墳	
280	4式	（古）	5類	（+）	小形精製土器セットの完成	桜井茶臼山古墳	
				（前葉後）		下池山古墳	
		（新）		（中葉前）		黒塚古墳	
				（中葉後）			
340	5式	（古）		（+）	奈良盆地での小若江北式段階	椿井大塚山古墳	
		（新）			小形精製土器セットが失われる段階(布留式設定資料段階)		

（石野・豊岡卓之作成）

漢式鏡は北部九州の弥生後期＝高三潴《たかみづま》式と西新《にしじん》式土器（初頭）に相当する。

　近畿の土器編年と暦年代については、表1のように考えている。奈良県桜井市纒向《まきむく》遺跡の調査によって弥生後期末から古墳前期の庄内式と布留《ふる》式土器の細分が可能となった（石野・関川　一九七六）。暦年代の定点の一つは、新の王莽《おうもう》が天鳳一年（一四）に鋳た貨泉《かせん》が、大阪府八尾《やお》市亀井遺跡をはじめとして三遺跡から後期初頭の土器と共伴している。さらに二世紀代の長宜子孫《ちょうぎしそん》内行花文鏡が兵庫県播磨大中《おおなか》遺跡で弥生後期後半の土器と共伴し、同加古川市西条52号墓では庄内式土器と共伴している（森岡　一九八五）。

　中国史書による卑弥呼と台与の治政期間の整理と暦年代が分かる銅銭・銅鏡と土器との共伴例から、本書では一八〇年から二九〇年の卑弥呼・台与の時代を纒向一類〜同三類（石野・豊岡　一九九九）〈弥生5様式末〜庄内新式〉の土器に伴う文物によって検証していくこととする。

卑弥呼の居館と鬼道

卑弥呼の居館

卑弥呼の居館を推定する資料

女王卑弥呼《ひみこ》の居館を推定する資料は「倭人条」にある。

『三国志』魏書倭人条による卑弥呼の居館

(1) 女王卑弥呼は「年已《すで》に長大なるも、夫壻《ふせい》なく、男弟あり、佐《たす》けて国を治む。

(2) 王となりしより以来、見るある者少なく、婢千人を以《もっ》て自ら侍せしむ。

(3) ただ男子一人あり、飲食を給し、辞を伝え居処に出入す。

(4) 宮室・楼観・城柵、厳かに設け、常に人あり、兵を持して守衛す。(1)〜(4)は、前掲書、四九ページ)

(5) 租賦を収む、邸閣あり、国国市あり。(同、四八ページ)

女王卑弥呼の居館は「宮室」と呼ばれていた(4)。宮室は城柵で囲まれ、要所には楼観(物見櫓《やぐら》)が設けられ、出入口は親衛隊が守衛していた(4)。宮室の近くには婢千人を収容する建物群があって他の者は覗《うかが》いみることは難しい(2)。ただし、卑弥呼の私的な建物は「居処」として別に設けられており、そこには「男子一人」だけが出入している(3)。したがって、居処のそばには「男子」用の建物と厨屋《くりや》がなければならない。

女王卑弥呼は、「鬼道に事《つか》え、能く衆を惑わす」(四九ページ)のが主要な仕事と考えられるので、卑弥呼の宮室は祭祀棟《さいしとう》である。それに対し、「佐けて国を治む」る男弟のためには政治棟が必要である(1)。考古資料によれば政治棟は、おそらく卑弥呼の宮室を囲む城柵に近い別の区画と推定できる(後述)。

つまり、「倭人条」による卑弥呼の居館は、祭祀棟と政治棟の二区画からなり、祭祀棟には公的な宮室と私的な居処があり、接して「婢」用の建物群と「男子」棟があった。政治棟にも、当然、必要な付属棟群が存在していたであろう。

一八〇年から二九〇年＝弥生後期末から庄内《しょうない》式末の建物群で「倭人条」から類推した卑弥呼の居館に対応する建物群はあるだろうか。残念ながら二世紀末〜三世紀の建物群の検出例そのものが圧倒的に少なく、実体は不明のままである。

三世紀の居館跡―大阪府尺度遺跡

しかし、一九九八年七月、大阪府羽曳野市尺度《しゃくど》遺跡でその一端が出現した。尺度遺跡は、大阪平野東部を北流する石川の西岸一キロ余の平地にある。大阪府文化財調査研究センターの調査によって穴屋(竪穴建物)と平・高屋（平地建物か高床建物）と区画溝が検出された（図1）。ここでは、区画溝と柵を手がかりとして、尺度遺跡の三世紀の街づくりを復元してみよう。

調査によって最も明瞭に現われた区画溝は幅二メートル余のA_1溝である。A_1溝は「型で、おそらく方形区画の一角であり、内側に柵を伴う。柵の内側には幅一メートル余のA_2溝がA_1溝と併行して「型にあり、内側に柵がある。二重の「型溝と柵の存在からA区画が尺度のマチの中心区画と推定できる。

A区画の南西に接してB区画がある。B区画は、A区画の北西辺につづくB溝とB溝に直交するC溝によって区画されている。B・C溝とも幅五〇センチ余と小規模であって断続しており、柵も伴わない。しかし、C溝とA_1溝は約五〇メートル離れて平行しており、有機的関係を推定させる。そのうえ、B区画の幅五〇メートルを根拠にA区画を一辺五〇メートルとして復元すると、A_2内郭《かく》はA区画の中心区画に適合する。

A区画の東北辺に接してB区画と同規模のD区画を復元すれば、尺度には一辺一五〇メートルの街区を復元できる。さらに、A区画北西辺に直交してとりつく二本の溝を道路側溝とみれば、A区画の北西辺に幅八メートル余の直線道路が復元できる。また、A区画とB区画の北西辺には、「道路」に併行する溝と穴屋1・2号があり、北西辺坊に相当する街区が想定できる。なお、B区画の二棟の穴屋（3・4号棟）とC区の5・6号棟も、すべて穴屋の外に径一五〜三〇メートルの外溝によって大規模な屋敷地をもっており、一般的な穴屋とは異なる。A_1溝と付属する柵や枝溝をもとに夢想

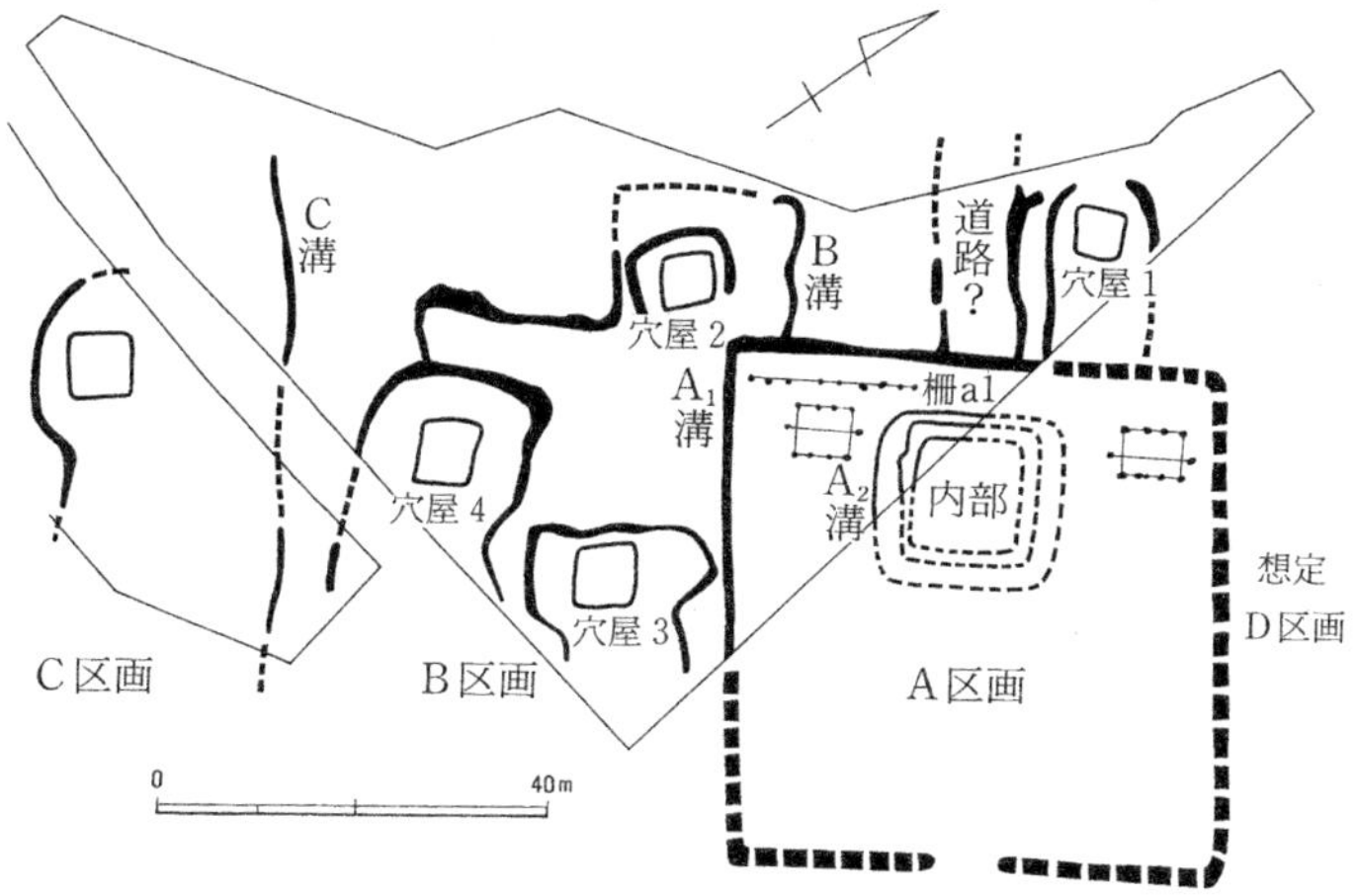

図1　3世紀の近畿の居館跡（大阪府尺度遺跡の想定復元）
〈大阪府文化財センター 1998から作図〉

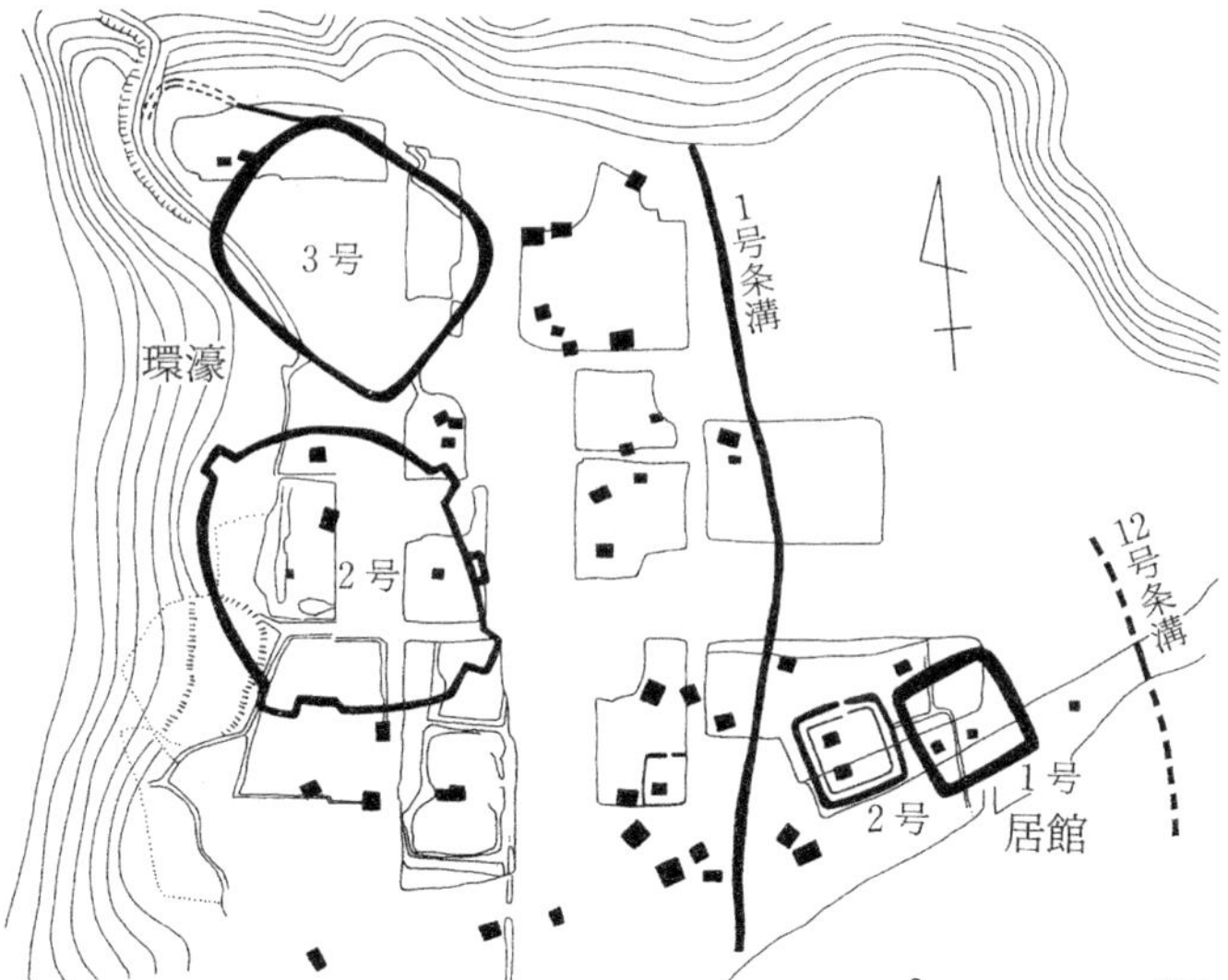

図2　3・4世紀の九州の居館跡（大分県小迫辻原遺跡）
〈田中・土井 1995から作図〉

に近い大胆な街区の復元を試みた。現段階では三世紀の居館の最も確かな資料であり、周辺地域の確認調査を期待したい。

三・四世紀の北部九州の居館跡—大分県小迫辻原遺跡

北部九州の山間部、大分県日田市に三世紀から四世紀中葉にかけて継続的に営まれた居館跡がある（図2）。遺構群は、大きく四期に分けて考えられている。一・二期は三世紀代で、いずれも一基の環濠《かんごう》と周辺の住居群という弥生時代的なあり方を示す。三A・三B期は、四世紀初頭から中葉で、集落は変質した。

四世紀初頭には、大小二つの方形環濠が一つの条溝を境に分離し、両地区にはそれぞれ穴屋が付属する。一辺約四〇メートルの方形環濠（一号環濠居館）を首長居館とし、長辺約一〇〇メートルの長方形環濠（三号環濠）を有力家族の居住地とし、周辺の穴屋を一般農民とする見解が一般的である。しかし、そうではなくて、方形環濠が祭祀空間で、長方形環濠が政治空間と考えてはどうか。そう考えると両者を分ける一号条溝の東一六〇メートルに一二号条溝があって、方形環濠地区が長方形環濠地区の半分以下の空間の中にあることの意味が理解しやすい。同じ状況は、三B期の四世紀中葉へと継続している。

北部九州では、少なくとも四世紀初頭には祭政が分離し、「見るある者少なし」と言われた卑弥呼的司祭者が登場していたようだ。

四世紀の大和の居館—家屋文鏡

四世紀後半の奈良県北葛城《かつらぎ》郡河合《かわい》町佐味《さみ》田宝塚《たたからづか》古墳（長突円墳＝前方後円墳、全長一二〇メートル）には四棟の建物を鋳出した家屋文鏡《かおくもんきょう》がある。

家屋文鏡は、一九二一年に梅原末治《すえじ》氏によってはじめて学界に紹介された（梅原　一九二一）。その中で梅原氏は、四棟の建物をはじめキヌガサ・トリ・樹木と稲妻形など建物の背景となる図文全体について精密な観察を行なっている。その後、高橋健自氏（高橋　一九二七）、後藤守一氏（後藤　一九三三・一九四二）、堀口捨己氏（堀口　一九四八）など、多くの研究が継続した。そして一九八三年には池浩三氏の『家屋文鏡の世界』（池　一九八三）によって、文献・民族・民俗・考古の各分野を含む視点から総合的な分析が行なわれた。

梅原氏以来、家屋文鏡は国産鏡とされており、そこに描かれている家屋図は、四世紀後半の日本列島に存在した建物であるという点では意見の違いはない。厳密には鏡の製作地は不明だが、およそ大和の建物と考えられている。

家屋文鏡の建物群に対する従来の考古学の通説は、四世紀の大和の豪族居館の主要な建物をあらわす、としていた。それに対し、言語学の木村徳国氏（木村　一九七五）と建築史の池浩三氏は、四棟とも祭儀にかかわる建物とする新しい見解を提示された。私は前者の立場にあったが、新見解に導かれながらあらためて考えてみたい（図3）。

四棟の建物を外観によって次のように仮称する。

入母屋《いりもや》造《づくり》伏屋《ふせや》（略称＝伏屋）
切妻《きりづま》造《づくり》高屋《たかや》（略称＝切り高屋）
入母屋造高屋（略称＝入り高屋）
入母屋造平屋《ひらや》（略称＝平屋）

伏屋は、通説では穴屋（竪穴式建物）＝ムロである。池氏は台上の伏屋とし、仮設の祭祀用建物と考えられた。弥生時代に入母屋造の伏屋があることは、岡山県総社市横寺遺跡の土製品によって実証された。そして、四世紀初頭から中葉の「豪族居館」に平屋や高屋とともに付設されていることは、さきに述べた大分県小迫辻原《おさこつじばる》遺跡などに実例がある。さらに、『古事記』の景行天皇段にクマソタケルが室《ムロ》で宴を催している所へヤマトタケルが女装して入り、オトタケルを「室《ムロ》の椅《ハシ》の本《モト》」で「剣を尻より刺し通した」という記述をもとに、室は竪穴であることが喜田貞吉氏によって指摘されている（喜田 一九二四、四九・五三ページ）。つまり、大型穴屋で宴会が行なわれる場合があったと『古事記』編纂の奈良時代には伝承

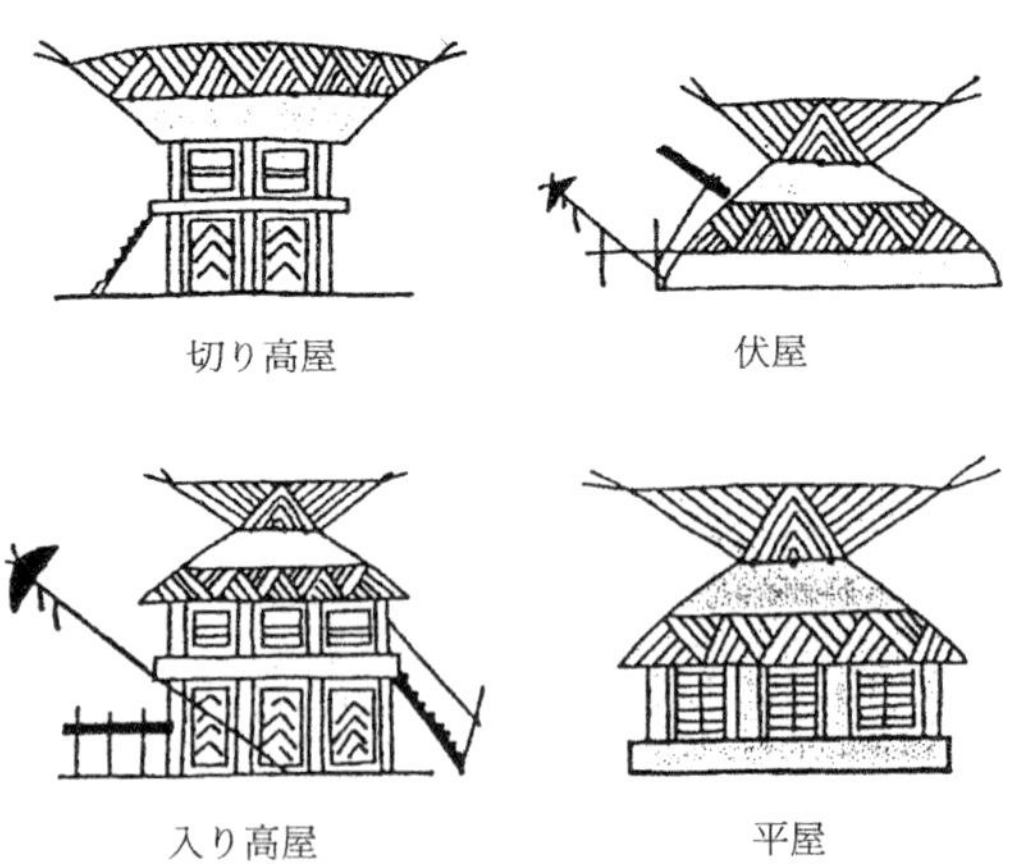

図3　4世紀の家屋文鏡の図（奈良県佐味田宝塚古墳）
〈池 1983〉

されていたのである。

そのうえ、家屋文鏡の伏屋にはキヌガサと稲妻形がある。家屋文鏡の四棟のうち、キヌガサをさしかけ、背景に稲妻形をもつのは伏屋と入り高屋だけである。入り高屋については、貴人の建物とされているが、伏屋については的確な説明はない。キヌガサは、キヌガサ型埴輪が四世紀の佐紀《さき》陵《みささぎ》山《やま》古墳（「日葉酢媛《ひばすひめ》陵」）の石室上におかれているように貴人の象徴であることは十分に考えられる。稲妻形文とその中の「異様な人物の坐像」を最初に指摘したのは梅原氏であるが、池氏は日中の古典からそれを雷電とし、人物像を雷神と考えた（池浩三、前掲書、六六ページ）。そのうえで、雷電の放射をうけ、雷神をもつ建物は、「なかで行われる何らかの行為と不可分の表象であることを暗示している」（前掲書、六一ページ）として祭儀のための建物とした。

私は、池氏の検証を支持したうえで、伏屋は入り高屋とはセットとして一つの機能をはたす建物と考えたい。四棟の建物のなかでキヌガサと雷電文をもつのはこの二棟だけであることを重くみたい。

「倭人条」と家屋文鏡

「倭人条」の卑弥呼関係の建物は、直接記録されている「宮室・楼閣・城柵」と邸閣（倉）以外に男弟と男子の建物と卑弥呼の居処（プライベートな建物）と婢千人の建物群などがある。七世紀の推古女帝と聖徳太子の政治システムにみられるように、大和には卑弥呼的人物と男弟的人物による祭政一致の政治システムが伝統として存在しえたと思われるので、四世紀後半の鏡に描かれた建物群を「倭人条」の視点から検討してみたい。

伏屋と入り高屋の一対の建物を「倭人条」の中に求めると、

(1)　卑弥呼と男弟
(2)　卑弥呼と男子
(3)　卑弥呼の宮室と居処

の三者が想定できる。

(1)は、最も賛同者の多い想定であろう。しかし、難点は卑弥呼か男弟のいずれかが伏屋に常時居住し、祭祀か政治を執行したと考えなければならない点である。弥生時代以来、祭政にかかわる大型建物の存在が判明している現在、四世紀の政権中枢の建物としてはふさわしくない。

(2)の想定は、本来、卑弥呼に「飲食を給する」役割の男子の建物にキヌガサをさしかけていることになり、不穏当である。男子は、卑弥呼の「辞を伝える」役割も合わせ持っているので、江戸時代の将軍の側用人《そばようにん》のように、そこに権力が芽生えてくる可能性があるが、それにしても居宅にキヌガサを立てることは許されないだろう。

(3)は、伏屋にキヌガサをさしかけ、雷神を背景にもつ理由を最も説明しやすい。七世紀末の高松塚古墳の壁画にもみられるようにキヌガサが権威の象徴であれば、一つの建物群に二本のキヌガサは不適当である。あるいは、王だけではなく、王一族や武将・文官の一部にキヌガサの使用が認められていたとしても、それらの人々に伏屋はふさわしくない。

キヌガサと雷神が権威と神威を象徴しており、なおかつ、二つの建物に立てられていれば、同一人物が目的別に使用する二つの建物としか考えようがない。この考え方を「倭人条」にあてはめれば、卑弥呼の居処と宮室となる。伏屋が居処であり、入り高屋が宮室である。この場合の問題点は、「見るある者少なし」と言われている卑弥呼の宮室＝入り高屋に露台が付いている点であろう。しかも、キヌガサは露台上にさしかけられている。一つの解釈としては、卑弥呼の「辞を伝える」男子が女王の権威を背景にしていることを象徴している、と理解することができる。

したがって、残る平屋は男弟の政治棟となる。平屋の各柱間は観音開きの扉となっており、他の建物が柱に板をおとしこんだ閉鎖的な板壁となっているのに対し、これだけが外に開かれている建物であることも象徴的である。しかも、平屋だけが基壇上に建って権威の存在を示している。

切り高屋は、通説のとおり高倉であろう。「倭人条」の邸閣が「租賦を収める」倉であれば切り高屋がふさわしい。しかも、「倭人条」では、卑弥呼の「宮室・楼閣・城柵」とは別の箇条に記されているので、邸閣＝倉の管理は男弟が担当していたのかもしれない。四世紀の鏡に描かれた高倉も対面に描かれている平屋の住人＝男弟的人物によって管理されていたのか。

家屋文鏡の四棟の建物の機能を「倭人条」と考古資料から類推した。その結果、四世紀の大和には「倭人条」に描かれている男女によって分担された祭政一致の政治システムの存在がみえてきた。やがて各地で、家屋文鏡にふさわしい建物群の検出が期待できる。それは、卑弥呼の居館の系譜をひいている。

卑弥呼の宮室はタテかヨコか

さきに「倭人条」から類推される卑弥呼の宮室内に存在したであろう個々の建物について検討したが、その配置は不明のままである。卑弥呼の宮室を復元するために参考になる考古資料が一・二ある。

その一つは、滋賀県野洲町富波《とは》遺跡の三世紀後半～四世紀の墓群である。滋賀県教育委員会と守山市教育委員会の多年次に及ぶ調査成果を合わせると図4のように復元できる。溝で囲まれた長方形区画の中に長方形周濠をもつ二つの長突方墳(＝前方後方墳)が並列し、その間に小さな円墳と方墳が群在する。長突方墳には大小の差があり、同一区画内ではあるが、一方が優位であったらしい。この復元図ができた時、「倭人条」から推定できる卑弥呼の宮室とあまりにも似ていることに驚いた。

生前の建物群の配置と死後の墳墓の配置が類似することは、大いにありうることであろう。後漢の蔡邕《さいよう》が著わした『独断』下には次のようにある。

宗廟の制、古はもって人君の居となす。前に「朝」あり、後に「寝」あり。ついには前に

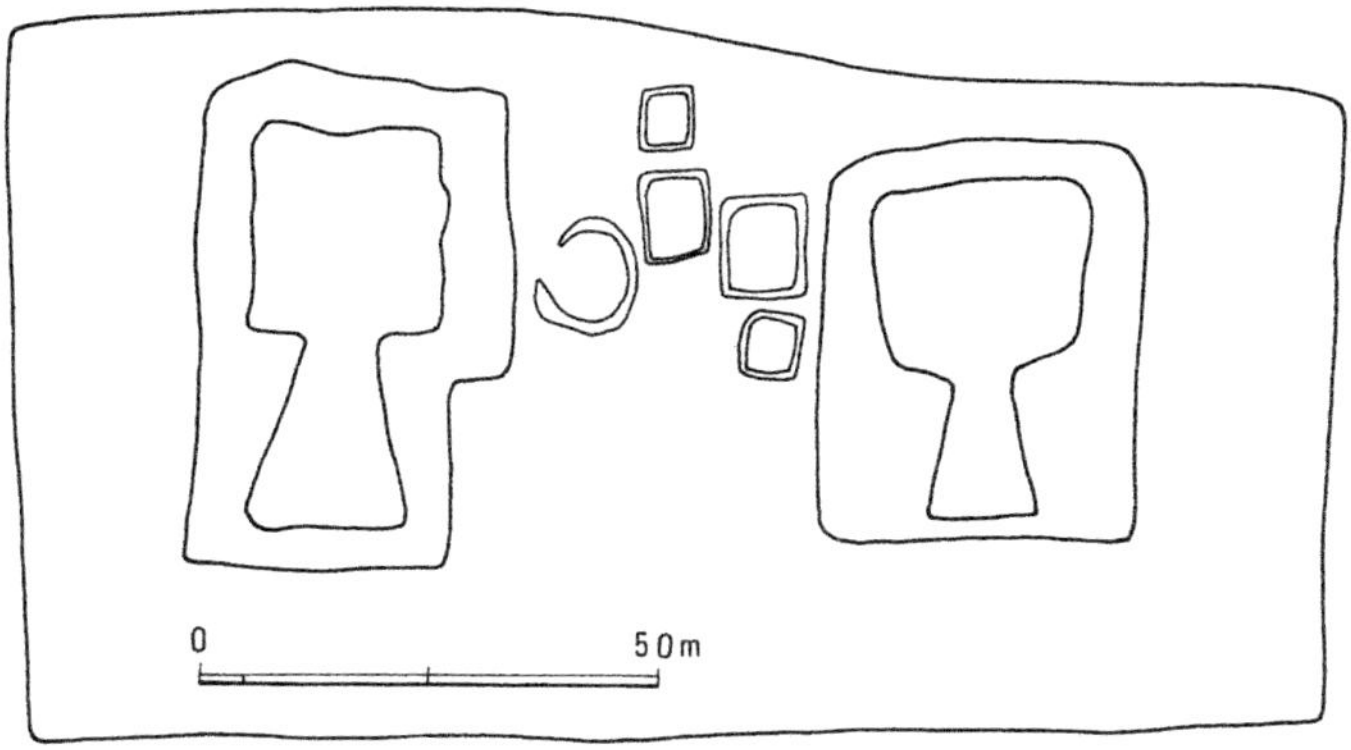

長方形区画内に並列する墳墓（滋賀県富波遺跡、3世紀後半）

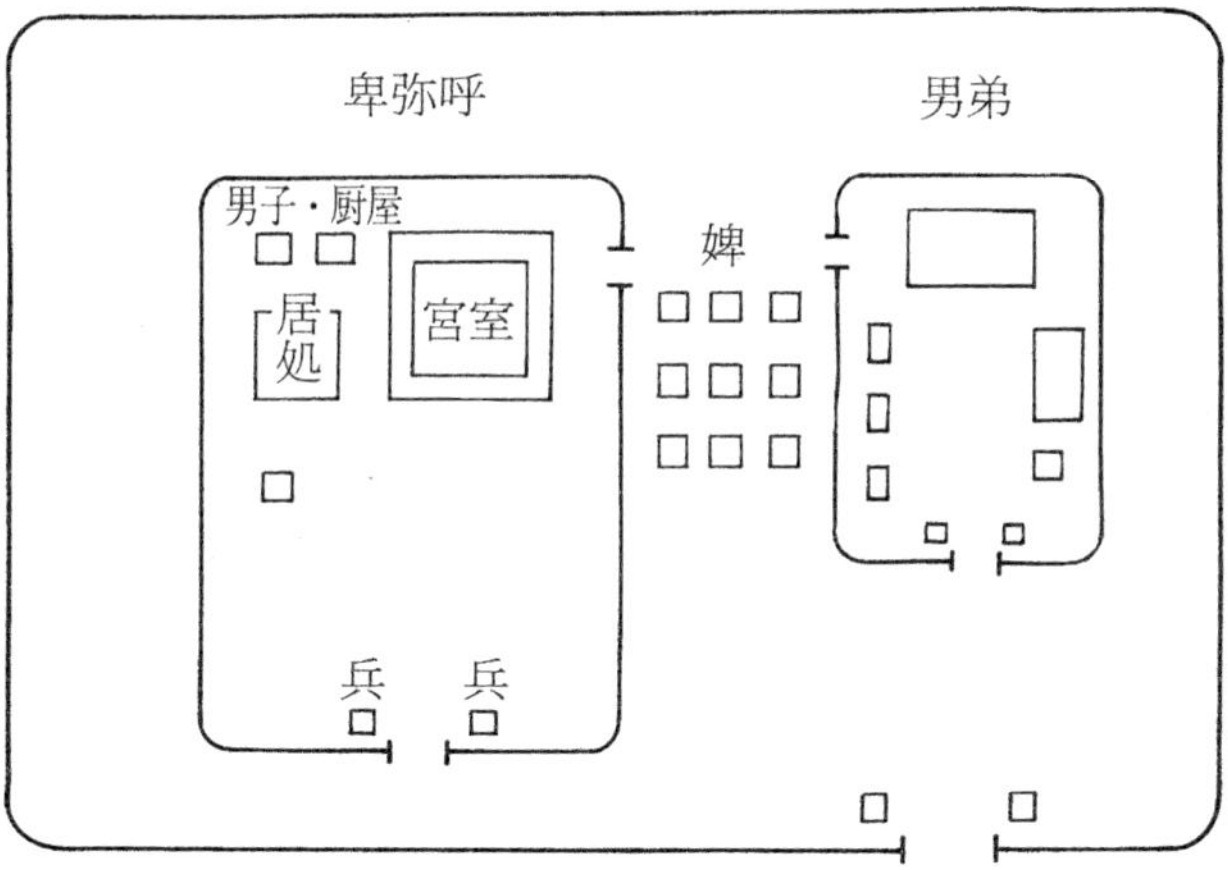

卑弥呼の居館想定図

図4　卑弥呼の居館（想定）

「廟」を制してもって朝を象《かたど》り、後に「寝」を制してもって寝を象れり。

意訳すれば、宗廟の制は生前の居宅をうつしたものであって、前に君主が群臣を朝見し政務を処理する朝があり、後に君主とその家族が日常生活を送る寝があれば、廟は朝と寝を象《かたど》ってつくるものである、ということになろう（楊寛 一九八一）。楊寛氏によれば、中国で生前の宮殿配置を宗廟《そうびょう》に象る制は漢代を通じて盛んに行なわれている。

つまり、富波遺跡の三・四世紀の墳墓配置を参考にすれば、同時代の近畿では、同一区画内に並列する大小の建物群（大小の墳墓に対応する大小の建物群）を想定することができる。そしてその間には、零細な建物群が介在する。

他方、大阪府尺度遺跡の方形区画群には、区画群の推定中心線の延長上を外にのびる道路がある。この道路の延長上に別な方形区画があるとすれば、方形区画はタテに配列し、道路によって結ばれていることになる。さきにみた中国漢代の宮殿配置と類似する。

三・四世紀の日本列島には、方形区画のタテ配置とヨコ配置が並存していたのかもしれない。その背景には、中国・朝鮮の地域と時期による宮殿配置の差があるようだ。

卑弥呼の鬼道

卑弥呼《ひみこ》は、「鬼道に事《つか》え、能《よ》く衆を惑わす」という。鬼道は、中国の道教的な信仰らしいが、その実態は不明である。そこで、卑弥呼の鬼道を明らかにするために日本列島で二世紀末におこり、三世紀に継続した新しい祭祀遺構と遺物を探求するところからはじめよう。

組帯文の出現

日本近代考古学の実践者である浜田耕作先生が、一九一七年（大正六）に最初の考古学研究報告として刊行したのが『肥後に於ける装飾ある古墳及横穴』（浜田　一九一七）である。この中で浜田先生は、直弧文《ちょっこもん》の起源に言及し、「帯状のものを不規則に纏き付けたる形より変化せる組帯《そたい》紋とも称す可《べ》きもの」と想定された。その後、直弧文に関する研究は数多く発表されたが、その起源を組帯文とする想定は継承されていない。しかし、一九六七年に「埴輪の起源」（『考古学研究』五一号）に関連して近藤義郎・春成秀爾両氏が提唱した特殊器台に付された文様は、まさに円筒に巻きつけられた組帯であった。私は、一九七六年に奈良県桜井市纒向《まきむく》石塚古墳周濠から直弧文類似の文様を刻んだ円板を報告するにあたり、直線がなく弧線主体の文様である点を重視し、「弧文円板」と命名した（石野・関川 一九七六）。しかしその後、浜田先生の前掲論文に気がつき、文様起源論はともかくとして、学史的には組帯文と呼ぶべきだと考えた。

組帯文が盛行するのは、まさに女王卑弥呼が登場する二世紀末である。近藤・春成両氏が提唱した組帯文をもつ特殊器台の初現型式である立坂型は吉備の弥生後期の上東《じょうとう》式土器の時期とされていたが、その後、岡山県倉敷市楯築《たてつき》遺跡の調査によって上東式土器の細分型式である鬼川市《おにがわち》3式期であることが明らかになった。鬼川市3式期は、近畿弥生5様式の末期に併行し、二世紀末に相当する。組帯文はその後、吉備で向木見《むこうぎみ》型・宮山《みややま》型・都月《とつき》型と四世紀前半にいたるまで葬送儀礼専用の特殊器台に付加されつづける。

組帯文が卑弥呼の登場とともにはじまる鬼道の一翼をになう祭文であるとすれば、吉備は卑弥呼が都とした邪馬台国なのであろうか。組帯文の起源をたどるとそうとは言い切れない。

豊岡卓之氏（橿原考古学研究所）は、組帯文の起源を奈良県田原本町唐古鍵《からこかぎ》遺跡の弥生中期後半の高坏《たかつき》に施された文様（藤田 一九八三）や弥生後期初頭の大阪府八尾市亀井遺跡の広口壺の肩部文様（中西靖人ほか 一九八三）に求めている（豊岡 一九八五）。

豊岡氏によれば、弧帯文（＝組帯文）には具象的弧帯文（A類）と抽象的弧帯文（B類）の二種があり、唐古鍵と亀井例はともにB類であって、現在の資料によるかぎり最古例である。吉備の組帯文（弧帯文）の出現は弥生後期末（鬼川市3式）である。吉備の弧帯文にはA・B類の二者がある。楯築古墳の亀石と弧帯石はB類で、立坂古墳の特殊器台文様はA類である。つまり、「大和・河内地域に成立した弧帯文B類が弥生時代後期後葉に至って吉備地域に波及し、一方に弧帯文B類を展開させながら、もう一方で弧帯文B類を器財に写しとり、具象化させたこと」によって、吉備の弧帯文A類が成立した（豊岡、前掲書、二一八ページ）。

豊岡論は、文様の精緻な分析と遺跡でのあり方を根拠としており、説得力がある。豊岡論が正しければ、組帯文は弥生中期後半・前二世紀中葉の大和・河内に出現し、後期末（後二世紀末）に吉備に伝播《でんぱ》したことになり、卑弥呼の鬼道とは直接結びつかないことになる。しかし、特殊器台と組帯文が最初に注目されてから三〇年余経過したいま、組帯文の文様変遷と使用方法には、二世紀末の画期が存在するように思われる。

大和・河内では、前二世紀から後一世紀の組帯文初現期以来、祭祀用の高坏や壺に描かれ、集落内祭祀に使用されていた。その伝統は少なくとも三世紀（庄内式期）に継続し、土器や木板などに描かれて集落内で使用されていた（大阪府東大阪市弥刀《やと》遺跡）。中には纏向遺跡のように集落内の祭祀場である導水施設に伴う例もある。この傾向は、滋賀県米原町入江内湖遺跡や岐阜県大垣市米野遺跡・石川県金沢市畝田遺跡などにも認められ、三世紀組帯文の大和・河内的用法の拡散が考えられる。

二世紀組帯文の大和・河内における一つの典型が纏向石塚古墳の組帯文円板（=弧文円板）である。豊岡氏によれば、纏向石塚の組帯文円板には、「弧帯文から直弧文への文様としての飛躍の条件」が満たされており、「吉備地域の弧帯文と直弧文の接点に生じた文様であ」る、という。纏向石塚古墳周濠出土のヒノキ板材の年輪年代測定（光谷　一九九五）を一つの定点とすれば、二世紀末〜三世紀初頭に直弧文への変革が生まれていたことになる。

岡山県落合町中山墳墓の特殊器台文様（奥和之ほか　一九七八）は、さらにその前段の文様変遷を示しているらしい。弧帯文から直弧文への変質は大和・河内と吉備でともにおこり、二世紀末以降、吉備では主として墳墓祭祀に使用されるようになった。

組帯文の起源が前二世紀中葉の大和・河内に求められ、二世紀末に画期が認められるとすれば、鬼道との結びつきが想定できる。

前三世紀以降、道教的銘辞をもつ前漢鏡が筑紫・肥前のクニグニの王の間に多量にもたらされていた。銘文の背景にある思想は、やがて広まり、吉備や大和・河内にも影響を与えたであろう。その一つのあらわれが、大和・河内の組帯文高坏・壺であった。二世紀末に、内乱の中から卑弥呼が女王として共立されるとともに新宗教の必要性が高まった。その一つとして、従来からあった組帯文をリフレッシュし、新たな祭文とした、と考えておこう。

邪馬台国が大和・河内や吉備と無関係な地域にあったとしても、両地域で二世紀末〜三世紀に組帯文が祭文の一つとして盛行したことは事実である。

導水施設

二世紀末・三世紀に新たに現われる顕著な構造物として前方後円（方）墳＝長突円（方）墳と導水施設がある。両者とも四〜六世紀へと変質しながらも継続する。長突円（方）墳については後述するとして、導水施設について考えてみたい。

導水施設とは、湧水池から溝や木樋《もくひ》で水を導き、必要に応じて貯水槽（池）や石敷面、建物を伴う総合的な施設である。現資料では、三世紀から六世紀の近畿から関東にかけて分布している。最古例は、三世紀後半の奈良県纏向遺跡、最新例は六世紀末・七世紀初頭の奈良県桜井市上之宮遺跡で、五世紀の類例が増加しつつある。

三世紀の導水施設

纏向遺跡は、大和の神山・三輪山の麓にある二世紀末〜四世紀中葉に栄えた「都市」である（後述）。都市の北端中央部に導水施設がある。導水施設の東二〇〇メートルに径約四メートルの井泉がある（萩原　一九九三）。井泉からは漆塗楯《うるしぬりたて》や絹の巾着《きんちゃく》袋などが出土しており、西側に溝が延びて導水施設に連なっているらしい。

導水施設は、発掘区内では東西方向の二本の溝とそれに直交する一本の小溝からなる（図５）。「導水路Ａは一辺一メートル余の槽を二つつなぎ、まわりに石を敷き、導水路Ｂは石敷部分から木樋を通す。木樋の口に板をおいて水量を調節するのは服部遺跡と等しい。導水路A・Bは東方向に併行して敷設されている。さらに、導水路Aには直交する素掘りの給水溝が伴い、槽にはU字形の切り口がつけられて水が通るようになっているが、導水路Bでは石敷下層に入り立体交差している。つまり、導水施設はさらに広い範囲に広がり、交差する導水路の中に建物が設けられていることになる」（石野　一九九一）。

聖水供献

辰巳和弘氏は、記紀・『風土記』や『万葉集』の中の聖水供献《きょうけん》記事に注目した（辰巳　一九九〇、五二〜七一ページ）。辰巳氏は、明石の駅家《うまや》にある「駒手の御井」の井水を大王に献上した話（『播磨国風土記』）、淡道（淡路）島の「寒水《しみず》」を大王に献上した話（『古事記』仁徳段）などを例示して、「このような井泉の水を供献する儀礼が散見するのは、当該井泉とそこに湧き出る水が、その地域において聖なる水（その地の地霊や国魂）として祀られていたがゆえであり、その祭儀の執行は地域首長の重要な義務であると同時に権利でもあったのである」と述べ、さらに、「常に湧きあふれ出る井泉の水の生命力・永遠性は、首長権の象徴にもなり、井水は首長権の継承儀礼にも欠かせないものである」（前掲書、六三ページ）ことを強調した。

纏向遺跡尾崎花地区の井泉と家ツラの導水施設は、古典でいう井水を浄化して聖水とするための施設であろう。三輪山麓には、「三輪の磐井《いわい》」と呼ばれる井泉があった。大泊瀬《おおはつせ》皇子（のちの

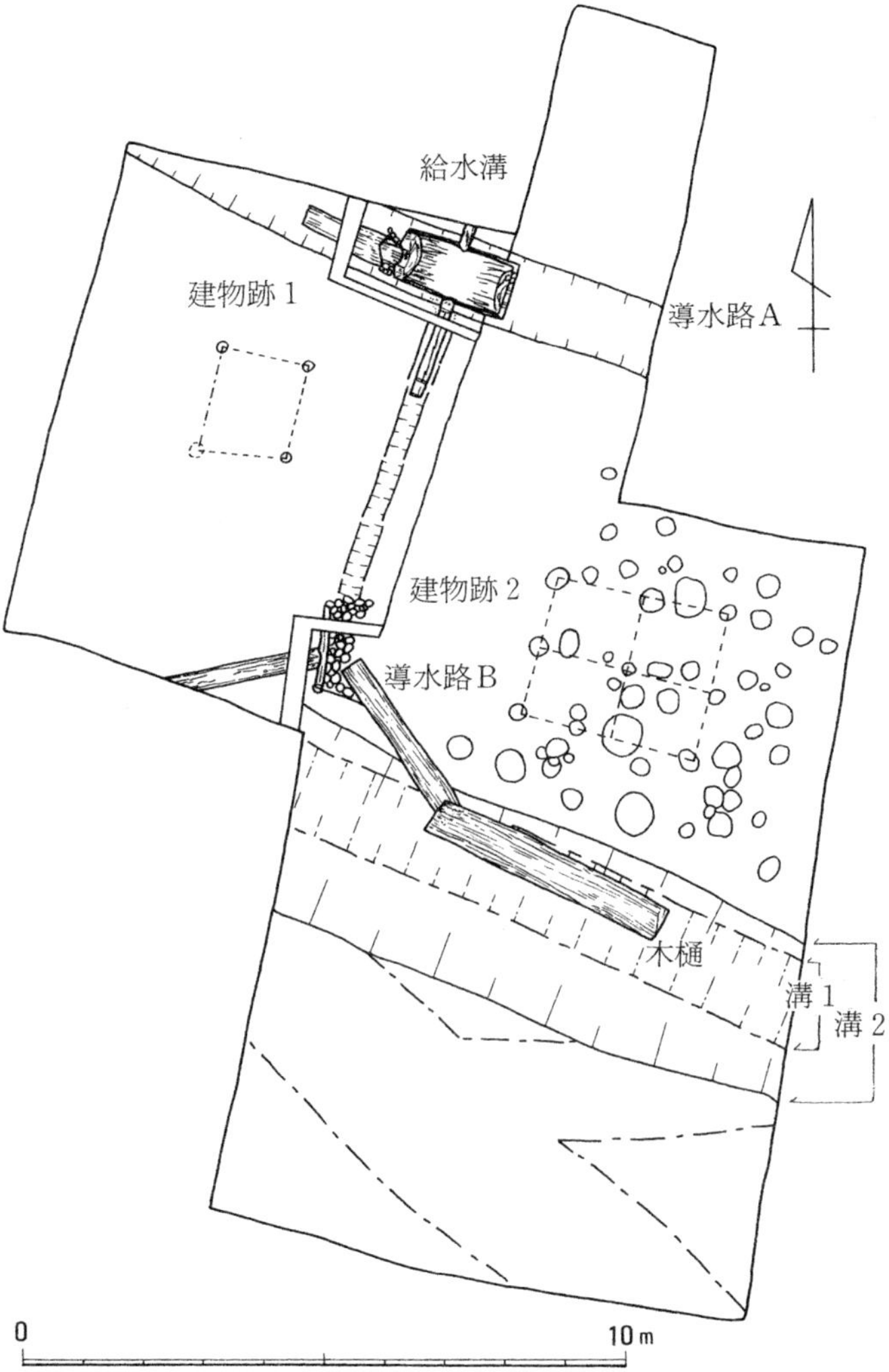

図 5　3 世紀の導水施設（奈良県纒向遺跡）〈萩原 1988から作図〉

雄略天皇）と「三輪の磐井」のほとりで戦った御馬皇子《みまのみこ》は、「此の水は、百姓のみ唯飲むこと得む。王者は独り飲むこと能《あた》はじ」（『日本書紀』雄略天皇即位前紀）と呪詛《じゅそ》した。これによって、五世紀の三輪山麓に聖水思想があったこと、それが「尾崎花の井泉」によって三世紀にさかのぼることが分かる。

導水施設と糞尿

ところが、一九九二年、導水施設の一部、導水路Bの木樋《もくひ》内に密着した土砂を分析した金原正明氏（天理大学）は、一立方センチ当り二万五〇〇〇個の寄生虫卵を検出した。この数値は、便槽の中の数値に等しい、という。まさにトイレそのものである。この事実に対し、木樋使用中は木樋内への土砂の堆積はないと考え、後世の堆積と主張する考えがある。万が一、後世であったとしても木樋直上の土層は纒向四式期（＝布留一式期）であって、導水施設使用期間の纒向三式〜同四式期と重なる。木樋使用中に糞尿塊が落下し、その後に堆積した土砂に寄生虫卵が混じった、という可能性が最も高い。それでは、導水施設はトイレなのだろうか。もし、トイレだとすれば、発掘区周辺に広がるであろう施設の規模からみて、数十メートルの範囲の碁盤目状のトイレ群が三・四世紀の日本列島に存在したことになる。都市纒向にふさわしいかもしれないが、やはり考えすぎであろう。

私は、古典に登場する聖水思想と糞尿との接点は、スサノオの行為にあると考えた。スサノオはアマテラスの「営田《つくだ》の阿（田の畦《あぜ》）を離ち、其《そ》の溝を埋め、亦《また》其の大嘗《おおにえ》を聞看《きこしめ》す殿《との》に屎《くそ》麻《ま》理《り》散らし」、さらにアマテラスが「忌服屋《いみはたや》（神聖な機《はた》を織る家）に坐《ま》して、神御衣《かむみそ》（神に奉る御衣）織《お》らしめたまひし時、其の服屋《はたや》の頂《むね》を穿《うが》ち、天《あめ》の斑馬《ふちこま》を逆剝《さかは》ぎて堕《おと》し入るる」（『古事記』天照大神と須佐之男命段、『古事記 祝詞』日本古典文学大系1、岩波書店、七九・八一ページ）など、乱暴狼藉を行なう記事が参考になる。「大嘗を聞看す殿」は、秋の収穫儀礼として神とともに新《にい》稲《しね》を食する祭殿であり、のちには王権継承の場となる重要な建物である。そこに糞をまきちらした。纏向の導水施設には、一間四方と二間四方の建物が各一棟あり、かたわらの大溝には建築材と組帯文板が投棄されていた。スサノオの糞まき伝承は、神聖な場での起こってはならない異変を示す儀礼の一環であろうか。この事件を契機にアマテラスは「天の岩屋戸」に籠《こも》ってしまうという神話の展開から類推すると、皆既日蝕という突然の〝太陽の死〟をスサノオの乱暴に仮託し、その再生を願う祭儀の一端が導水施設で行なわれていたのではないだろうか。

導水施設は、四世紀にはより大規模な構造物として大阪府東大阪市西ノ辻遺跡や滋賀県守山市服部遺跡にある（石野 一九九二）。両者とも数十メートルにわたって貯水池と木槽を木樋と溝でつなぎ、その間に大小の構造物を設けている。さらに五世紀の奈良県御所市南郷大東遺跡では、谷川をせきとめてミニダムをつくり、そこから木樋で引水して柵囲いの中の板壁建物内の木槽に導き、放流する（坂・青柳 一九九五）。ミニダムの大きさは、石積み護岸の部分だけでも幅五メートル・長さ二〇メートルあり、板壁建物は一辺約四メートルの二間四方である。建物の下流側四・五メートルの溝内に屋根材がひとかたまりあって、その直上の粘質土から多量の寄生虫卵が検出された。

都市・纏向で行なわれていた日蝕儀礼は、五世紀の葛城地域でも行なわれていた。南郷大東遺跡では、導水施設の築造以前と以後を含めて二〇〇〇点をこえる木製品が出土している。その中には、祭祀具（刀形・剣形・さしば形など）や楽器（琴）、機織《はたおり》具、武器・武具（刀・弓・盾など）などがあり、祭儀の規模と質は、格段に進展しているように思われる。板壁建物の下段の壁板と柱材が残り、屋根の一部が転倒している状況は、「服屋《はたや》の頂《むね》を穿《うが》ち、天《あま》の斑馬《ふちこま》を逆剝ぎて堕《おと》し入」れたスサノオの乱行とのあまりの一致に驚くほどである。

〝水による浄め〟という思想は、大阪府和泉《いずみ》市池上曾根遺跡の「神殿」前の大井戸によって、少なくとも弥生中期後半（前一世紀中葉）までさかのぼることは推定できる。それは、「魏志倭人条」の「已《すで》に葬れば、挙家水中に詣《いた》りて澡浴《そうよく》し、以て練沐《れんもく》の如くす」（和田清・石原道博編『魏志倭人伝・後漢書倭伝・宋書倭国伝・隋書倭国伝』岩波文庫、一九五一年）という行為に通ずるように思われるが、導水施設の聖水供献とは必ずしも一致しない。

導水施設は、三世紀に聖水を得るための施設としてはじまり、古墳時代を通じて継続した。いいかえれば、邪馬台国の時代にはじまり、ヤマト政権の時代へと継続した施設である。聖水供献儀礼は、辰巳氏が説くように、埦《わん》を捧げる釆女《うねめ》の埴輪《はにわ》からも広く行なわれていたことが分かる。その行為が三世紀以降継続しているということは、邪馬台国とヤマト政権の間に聖水儀礼に関しては断絶がないことを教えている。聖水供献が鬼道の一環であるかどうかは明らかではないが、ヒミコ時代にはじまり、ヤマト政権に継承された儀礼であることは確かである。

方形楼閣の登場

一九九二年、奈良県唐古《からこ》鍵《かぎ》遺跡で弥生中期の土器片に描かれた楼閣が発見されて以来、関東以西の各地で弥生大型建物が検出されるようになった。

一九九五年の弥生大型建物の集計（国営吉野ヶ里歴史公園工事事務所 一九九六）によれば、全国で八四棟の弥生大型建物のうち七七棟（九二％）は長方形プランで、方形プランの建物は七棟にすぎない。方形建物の中でも三間×三間以上の総柱建物は福岡市吉武《よしたけ》高木遺跡と佐賀県吉野ヶ里遺跡の二棟だけである。

古墳時代になると方形建物が増加する。同集計によれば、全国一〇四棟中、長方形建物は六一棟（五九％）で、方形建物は弥生時代に比べ約三〇％増加している。

弥生時代から古墳時代にかけての平屋（平地建物）と高屋（高床建物）の大型建物の流れは、長方形プラン中心から長方形・方形混在へと変化していることが分かる。この変化には、平屋・高屋が古墳時代の開始とともに機能別に構造変化していることを示している。

弥生の方形楼閣

変化の源流は、弥生中期の北部九州にさかのぼる。福岡市吉武高木遺跡の二号建物は、身舎《もや》部分（四間×五間）だけで九・六×一二・五メートル（一二〇平方メートル）あり、四方の庇《ひさし》を含めると二〇五平方メートルという前二世紀としては巨大な建物である。建物のまわりには同時期の構造物はなく独立しているが、五〇メートル離れたところには同時期の王墓である吉武樋渡墳丘墓がある。柱穴は径一メートル余で柱根も径四〇〜五〇センチと大きい。屋内には三本の棟持柱《むなもちばしら》があり、入母屋造の大型平屋が想定できる。

二世紀になると吉野ヶ里遺跡、北内郭の中心建物として方形楼閣が出現する。一二・五×一二・七メートル（三間×三間＝一五九平方メートル）の総柱の建物で、宮本長二郎氏によって豪壮な重層建築の復元図が示されている。屋内に三本の棟持柱をもつ前二世紀の建物とはまったく異質で、新しい思想にもとづく建築の基点にふさわしい。しかし、外郭の構造は不整形で、弥生の伝統の中に立つ。

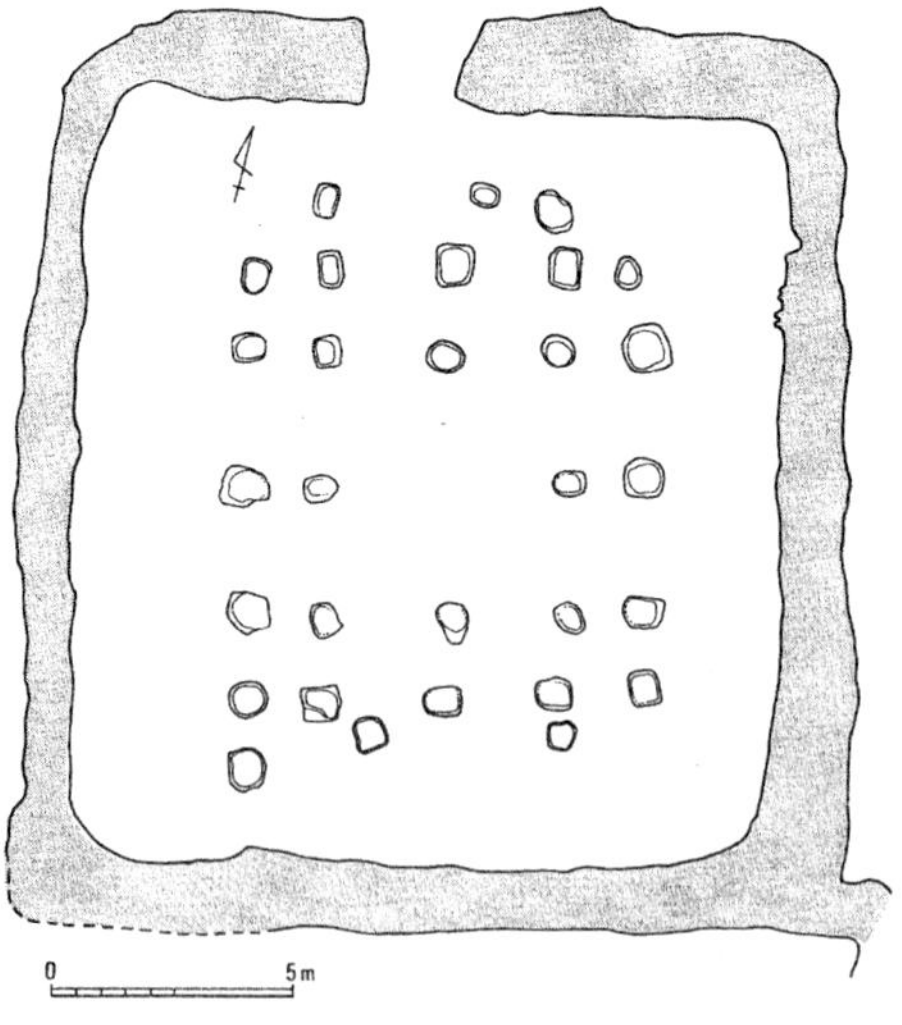

図6　3世紀の近畿の方形楼閣（京都府中海道遺跡）〈梅本・中島 1997に加筆〉

三世紀の方形祭殿

京都府向日市中海道遺跡に方形環溝に囲まれた三世紀中葉の方形祭殿がある（図6）。建物は五×五・三メートル（二間×二間）で、四面に庇をつける。庇を含めた大きさは七・七×八・六メートルで、さほど大きいわけではない。方形環溝の内法《うちのり》は一五×一八メートルである。しかし、居住地からやや離れた地点に方形環溝を設け、建物一棟だけを区画する施設は、弥生時代にはなかった。三世紀では近畿でもはじめてであるが、四世紀になると京都府城陽市森山遺跡に三六×四五メートルの方形環溝が出現するので、その初原型と考えてよい。建物の周辺や溝内には土器片等がほとんどなく、日常的な生活が行なわれていた場所ではないことが分かる。常に清浄さが保たれていた聖なる空間なのであろう。

三世紀の方形祭殿としては西日本唯一の例であった中海道の建物に加えて、一九九八年に四国の一画から新たな一例が加わった。三世紀後半の松山市樽味《たるみ》四反地《したんじ》遺跡である（小玉　一九九九）。建物は、一〇・五×一二・五メートル（六間×六間）の総柱建物で、推定一辺五〇メートル四方の溝で囲まれているらしい。側柱の柱穴は、径約一～一・五メートルと大きいが、内側の柱穴群は径〇・五～〇・八メートルと小ぶりであり、床束であろう。方形環溝内の他の建物の有無は現段階では明らかではないが、非日常的な建物の可能性が高い。

三世紀の大社造と神明造の折衷型

奈良県纏向遺跡に三世紀中葉～後半の奇妙な建物がある（寺沢薫　一九七九）。一号建物は、四・四×五・一メートル（三間×三間）の小さな方形建物で、柱痕も径一五～二〇センチと細い。一号建物の南側に一・六×一・八メートルの二号建物があり、その間に柵がある。柵は、おそらく一号建物を囲み、北側の未掘地には二号建物と対称に同大の三号建物が想定されている。要点の一つは、一・二号建物と柵が真南北・東西に合わせて建てられている点である。寺沢氏の依頼によってこの建物群を検討した宮大工の故木村房之氏は、次のように推定した（図7―木村 一九八三）。

建物群は、一号建物を「正殿」とし、正殿の左右に二号建物と推定三号建物が「宝殿」として位置し、いずれも西側を正面としていた。

「正殿」には「心の御柱」と「棟持柱」があり、「建築形式からすれば、……『大社造り』と『神明造り』の中間形式であることを突きとめた」。

建物群の柱間寸法の単位は、一尺＝三二チセンである。この数値は、魏尺の吉寸とされている「魯《ろ》般《はん》尺」（別名、北斗尺・天皇尺・陰陽尺）と一致する。魯般尺は卑弥呼遣使の時に魏から「一国一家和合・子孫繁栄を祈る吉兆の尺寸として贈られてきた」。

さらに魯般尺は、出雲大社の正殿、伊勢神宮宝殿にも使用されている。

纏向遺跡の建物群に関する木村氏の復元案については、建築史の分野からその使用尺を含めて批判があるかもしれない。しかし、事実にもとづく復元案であり、検討の対象とすべきである。木村氏の指摘の中で、魯般尺が吉祥尺であり、陰陽尺とも呼ばれているという点は、道教の現世《げんぜ》利益《りやく》の考えと一致し、卑弥呼の鬼道を実修する建物にふさわしい。

三世紀の祭場と忌屋

大阪平野北部の茨木市新庄遺跡には三世紀の実態不明の方形区画らしい遺構がある（図8）。約三五メートル離れた地点に方形区画の二つのコーナーと思われる冂型の溝がある。溝は幅約一メートルで、両コーナーからそれぞれ三〜五メートルのびるだけでつながらない。それなのに、二つの冂字溝にこだわるのは、両コーナーの中心に特異な穴屋と平屋があるからである。

図7　3世紀の近畿の祭殿（奈良県纏向遺跡）〈木村 1983〉

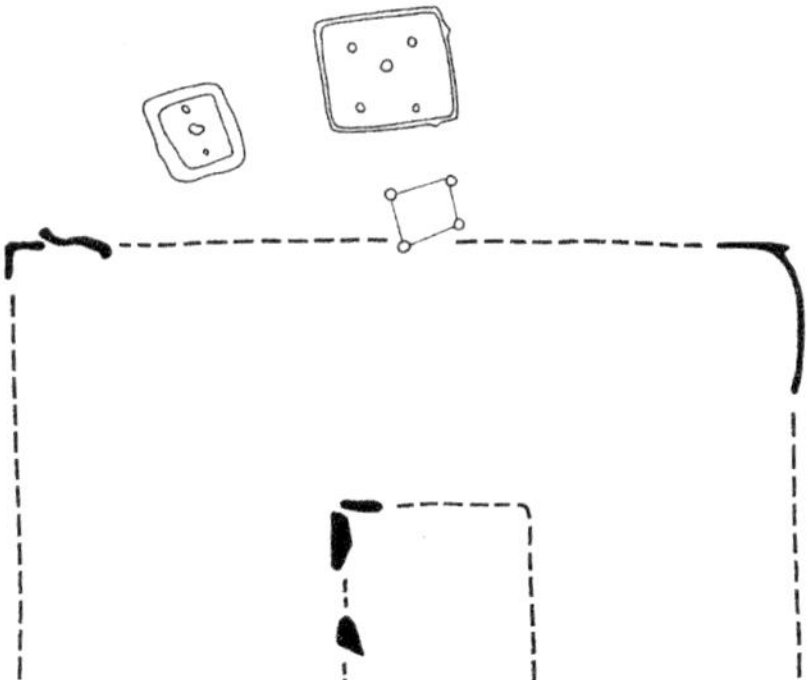

図8　3世紀の近畿の祭場（大阪府新庄遺跡）〈松岡 1996から作図〉

穴屋（一九号竪穴建物）は、五×五・五メートルの長方形四本柱の建物で、一方の短辺にベッド状遺構をもち、長辺の中央を出入口とする。他と異なるのは、壁溝に小杭を芯材《しんざい》とした土壁をもつ点であり、日常的な住居とは考え難い。しかも、出入口の外には二本の溝が通路状にのび、平屋へとつながる。

想定した方形区画の一辺の中心に、非日常的な土壁建物と平屋があることは、方形区画の実在の可能性を高める。区画内にはほぼ同時期とされている平屋二棟と方形周溝状遺構などがあるが、方向はバラバラである。方形区画とほぼ方位が揃う建物は、さきにあげた土壁建物と平屋の外に一棟の穴屋があるだけで、区画内は広場となる。ただし、広場の中央部に時期不明とされている「型溝が一組ある。もしこれが、広場中央に設けられた土壇を囲む施設であるとすれば興味深い。

新庄遺跡周辺地形は、全体に西高東低である。発掘区の西方は広く調査されているが同時期の顕著な遺構は特にない。施設は、地形の高い方を奥とし、低い方を前として設置されたとすれば、方形広場の東に中心となる建造物が想定できる。

さらに想像を広げれば、中心建物群の奥に広場＝斎場を設け、中央に土壇を、四隅に∟字壁を設置した。そして中央奥に平屋と土壁建物を建てて忌屋《いみや》とした。忌屋の隣りの穴屋（二〇号建物）から朱精製用と思われる石杵《いしざね》が一点出土しているのは示唆に富む。朱は、しばしば祭祀に登場する。

新庄遺跡の三世紀の断片的遺構から忌屋をもつ斎場を想定した。三世紀の類例はまったくないが、五世紀に類似遺構がある。

大阪府藤井寺市狼塚古墳から、二重の塀に囲まれた広場の中央に置かれた導水施設が検出された。塀は囲形埴輪で、導水施設は土製品であるが、現実に方形区画の斎場があったことを示している。新庄遺跡の事例は、その萌芽形態であるかもしれない。

女王卑弥呼が登場する二世紀末〜三世紀に新たに登場する祭祀的文様と施設に注目し、鬼道の背景を求めてきた。

鬼道の背景

前二世紀の近畿弥生社会に源流をもちながら二世紀末から三世紀に吉備と大和・河内で盛行した組帯文（弧帯文・弧文）。吉備では葬送儀礼の祭文として、大和・河内では集落内祭祀を主とする祭文として使用された点に両地域の違いがある。四世紀以降に全国的に盛行する直弧文は、集落と葬儀に併用されており、大和・河内の使用法を継承している。

導水施設は、一九八七年の纒向遺跡の調査以来注目されるようになった祭祀的構造物である。井泉や貯水池から溝と木樋によって木槽に水を導き、浄水・聖水を得、神や王に捧げる。その行為は、埦を捧げもつ巫女《ふじょ》埴輪に象徴され、記紀・『風土記』『万葉集』の世界に継承されていた。同時に、その聖なる空間であるはずの導水施設から糞塊があったことを示す多量の寄生虫卵が検出された（三世紀・纒向遺跡と、五世紀・南郷大東遺跡）。一つの試案として私は、記紀にあるアマテラスに対するスサノオのクソマキ伝承を想定した。その結果アマテラスは天の岩屋戸に籠り、世が暗闇になってしまったため、神々はアマテラスの再生を願ってまつりをした。これは日蝕を恐れた人々の太陽再生を願う儀礼であり、伝承と同様のまつりが導水施設とその周辺で行なわれたであろうことを想定した。中国・魏との交流によって天文の知識を身につけた卑弥呼が、鬼道の一環として日蝕現象を利用した可能性を想定した。いいかえれば、記紀編纂者は、卑弥呼の鬼道の内容の一端を知っていて天の岩屋戸伝承をつくりあげたのかもしれない。

二世紀末〜三世紀は長突円墳＝前方後円墳の出現期であり、長突円墳の時代には長方形建物に対し大型の方形建物の比率が増加する。現資料では、五世紀の大阪市法円坂遺跡や和歌山市鳴滝遺跡のように高倉の占める比率が高いが、将来的には祭祀用方形建物が増加する傾向が認められる。方形建物の中には、三世紀の纏向祭殿のように魏の吉祥尺・陰陽尺とも呼ばれている魯般尺を使用している建物群があることは、卑弥呼の鬼道に結びつく。

三世紀に盛行する組帯文と導水施設と方形大型建物をとりあげて、卑弥呼の鬼道との関連を強調した。『魏志』「倭人条」の鬼道の内容が不明のまま、三世紀に盛行する祭祀に注目した。現段階では資料が少ないため、鬼道との結びつきを実証できたとは言えないが、新たな視点としてその可能性が浮かびあがれば幸いである。

卑弥呼の鏡

地域による三世紀中葉の鏡

銅鏡百枚

女王卑弥呼《ひみこ》は、景初三年（二三九）に魏に遣使し、正始元年（二四〇）に多くの品々とともに「銅鏡百枚」を下賜された。そして二四八年に卑弥呼は没した。二四〇年に輸入し、二四八年頃に埋納された銅鏡が「卑弥呼の鏡」である。「銅鏡百枚」は、女王卑弥呼によって再下賜され、二四八年以降も流布していた可能性があるので、本節では二四〇年から二七〇年ごろに使用されていた銅鏡を対象として「卑弥呼の鏡」を探ってみよう。年代の根拠は土器におく。具体的には、纏向《まきむく》三類（旧纏向二式新）と纏向四類古（旧纏向三式古）の土器と共伴する銅鏡を検討対象とする。

なお、海外で製作され、列島に輸入されたモノには、製作時期・輸入時期・埋納・廃棄時期の三通りの年代がある。従来、卑弥呼の鏡については鏡背文様と銘文等から製作年代・製作地等を推定する方法がとられてきた。その結果、三角縁神獣鏡《さんかくえんしんじゅうきょう》を「銅鏡百枚」に当てる富岡謙蔵氏・小林行雄氏らとそれを否定する森浩一氏・王仲殊氏らに大きく分かれている。私は、銅鏡の製作年代と製作地を問わず、共伴土器を根拠とする埋納・廃棄年代にしぼって「銅鏡百枚」を検証したい。邪馬台国が列島内に存在するのであれば、三世紀中葉に列島内で使用されていた銅鏡の中にその手がかりが存在するはずである。この見地から作製したのが表2・3と図9である。

図9をみると三世紀中葉に銅鏡使用の風習があった地域は主として近畿以西であることが分かる。とりあげた銅鏡六〇面の中に「銅鏡百枚」が含まれているとすれば、女王卑弥呼が再下賜した地域は主として西日本であった。三世紀中葉の銅鏡分布地域を現状で限定すれば、次のとおりであろう。

筑豊地域——筑前・筑後・豊後
丹但地域——丹後・丹波・若狭・因幡・(但馬)
瀬戸内地域——安芸・吉備・伊予・讃岐・阿波
大阪湾岸地域——河内・紀伊・播磨・大和・山城・摂津・近江

卑弥呼は倭国《わこく》の女王であるので、三世紀中葉の銅鏡分布によれば、この範囲が卑弥呼段階の倭国の領域となる。したがって、卑弥呼が都とした邪馬台国もこの範囲の中に含まれる。いいかえれば、倭国と戦った狗奴国《くなこく》は三世紀中葉には銅鏡を尊重しなかった地域——中・南部九州、出

表2　3世紀中葉に副葬・廃棄された鏡

旧国	市町村	古　墳	墳形	墳丘規模 (単位メートル)	棺	鏡　種	時　期
肥前	東背振	西一本杉9	○	6×8	∪	鏡片	庄2―布留0
	小　城	寄居1	○	15×18	∪	方規	布留0
	北　方	椛島山	○	14?	□	内花	〃
筑前	福　岡	那珂八幡	⚲	75?	∪	△	布留1
	前　原	平原	■	18	∪	42	3世紀前半
	那珂川	エゲ	■	18	∪	鏡	
	福　岡	野方中原1			▯石	獣帯	
	若　宮	汐井掛28			木	ヒキン	弥末・古初
筑後	小　郡	津古生掛	⚲	33		方規	
	朝　倉	外之隈II-2			▯石	ヒキン	庄内新―布留
豊前	北九州	郷屋	○	13×16	□	四禽	
	宇　佐	赤塚方周1		14	▯石	ヒキン	庄内新?
安芸		壬生西谷SK33				内花	弥後後半
		石鎚山2				①内花(打割)	
備中	岡　山	矢藤治山	⚲	36.5	⬯	方規	
	総　社	宮山	⚲	38		ヒキン	弥後末
		鋳物師谷1			⬯	キ竜文(打割)	
							才ノ町1・2
伊予	今　治	雉之尾1	▮	30.5	木	重圏	庄内新
	〃	〃　2			▯石	内花	庄内
	松　山	朝日谷	⚲	25.5	①∪	斜縁神獣 ‖ 2キン2獣	
讃岐	善通寺	キッチョ塚	? 積石		▯石	内花	
	〃	彼の宗	穴屋			〃(破・懸垂)	
	高　松	鶴尾4	⚲	40	⬯	方規	才ノ町2―下田所
	〃	円養寺C	○	8×40	⬯	変形神獣	弥末・古初
	〃	〃　D	○	17	⬯	鏡片	〃
	寒　川	奥3	⚲	40	⬯	△	鶴尾4以前
阿波	鳴　門	萩原1	⚲	26.5	⬯	画神(打割)	
	徳　島	庄				神獣	庄内
紀伊	和歌山	太田黒田3F 25溝				内花	2世紀末・庄内

旧国	市町村	古　墳	墳形	墳丘規模(単位メートル)	棺	鏡　種	時　期
播磨	御　津	岩見北山1	○	36積石	{}	内花	
	上　郡	井ノ端	■	列石10×16	{}▯石	〃	弥後
	加古川	西条52	♀	25	{}	〃(漢5)	庄内
		白鷺山1			▯石	内花	〃
	神　戸	吉田南5住				内花片3	〃
摂津	神　戸	天王山4	■	16×19	∪	八禽	布留0
河内	大　阪	加美2	■	8×6.8+	∪	内花	弥末
		爪破北12	■			方規	布留0
大和	桜　井	ホケノ山	♀	80	{}	画神2,内花片	纒向2
	天　理	中山大塚	♀	120	{}	二仙四獣	
	菟田野	見田大沢4	■	17	∪	四獣	
山城	城　陽	芝ケ原	▼	40?	木	四獣	
	長岡京	馬場17643	■	10	木	珠文	
因幡	鳥　取	桂見2	■	22×28	木	内花(打割)・二仙四禽	
丹後	峰山・弥栄	大田南5	■	12×19	▯石	方規(青龍3)	纒向3・4類
丹波	福知山	狸谷17	■	12.7×14.5		②獣帯 ③四乳	庄内新
	〃	寺ノ段A2	■	15?	木	①方規 ②方規(打割)	庄内新?
	園　部	黒田	♀	52		双鳳竜文(打割)	
	綾　部	成山2	■	20	∪	ヒキン	
近江	大　津	織部	○	20		△	庄内
	高　月	小松	▼	60	?	内行花文鏡片2	庄内(廻間II―2)
加賀	加　賀	無量寺B	溝			双頭竜文	庄内,布留0
若狭	武　生	岩内山D				ヒキン	月影
上総		高部32	▼	27	▯?	獣帯	廻間1-4か 〃 2-1
		高部30	▼	34	▯?	神獣	廻間2―1
上野		下佐野1A-4	▼	26	?	小内花	
会津	会津坂下	田村山	♀?			内花2	纒向4類

表2凡例

墳形　○　円墳
　　　⚲　長突円墳
　　　■　方墳
　　　▼　長突方墳

時期　弥後　弥生後期
　　　古初　古墳初期

棺　∪　∪字底木棺
　　□　箱形木棺
　　□石　〃石棺
　　⌷　竪穴石室
　　木　木棺

鏡種　方規　方格規矩鏡
　　　内花　内行花文鏡
　　　ヒキン　飛禽鏡
　　　画神　画文帯神獣鏡
　　　四獣　四獣鏡
　　　獣帯　獣帯鏡
　　　△　三角縁神獣鏡

表3　3世紀中葉に副葬・廃棄された鏡（大別）

旧　国	内行花文	方格規矩	飛禽	四獣獣帯	神獣	画文帯神獣	三角縁神獣	その他	
筑　前			1	1			1	1	
筑　後		1	1						
肥　前	1	1							
豊　前			2						
(小計)	(1)	(2)	(4)	(1)			(1)	(1)	(10)
因　幡	1								
丹　後		1							
丹　波		2	1	1				2	
(小計)	(1)	(3)	(1)	(1)				(2)	(8)
安　芸	2								
備　中		1	1					1	
(小計)	(2)	(1)	(1)					(1)	(5)
伊　与	1				1			1	
讃　岐	2	1			1		1	1	
阿　波					1	1			
(小計)	(3)	(1)			(3)	(1)	(1)	(2)	(11)

45　地域による三世紀中葉の鏡

旧　国	内行花文	方格規矩	飛禽	四獣獣帯	神獣	画文帯神獣	三角縁神獣	その他	
播　磨	5								
摂　津			1						
河　内	1	1							
紀　伊	1								
(小計)	(7)	(1)	(1)						(9)
大　和	1			2		2			
山　城				1				1	
近　江	2						1		
(小計)	(3)			(3)		(2)	(1)	(1)	(10)
若　狭			1						
加　賀								1	
(小計)			(1)					(1)	(2)
上　総				1	1				
上　野	1								
会　津	2								
(小計)	(3)			(1)	(1)				(5)
計	20	8	8	6	4	3	3	8	60
%	33.4	13.3	13.3	10.0	6.7	5.0	5.0	13.3	
		(60)				(40)			

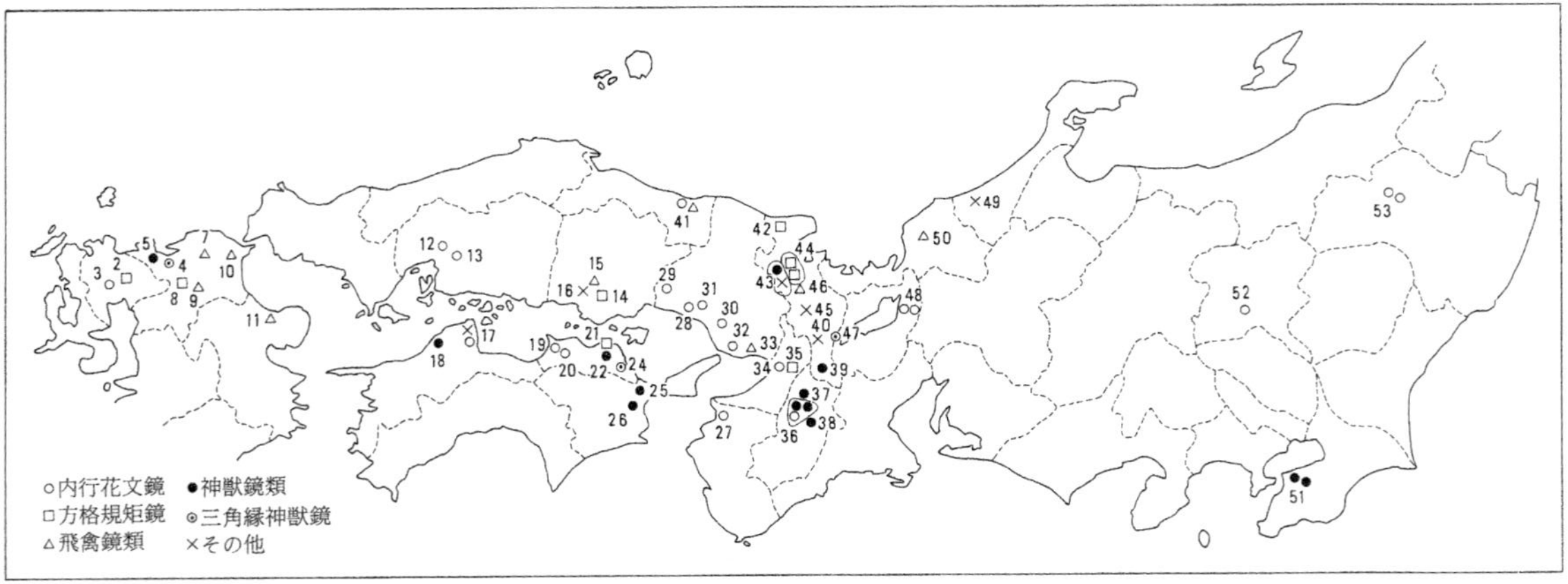

図9　3世紀中葉に副葬・廃棄された鏡の分布図

雲・土佐・紀伊南部・熊野・濃尾伊勢と以東の各地域が候補となる。銅鏡をもつ上総・上野・会津は、倭国が対狗奴国戦に備えた東方諸国の一部かもしれない。

筑豊地域

九州は、弥生中期～古墳初期の鏡出土数が三〇〇面に達する列島最多の地域であり、全国の七〇％を占める（藤丸　一九九一）。それが二四〇～二七〇年の土器と共伴する鏡に限定すると一〇面で全国の一九％にすぎない（ただし、平原鏡四二面を加えると五三％となる）。

一〇面の鏡は、筑前・筑後・肥前・豊前の北部九州に集中する。なかでも筑前（若宮町）汐井《しおい》掛《がけ》二八号墓、筑後（朝倉町）外之隈《そとのくま》II―2号墓、豊前（北九州市）郷屋《けいや》古墳、同（宇佐市）赤塚方形周溝墓の各一面～四面の飛禽《ひきん》鏡が目立つ。三世紀中葉の土器と共伴する飛禽鏡は、この他には丹但地域二面と瀬戸内中・東部二面の計四面があるだけで、総数は少ないが筑豊地域の多さが目につく。他方、西日本最多の内行花文鏡は肥前（北方町）の椛島山古墳の一面と少なく、しかも共伴土器は布留〇式とされているので厳密には三世紀中葉には入らない。

なお、筑前・那珂八幡古墳を三世紀第3四半期とする久住説が正しければ、同古墳の二次的埋葬施設出土の三角縁神獣鏡がこの時期か同第4四半期に該当することになる（久住　一九九八）。土器との共伴例では同式鏡の古い例となる。

丹但地域

丹後・丹波・但馬地域は、弥生後期一・二世紀以来玉・鉄器・鏡などの副葬品の豊かな地域で、大和・山城地域とは明らかに異なる文化をもつ。丹但地域の三世紀中葉の土器と共伴する鏡は七面ある。特に鏡種に片寄りはない。いいかえれば、方格規矩《ほうかくきく》鏡・飛禽鏡・獣帯《じゅうたい》鏡・四乳《しにゅう》鏡・双鳳竜文《そうほうりゅうもん》鏡など多く鏡種をもつのが特色であろう。このうち、丹後（峰山町・弥栄町）大田南五号墳の青竜三年銘（二三四年）をもつ方格規矩鏡は著名だが、鏡質は三世紀末〈庄内2式〉（野島・野々口 一九九九）の大田南二号墳の画文帯環状乳神獣《がもんたいかんじょうにゅうしんじゅう》鏡がはるかに優れている（樋口 一九九五、二七ページ）し、続く丹波（福知山市）広峯一五号墳の景初四年銘斜縁盤竜《ばんりゅう》鏡も良質である。三世紀の丹但の人々は、あらゆる鏡種を入手した海洋貿易民と思われるが、一方、丹波（福知山市）寺ノ段A二号墳の方格規矩鏡や同（園部町）黒田古墳の双鳳竜文鏡は打ち割って副葬するという弥生時代的風習を維持する伝統的な人々である。打割鏡は、因幡（鳥取市）桂見《かつらみ》二号墳の内行花文鏡にもあり、瀬戸内海沿岸の吉備・鋳物師谷《いぶしだに》一号墓や阿波・萩原一号墳とともに海洋貿易民の文化であろうか。

瀬戸内中・西部地域

瀬戸内中・西部地域には、三世紀中葉の土器に共伴する鏡が一六面ある。そのうち、山陽側が五面、四国側が一一面で鏡種には差異がある。山陽側は、安芸の内行花文鏡二面と備中の方格規矩鏡・飛禽鏡・虺《き》竜文鏡各一面で、鏡種の組合せは播磨や大阪湾岸と共通する。

四国側は、讃岐の六面を中心に伊予三面、阿波二面である。鏡種では、讃岐（高松市）円養寺C号墓の変形神獣鏡、阿波（徳島市）庄遺跡の神獣鏡、伊予（松山市）朝日谷古墳の二禽二獣鏡と阿波（鳴門市）萩原一号墳の画文帯神獣鏡など、神獣鏡系の鏡が顕著である。萩原一号墳の画文帯神獣鏡は打割鏡で、吉備や丹但との海洋貿易民としての共通性を示すとともに、のちに三角縁神獣鏡として盛行する神獣像をいちはやく採用した先見性が読みとれる。なかでも、讃岐（寒川町）の全長四〇メートルの一突起円墳である奥三号墳は三世紀第3四半期の下川津V式期の高松市鶴尾四号墳（藤井 一九九五）に先行するとされており、同墳出土の三角縁神獣鏡は列島最古の副葬例となる。

大阪湾岸地域

大阪湾岸地域には、摂津・河内・和泉と紀伊・播磨、そして大和・山城・近江を含め一七面の鏡があるが、湾岸部と内陸部は鏡種の組合せが異なる。

湾岸部（摂河泉と紀伊・播磨）は、九面中七面が内行花文鏡で、他は八禽鏡（神戸市天王山四号墳）と方格規矩鏡（大阪市瓜破北《うりわり》一二号墓）が各一面である。ただし、天王山四号墳と瓜破北一二号墓は、三世紀後半の纒向四類＝布留〇式とする意見があり、そうであれば大阪湾岸の三世紀中葉は内行花文鏡一色となる。

内行花文鏡は、三世紀中葉の列島で最も多い鏡種であり、その中心は大阪湾岸である。それに対し、大和・山城・近江の近畿内陸部の鏡は八面中五面が四獣鏡や神獣鏡であり、その差は著しい。その中には、大和（天理市）・中山大塚古墳（全長一二〇メートル・長突円墳）の二仙四獣鏡、同（桜井市）・ホケノ山古墳（全長八〇メートル・長突円墳）の画文帯神獣鏡、山城（城陽市）・芝ヶ原古墳（全長推定四〇メートル・矩突方墳）の四獣鏡などが含まれる。一九九九年に調査された近江（高月町）・小松古墳（全長六〇メートル・長突方墳）では、後方部の乱掘坑から二点の内行花文鏡片が出土しており、近畿内陸部よりは日本海沿岸の丹但地域か淀川――琵琶湖ルートで大阪湾岸に近い様相と見るべきなのかもしれない。

関東・東北南部地域

一九九四年に調査された上総（木更津市）高部古墳群から三世紀中葉の東海系土器（廻間Ⅰ4式かⅡ1式）とともに獣帯鏡と神獣鏡が出土したことは衝撃的であった。関東には、三世紀代の古墳も鏡もない、という常識を打破するものであった。

それより前、上野（高崎市）下佐野一A四号墳から小型内行花文鏡が、三世紀後半の会津（会津坂下《ばんげ》町）田村山古墳から内行花文鏡二面が出土している。東海以東の資料が少ないため、上総と上野・会津の鏡種の差を強調することは難しいが、現資料だけからみれば、上総は大和・山城か阿波・讃岐と、上野・会津は大阪湾岸と交流があったようにみえる。

三世紀中葉の日本列島の鏡種

地域と鏡の種類

三世紀中葉の土器と共伴する日本列島の鏡は六〇面ある。鏡背文様による鏡の種類を大別すれば表3のとおりである。六〇面のうち最も多いのは内行花文鏡《ないこうかもんきょう》の二〇面、後漢鏡系の方格規矩鏡《ほうかくきくきょう》八面を加えると二八面で、全体の四六・七％を占める。他方、獣帯鏡などの神獣鏡系の鏡が一六面、二六・七％あり、一・二世紀までの鏡種との違いを際立たせている。内行花文鏡と方格規矩鏡に飛禽鏡《ひきん》を加えて後漢式鏡とし、四獣鏡・獣帯鏡と神獣鏡系を対比すると表4となる。

弥生後期に後漢式鏡を中心として入手していた筑豊地域は少量の神獣鏡系を加えながらもその伝統を保持している。その傾向は瀬戸内北岸から大阪湾岸に及び、安芸から吉備・播磨、そして

表4　3世紀中葉の後漢式鏡と神獣鏡の対比

	後漢式鏡	神獣鏡
筑　豊	○○○○○○	●●
丹　但	○○○○	
芸　備	○○○○	
大阪湾岸	○○○○○○○○○	
近畿内陸	○○	●●●●●
四国北部	○○○○	●●●●●
上　総		●●
会　津	○○	

摂河泉・紀伊の一三面はすべて後漢式鏡で占める。

それに対し、四国北部の伊予・讃岐・阿波は後漢式鏡と神獣鏡系が四対五と拮抗《きっこう》し、近畿内陸部の大和・山城・近江では二対五と神獣鏡系が多数を占める。

いいかえると、北部九州から瀬戸内北岸・大阪湾岸に及ぶ地域は、一・二世紀以来の伝統的鏡群を保有するのに対し、四国北部と大和・山城は四世紀に継続する新式鏡群を選択した地域である。新式鏡群の選択は、阿波・讃岐ではじまった。讃岐・奥三号墳の三角縁神獣鏡、阿波・萩原一号墳の画文帯神獣鏡が象徴的である。特に、萩原一号墳は幅広の丸石積竪穴石室で四隅に壺を埋置するなど、大和・ホケノ山古墳の「石囲い木槨」と酷似している。ホケノ山古墳のくびれ部には四国北部系の大壺を供献する木棺があり、被葬者の出自を阿波・讃岐と推定することも可能である。このように考えると、大和・山城の神獣鏡系の選択は、阿讃勢力の先導によってはじまったといえる。

鬼道と神獣鏡

女王卑弥呼の鏡は、遣魏使が帰国した正始元年（二四〇）以降に急増する鏡種でなければならない。魏の皇帝は、「特に汝（卑弥呼）に紺地句文錦」などとともに「銅鏡百枚」を下賜し、「汝が国中の人に示」せ、と詔勅した（『魏志』「倭人条」、岩波文庫、五一ページ）。卑弥呼は、魏の権威を背景として列島を統治しようという目的で遣魏使を派遣したのであり、「銅鏡百枚」を国中の人に示すための配布は直ちにはじまったはずである。したがって、卑弥呼の鏡は、三世紀中葉の土器と共伴する六〇面の鏡の中に当然含まれている。その中には伝統的な中国鏡とともに、新たにはじまった「鬼道」にふさわしい新式鏡が加わっている方が理解しやすい。該当する鏡種の組合せは、阿波・讃岐と大和・山城の神獣鏡群を中心とする一群であった。なかでも、三世紀中葉のホケノ山古墳と四世紀初頭の大和・黒塚古墳の頭辺に納置されていた各一面の画文帯神獣鏡が主要な役割をはたしているように思えてならない。

卑弥呼の墓

卑弥呼の墓を求めて

墓の手がかり

卑弥呼の墓は依然として謎のままである。『魏書《ぎしよ》』「東夷《とうい》伝倭人条」によれば、卑弥呼は二四七年か二四八年に死亡した。本書では仮に二四八年としておこう。卑弥呼は倭国王であるので、二四八年ごろの日本列島の王墓を求めればよい。しかし、当時、倭国連合には奴国《なこく》や投馬国《とうまこく》をはじめ三〇国ばかりあり、クニグニの王墓との区別は難しい。そのうえ、厳密に言えば、卑弥呼は女王になって邪馬台国を都としているが、本来、邪馬台国が出身地であるかどうかは不明である。卑弥呼の墓は邪馬台国かもしれないし、他の出身国かもしれない。

「倭人条」の卑弥呼の墓そのものに関する手がかりは、「卑弥呼以て死す。大いに冢《ちよう》を作る。径百余歩、徇葬する者、奴婢百余人」であり、間接には倭人の習俗として記されている「その死には棺《かん》あるも槨《かく》なく、土を封じて冢を作る」だけである。「倭人条」を読解するには、魏の時代の個々の文字の用例を追究したうえでなければ無意味であり、私の及ぶところではない。

したがって本章では、三世紀中葉の日本列島各地域の大型墓を摘出するところからはじめたい。三世紀中葉という年代の比定は、冒頭に述べた〃卑弥呼の壺〃を基準とする。なお、三世紀中葉の王が大型墓ではなく小・中型墓に、あるいは着葬品や副葬品をほとんど持たずに葬られた、という想定を否定する根拠は特にない。しかし、それでは考古学的な探索がきわめて難しくなるので、本章では各地の大型墓と埋葬施設と副葬品を手がかりとしよう。

大型墓の摘出

長突円（方）墳とU字底木棺の呼称

なお、本書では前方後円（方）墳などの名称にかえて次のように呼称する。

前方後円（方）墳＝一突起円（方）墳＝略称、長突円（方）墳

双方中円（方）墳＝二突起円墳

帆立貝型円（方）墳＝短突円（方）墳

前方後円墳の名称は、周知のように一八〇八年（文化五）の蒲生君平『山陵志』に始まり、現在は学術用語として定着しているが、墳丘の前と後の区別は考古学的には検証できていないし、その上、「前方部」がはたして「方形」であるかどうかも疑わしい。したがって、主丘部が円形か方形を重視し、それに突出部の有無・数・長さを付し、客観的な呼称とした。本呼称は都出比呂志氏の方法（一九九八）をヒントとして拡大解釈し、略称は石野の考案である。「長」と「短」

の区別は直径・一辺の二分の一を基準とする。

さらに王者の柩とされている割竹形木棺についても棺底の圧痕だけでは刳抜式か組合式か、あるいは丸太外表面未整形の底板を使用した箱形木棺か区別できないため、U字底木棺と呼称する。

九州の大型墓

薩摩・日向

日向《ひゅうが》の川南町東平下《ひがしひらした》低塚群に弥生末期から古墳初期に造られた方形低塚二基と円形低塚八基がある。円形低塚は、径五～一五メートル余で、一端に陸橋部をもつ最大級の一号低塚の配石木棺から鉄刀一本が出土した。

新富町川床《かわとこ》低塚群は、径八～二四メートルの円形低塚二一基を含む木棺《もっかん》墓・土壙墓など計一九五基が発掘調査された（図10）。一九五基の墓棺から九一点（うち鉄鏃《てつぞく》七二点）の鉄器が検出されている。なかでも、径二四メートルのB49号墓には、素環頭《そかんとう》鉄刀一本と鉄剣・鉄鏃・鉇《やりがんな》・鉄斧《てつぷ》などが副葬されていた。

三世紀の日向は、径二〇メートル級の円形低塚を盟主墳とする集団墓が各地に造られていたらしい。墳丘規模は、列島的には中型だが、副葬品は豊かである。なお、宮崎市生目《いきめ》古墳群が調査され、

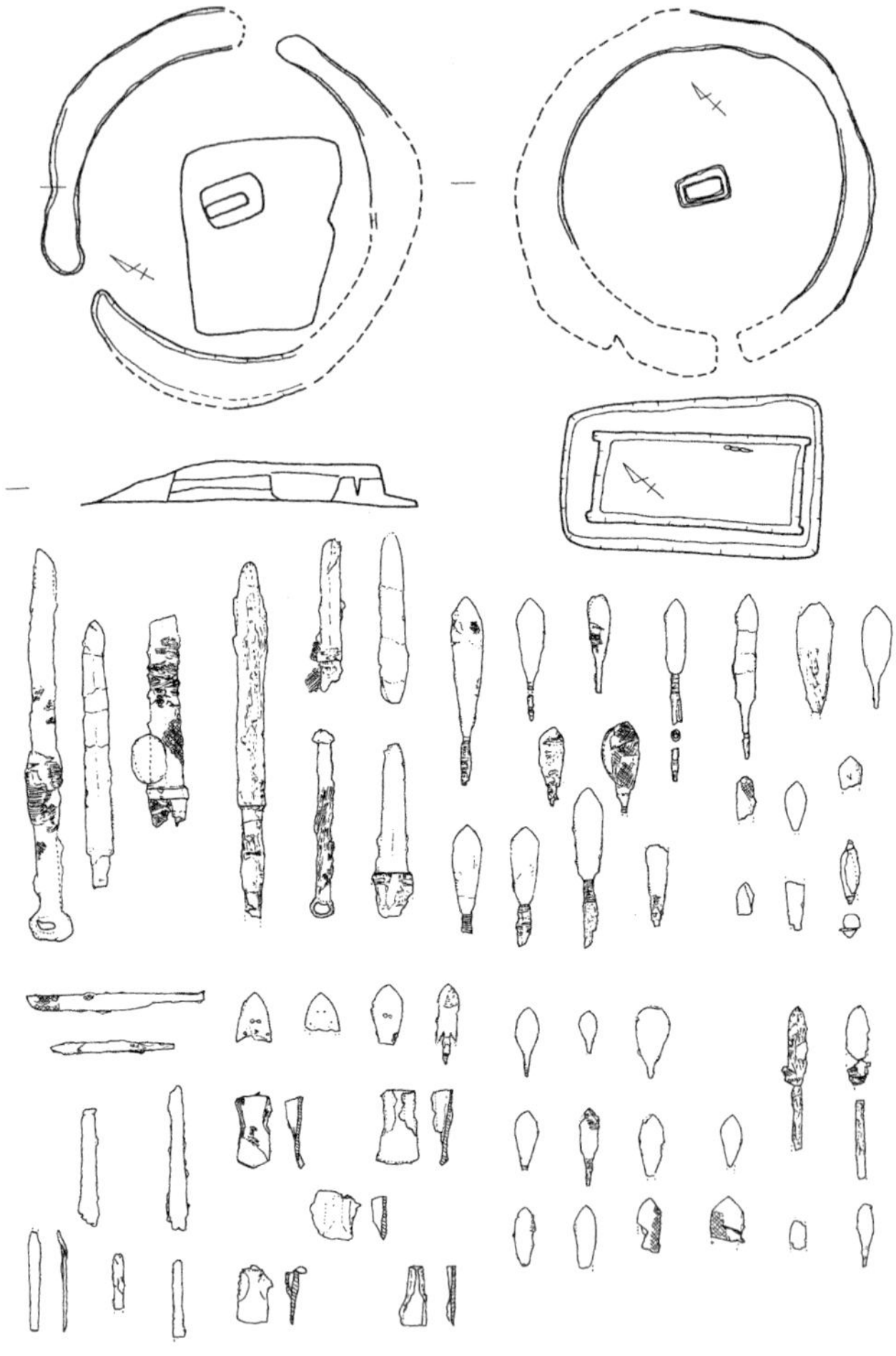

図10　3世紀の九州南部の大型墓（宮崎県川床遺跡）
〈有田 1986より作図〉

四世紀には九州島最大の長突円墳をもつことが明らかになってきたが、今後の調査によっては、鹿児島県高山町塚崎一一号墳の纒向型前方後円墳（柳沢　一九九九）など三世紀後半の長突円墳を含む可能性がある。

三世紀の薩摩の状況は明らかではないが、吉松町永山一〇号墳は、地下式板石積石室を埋葬施設とする径六・五メートルの円形低塚であり、墳丘形態としては円形主流の地域の可能性が考えられる。副葬品には鉄剣・鉄鏃がある。

筑紫・豊前

三世紀の九州北部には、長突円（方）墳、円墳、方墳と各墳形の墓がつくられている。最古の短突円墳は、福岡県小郡《おごおり》市の津古《つこ》生掛《しょうがけ》古墳であろう（図11）。全長三三メートルであるが円形部径二八メートルに対し、方形部長五メートルと短い。そのうえ、円形部は歪んでいて正円形にはほど遠く、周溝も全周しない。後円部中央に木棺が直葬され、中から方格規矩鏡《ほうかくきくきょう》一面と鉄剣・鉄鏃・

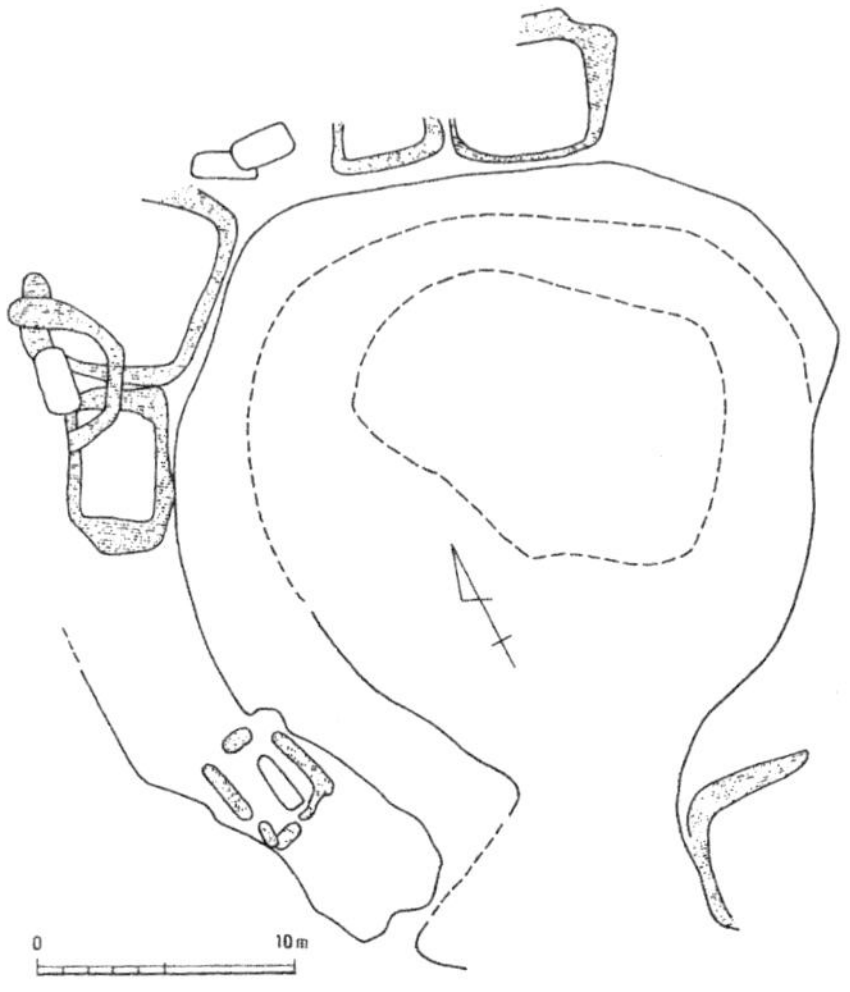

図11　３世紀の九州北部の大型墓（福岡県津古生掛古墳）〈宮田 1988より作図〉

ガラス玉が出土している。墳丘裾に接して方形周溝墓六基と円形周溝墓一基があり、それらの土器から三世紀中葉～後半と考えられる。福岡平野では、三世紀末～四世紀前半に三角縁神獣鏡《さんかくえんしんじゅうきょう》をもつ那珂《なか》八幡古墳（長突円墳・全長七五メートル）や原口古墳（長突円墳・全長八一メートル？）が築造されるが、もはや台与《とよ》治政の後である。

それより前、筑紫には大型方形墓の系譜がある。

弥生中期に前漢鏡三五面をもつ伊都国王墓・三雲南小路方形低塚（二四×三一メートル）をはじめとして、筑紫では集団墓とは別に特定個人墓が継続してきた。なかでも、二世紀末、西新式期に現われる福岡市宮の前遺跡の短突方墳が象徴的である。宮の前墓は、『報告書』では「楕円形という不整形」とされていたが、柳田康雄氏は墳丘裾の列石と箱形石棺の配置から「前方後方形の墳丘」とされた（柳田　一九八六）。その結果、弥生末に築造された全長一四・一メートル（方形部一辺一二メートル）の短突方墳であり、鉄斧・鋤先《すきさき》・玉類を副葬していることが判明した。そして、墳丘周辺の埋葬は三世紀・庄内《しょうない》式併行期に継続する。他にも配石長方形墓が福岡市名子道《なごどう》二号墓にある。名子道二号墓では、箱形石棺の上にも石を積み重ねていた。

弥生末の配石方形墓は豊前に多い。田川市夫婦塚は三〇×三五メートル以上の大型長方形墓で大型箱形石棺などから鏡・銅剣・貝輪《かいわ》が出土している。北九州市山崎八ヶ尻は配石菱形墓であり、豊津町川の上は短突方形墓である。

他方、北九州市郷屋円形墓（一三×一六メートル）の二号箱形石棺は四禽文《しきんもん》鏡と素環頭刀、粕屋町平塚円形墓（一八？メートル）は大形箱形石棺に内行花文鏡と管玉を、それぞれ持つ円形墓が並存する。円形墓・円墳の流れは四世紀へと継続しながら小郡市津古生掛短突円墳（三三メートル）や福岡市那珂八幡長突円墳（七五？メートル）を生み、方形墓・方墳も同様に那珂川町妙法寺短突方形墳や久留米市祇園山方墳（二三メートル）・福岡市部木《へき》一号長突方墳（二一メートル）へと展開するのであろう。

肥前

三世紀の肥前は、方系墓より円系墓の方が優位らしい。三世紀後半の小城町寄居遺跡には、丘陵先端の最も高いところに円墳（一五×一八メートル）があり、その両端に接して方形墓二基（一辺六メートルと九メートル）がある。円墳の一号U字底木棺には方格規矩四神鏡と鉄剣・鉇があり、二号木棺にも舶載鏡が副葬されていた。

三世紀中葉～後半の唐津市中原遺跡には、推定径一八メートルの配石円形墓一基と一辺九～一五メートルの方形墓が四基ある。円形墓にだけ配石があり、規模も大きい。

東背振村西一本杉八号短突円形墓（二五メートル）の箱形石棺から鉇、同九号円形墓（六×八メートル）のU字底木棺から方格四神鏡・鉄剣・鉇が出土しているし、唐津平野の双水柴山二号長突円墳の全長四一メートルをへて、久里双水長突円墳で全長一〇八メートルに達する。いずれも、三世紀後半から末葉のできごとのようだ。

なお、鳥栖市赤坂長突方墳（二四メートル）は、方系墓が発達している筑紫との関連で考えておきた

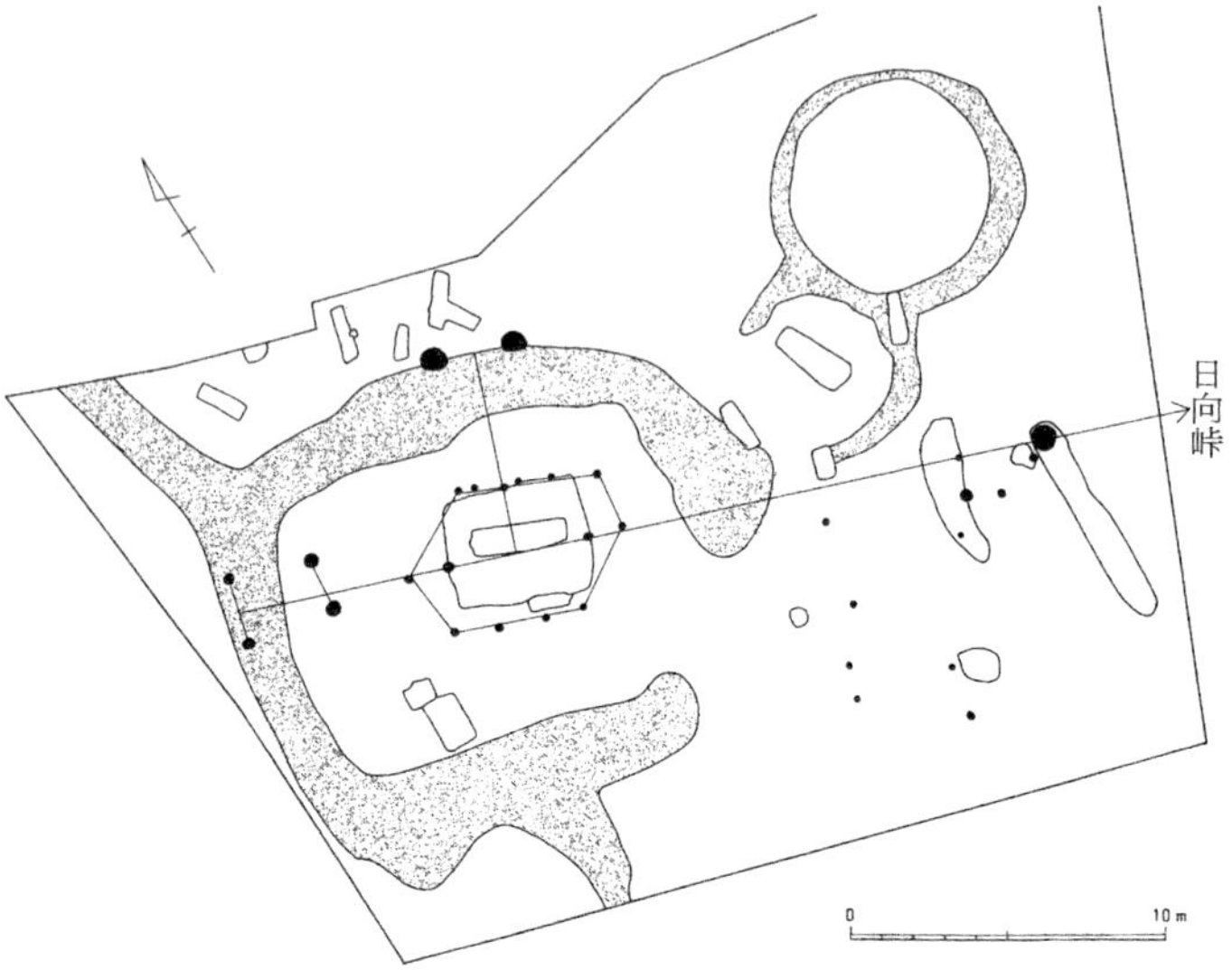

図12　3世紀の九州北部の王墓（福岡県平原方形墓）
〈柳田 2000に加筆〉

い。

平原方形墓

北部九州の三世紀の墓で、課題として残るのは前原《まえばる》市平原《ひらばる》一号墓である（原田 一九九一）。平原一号墓は、一四×一八メートルの方形周溝の中央部に長方形大墓壙があり、その中にU字底木棺がある（図12）。四〇面の銅鏡は、一面を除いて棺外、墓壙内に破片となって散在していた。岡村秀典氏の分析（岡村 一九九三）によれば、これらの鏡群は、弥生後期に現地・糸島平野で製作された、という。岡村氏の弥生後期が庄内式併行期・三世紀を含むかどうか明らかでないが、伴出土器から平原墓の年代は、三世紀前半とされているが卑弥呼没年の三世紀中葉を含む可能性がある。

三世紀の鏡保有数が権力の大きさを示すものとすれば、列島最多の鏡をもつ平原一号墓は卑弥呼の墓にふさわしい。

北部九州に卑弥呼の墓を求めれば、墳丘規模からは年代が近い津古生掛古墳、整然とした墳丘形態としては那珂八幡古墳となるが、一辺二三メートルで画文帯神獣鏡をもつ祇園山古墳も候補となろう。

瀬戸内沿岸地帯の大型墓

瀬戸内沿岸の安芸・吉備・伊予・讃岐・阿波には、それぞれ特異な三世紀の墳墓がある。

安芸・吉備

二世紀前半、備中《びっちゅう》に方形に石垣を組み、石室状配石に箱形木棺を納めた総社市伊与部山方形墓が登場する。二世紀後半・鬼川市3式期には真備町黒宮大塚が配石方墳（二八×三三メートル）か長突方墳（四七メートル）として現われ、竪穴石室をもつ。そしてほぼ同時に、列島最古の二長突円墳（八〇メートル以上）である倉敷市楯築《たてつき》古墳が造られる。楯築古墳の中心埋葬施設は木槨内の箱形木棺であり、棺内全面の水銀朱と鉄剣・玉類があって鏡がない。

二世紀末には、安芸の広島市西願寺C_1地区には小さな配石円形墓（径六メートル）と配石方形墓（一辺三×四メートル）が同時につくられているが、竪穴石室は墓坑内をすべて石積みするていねいな造りである。三世紀前半の同弘住三号円形墓は径二五メートルと大きく、竪穴石室に鉄剣・鉄鏃《てつぞく》・鉄斧《てっぷ》・鉇《やりがんな》・ヤス・刀子《とうす》が副葬されていた。

二・三世紀の吉備を特色づける特殊器台の成立は、二世紀末の総社市立坂円形墓（一八メートル）である。埋葬施設は、礫敷《れきじき》の配石箱形木棺で、墳丘にも埋葬施設にも礫石を多用するのが特性である。同じ立坂型特殊器台をもつ楯築古墳は、その特性をさらに徹底して、墳丘をめぐる二段の列石、墳頂の立石群、埋葬施設上の礫石帯と展開する。この時吉備は、特殊器台に象徴される葬送儀礼と配石と円系墓の世界を創出した。そして三世紀後半、総社市宮山に配石長突円墳（三八メートル）を築造する（図13）。前方部端は溝などで区画されていないが、竪穴石室には飛禽鏡《ひきんきょう》・鉄刀・鉄剣・鉄鏃・銅鏃・ガラス小玉などが副《そ》えられた。宮山古墳は、三世紀中葉に近い吉備の大型墓である。

阿波・讃岐・伊予

瀬戸内南岸――阿波・讃岐・伊予の三世紀もまた活動的である。弥生前期末・中期初頭以来、讃岐は他の地域にさきがけて円形墓が卓越していた。綾歌《あやうた》町佐古川窪田遺跡では、円形墓を主体とする集団墓が検出された。このような流れの中で、二・三世紀にも円形墓が目をひくが、方形墓も存在する。寒川《さんがわ》町極楽寺墳墓群では丘陵尾根に設けられた集団墓の一画を一辺一二メートルの石垣で方形に区画し、中にU字底木棺一基と箱形石棺二基を設けていたし、高松市空港跡地遺跡には円形墓とともに方形部端を区画しない短突方

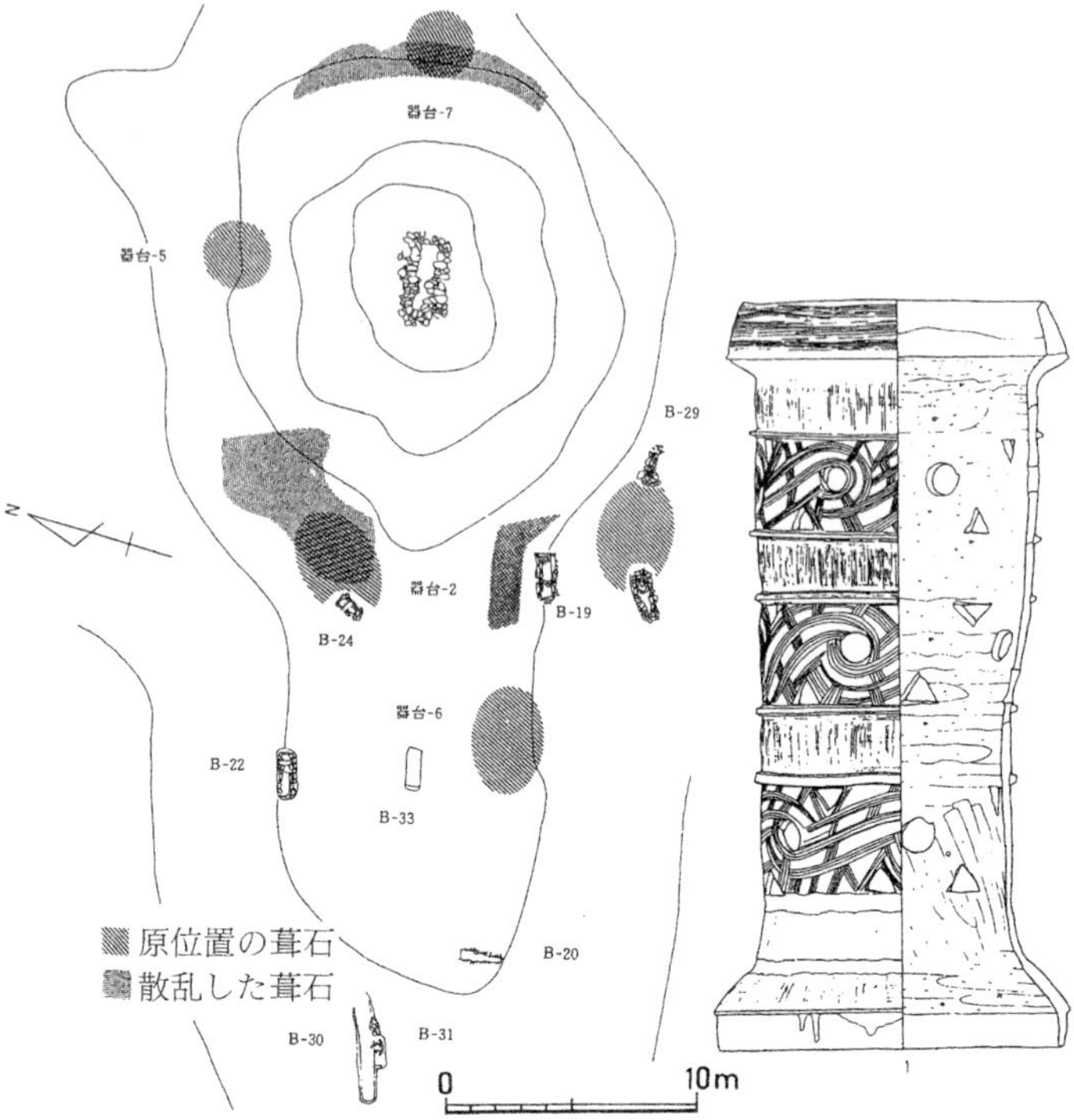

図13　3世紀の山陽の大型墓（岡山県宮山古墳）
〈高橋ほか 1987〉

形墓がある。

しかし、二世紀末・三世紀の讃岐の大勢は円系墓が占めていた。長尾町陵遺跡には径一二㍍の配石円形墓があり、同尾崎西遺跡には配石の短突円形墓がある。高松市円養寺の三基の円形墓（一七〜三〇㍍）には竪穴石室や粘土床があり、変形四獣鏡や鉄剣が副葬されている。寒川町奥古墳群の断面逆台形石室をもつ一〇号・一一号列石円形墓は、讃岐における三世紀円形墓の一つの到達点を示すものであろう。なお、奥一一号墓の石室には敷石があり、その上に粘土床を設けていない点で大和とホケノ山古墳と共通する。同類は播磨の短突円墳である加古川市西条五二号墓や墳丘は不明確だが佐用町吉福墳墓群にある。

讃岐では、少なくとも三世紀後半に長突円墳が出現している。その候補は、善通寺市野田院古墳、高松市鶴尾四号墳、長尾町丸井古墳など数多い。野田院古墳は、円形部積石、方形部土積の長突円墳（四六㍍）で、作業手順として円丘部を先につくり、ついで方丘部をつくる工程は、播磨の養久山一号墳や大和の箸中山古墳の丸山説（丸山　一九八三）と共通する。一九九九年の墳丘調査によって出土した土器類は、三世紀第3四半期に該当するだろう。

三世紀中葉、鶴尾四号墳が築かれる（図14）。積石長突円墳（四〇㍍）で、敷石《しきいし》の上に粘土床を設けた内法長四・七㍍の竪穴石室を円丘の中心に設け、方格規矩鏡を副葬する。共伴する土器は、他に類例のない、いいかえれば鶴尾四号墳の葬送儀礼のために製作した特殊な複線三角文や綾杉

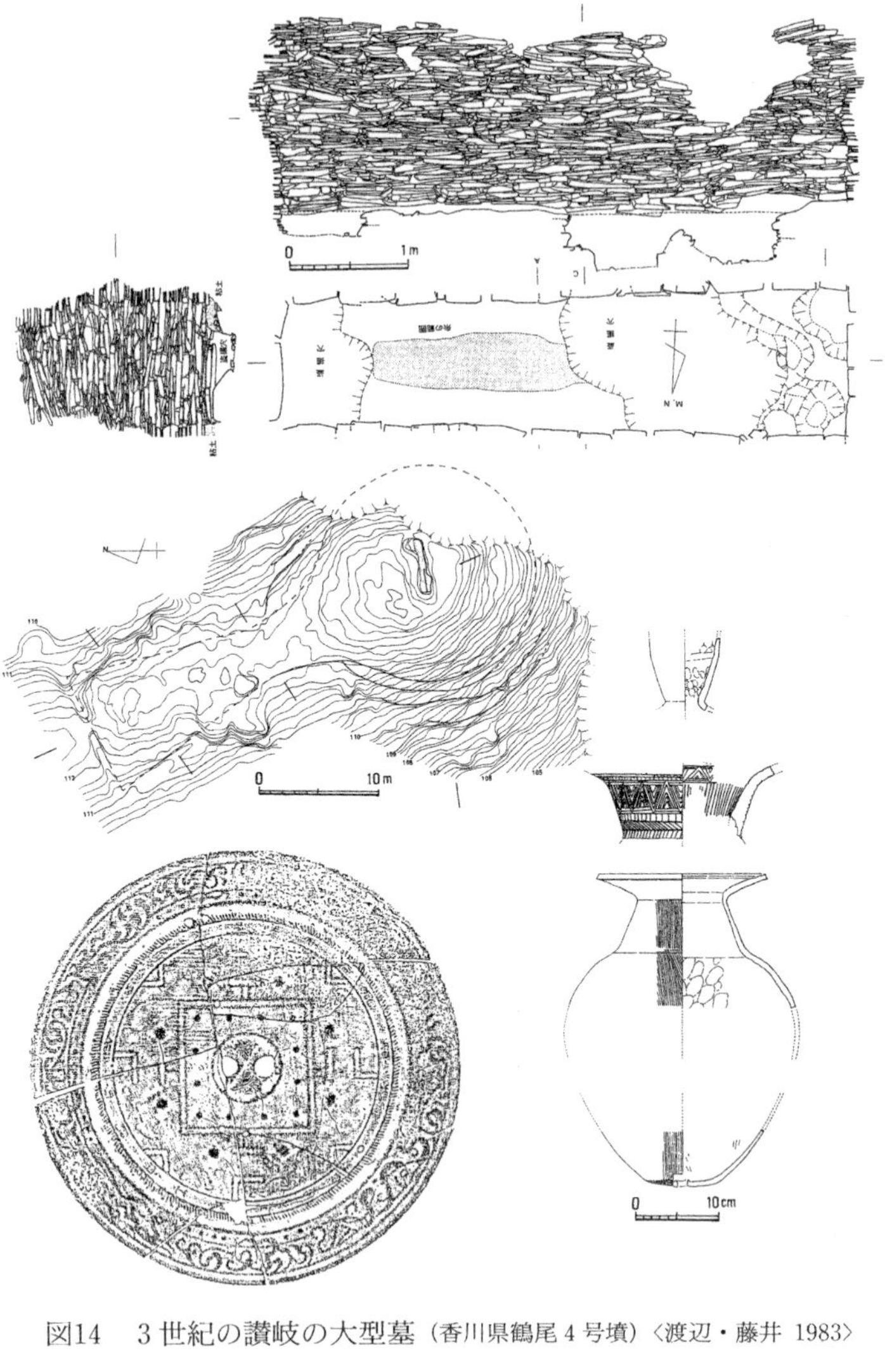

図14　3世紀の讃岐の大型墓（香川県鶴尾4号墳）〈渡辺・藤井 1983〉

文を付した大壺などであり、被葬者が在地の人物であることを示している。

丸井古墳には円丘部に二つの竪穴石室があり、一方から丹後の大田南二号墳と同様の画文帯環状乳神獣鏡が出土している。その後、讃岐には継続して坂出市爺ヶ松《じじがまつ》古墳、同ハカリゴロー古墳から三角縁神獣鏡をもつ大川町古枝古墳や寒川町奥三号墳にいたるまで前期長突円墳が集中する。

同様の傾向は阿波・伊予にもある。阿波の積石塚は三世紀前半の三妙町足代東原円形墓にあり、Ｂ一号墳は全長一六・五メートルの長突円墳である。ほぼ同時に、鳴門町萩原古墳は前方部の細い特異な長突円墳で竪穴石室に画文帯神獣鏡がある（図15）。石室上面には白礫があって、大和の大王墓である渋谷向山古墳や室宮山古墳などと共通する風習を先行してもっている点は重要である。

伊予は、三世紀中葉に同一地域に同規模の長突円墳と長突方墳をもつ。今治市唐子台《からこだい》遺跡群内の唐子台一五号墳（長突円墳）と雉之尾《きじのお》古墳（長突方墳）で、いずれも全長三〇メートルである（図16）。三世紀後半には、同じく全長三〇メートルの朝日谷二号墳が松山平野に登場し、銅鏡二面（三禽二獣鏡・二神二獣鏡）をもつ。

播磨

二世紀（弥生後期）に西播磨に現われた列石方形墓（上郡町井の端墓）と二突円形墓（赤穂市原田中墓）は、三世紀の播磨の動向を象徴するものである。

井の端方形墓（一〇×一六メートル）は、二世紀段階で石垣状の列石をもつことと箱形石棺に内行花文鏡と玉類が副葬されている点で特異である。石垣状列石は吉備・伊与部山方形墓や讃岐・極楽

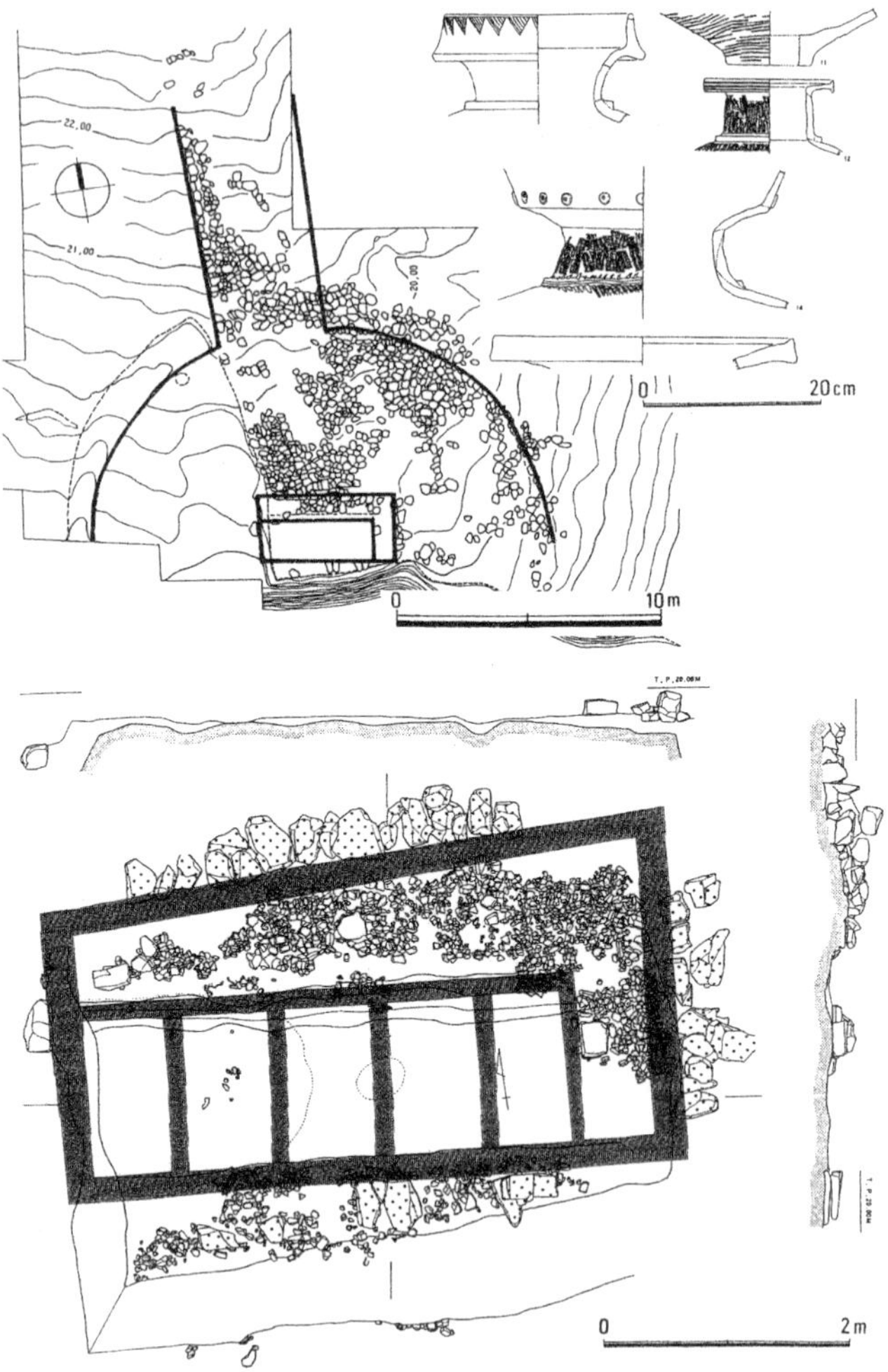

図15　3世紀の阿波の大型墓（徳島県萩原1号墳）
〈菅原 1983から作図〉

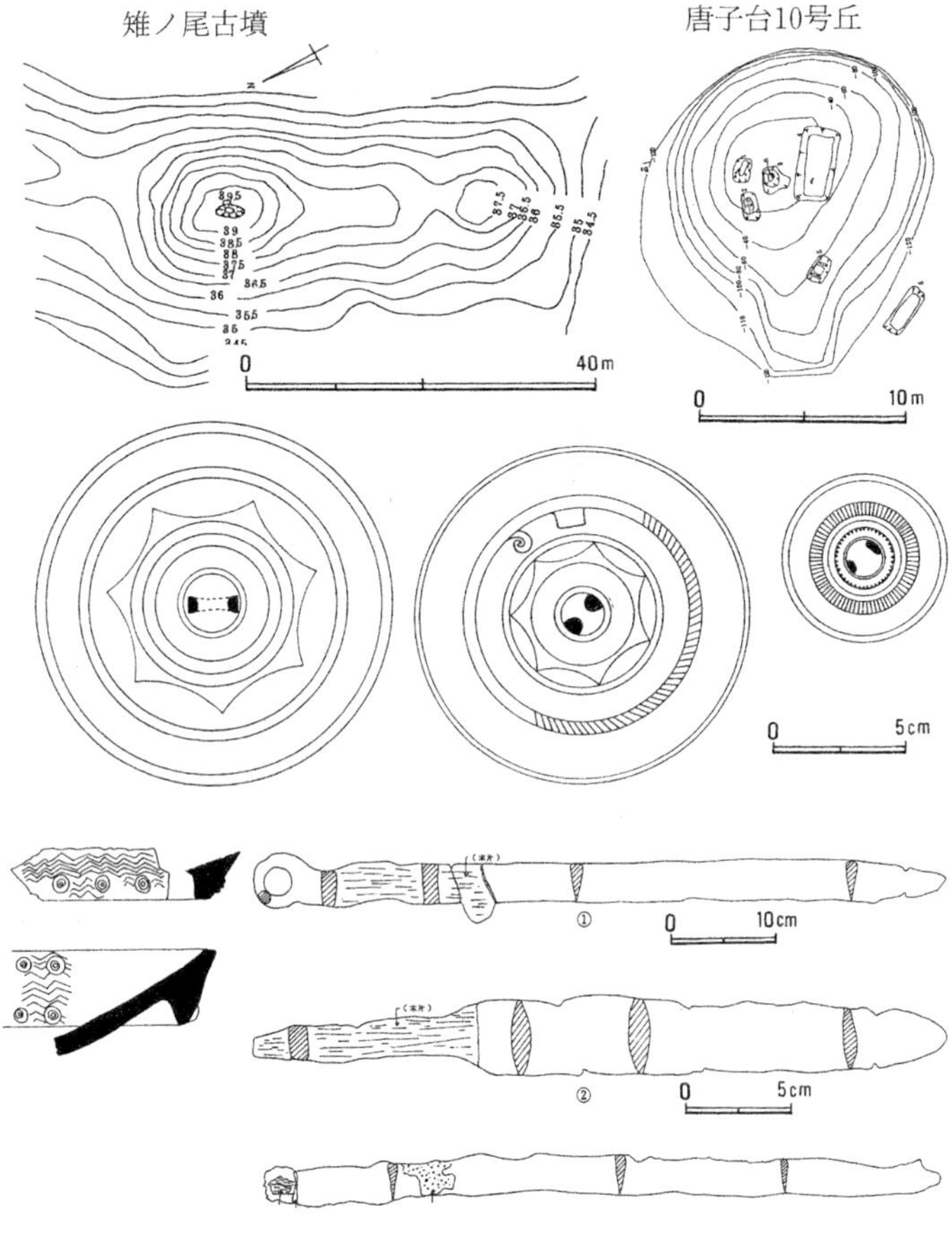

図16　3世紀の伊与の大型墓（愛媛県唐子台15号墳・雉之尾古墳）
〈今治市教育委員会 1974〉

寺方形墓などに認められるので瀬戸内中部の特性と考えられるかもしれない。他方、播磨は前一世紀・弥生中期後半から太子町川島など円形墓が比較的多い地域であり、そこに円形墓・円墳主流の讃岐と両者が併存する吉備と同様に二突円形墓の原田中墓が列石とともに登場する。そのうえ、特殊器台は吉備型ではなく、播磨型とも呼ぶべき独自の形態と文様をもつ。加西市周遍寺山の四隅突出型方形墓は、日本海沿岸以外の唯一の例であり、『播磨風土記』などに描かれている播磨と出雲の親縁性が二世紀にさかのぼる一例であろう。

播磨における二世紀末・三世紀の方系墓の系譜は、箱形石棺に鉄剣をもつ太子町黒岡山列石方形墓（一〇×一五メートル）や中心の埋葬施設を配石壺棺とする揖保川町養久山五号二突方形墓などとともに、積石塚の方墳と一突方墳を主体とする御津町岩見北山古墳群へと展開する。岩見北山古墳群は、瀬戸内海・岩見湾に面した山頂尾根・山腹にある十数基の古墳群で、うち七基が積石塚である。岩見北山四号墳は群から離れて尾根端に立地する全長二三メートルの長突方墳とされている。未調査のため墳形については長突円墳の可能性も考慮する必要があるが、讃岐系大壺が採集されている。ほかには同二・三号積石方形墓（各一〇・一四メートル）とともに内行花文鏡《ないこうかもんきょう》をもつ積石円墳（三六メートル）がある。三・四世紀の積石塚群が数少ない列島内で石清尾山古墳群ほどではないけれども、注目すべき一群といえる。

円系墓の系譜は数多い。竪穴石室に内行花文鏡と鉄剣をもつ短突円形墓の加古川市西条五二号墓（二五メートル）、方形石室に讃岐系壺棺をもつ短突円墳の姫路市山戸四号墓（二四〜二六メートル）は、ともに方形部端をとくに区画しない初源的長突円墳形態をとる。

やや規模が拡大するのが姫路市横山七号墳（三二メートル）と揖保川町養久山一号墳（三一メートル）の長突円墳である。横山古墳群は、市川に面した独立丘陵上にある八基の墳墓からなる。養久山《やくやま》一号墳は、三〜四世紀の同古墳群中で四世紀初の盟主墳である。円形部に六基の埋葬施設があるが、中心は竪穴石室で四獣鏡・鉄剣・鉄鏃・鉇が副葬されていた。他は箱形石棺で合せて鉄剣三本と鉄斧・鉇がある。

ほぼ同時期の長突方墳として揖保川町権現山五一号墳（四八メートル）がある。特殊器台型埴輪と三角縁神獣鏡が共伴した古墳として著名である。特殊器台は、二世紀末・鬼川市三式に備中に出現し、三世紀を通じて吉備の葬祭具として発展した。吉備弥生社会の伝統的葬送儀礼用具である。他方、三角縁神獣鏡は古墳時代の王権のシンボルとされ、弥生時代の地的宗儀と対置する天的宗儀のシンボルとされている。二つの考え方がともに正しいとすれば、両者は共存するはずがない。それが共存していたのが権現山五一号墳であり、二説のうち一方が誤りであるか、あるいは播磨の特殊事情かもしれない。

養久山古墳群と権現山古墳群は、同じ揖保川水系にある三・四世紀の墳墓群でありながら性格が異なる。最初につくられた古墳は両者とも方形らしいが、養久山には大型方墳も長突方墳もな

表5　3・4世紀の播磨の二つの古墳群

	最初の墓	大型方墳	盟主墳	三角縁	特殊器台
養久山	■	×		×	×
権現山	■？	○		○	○

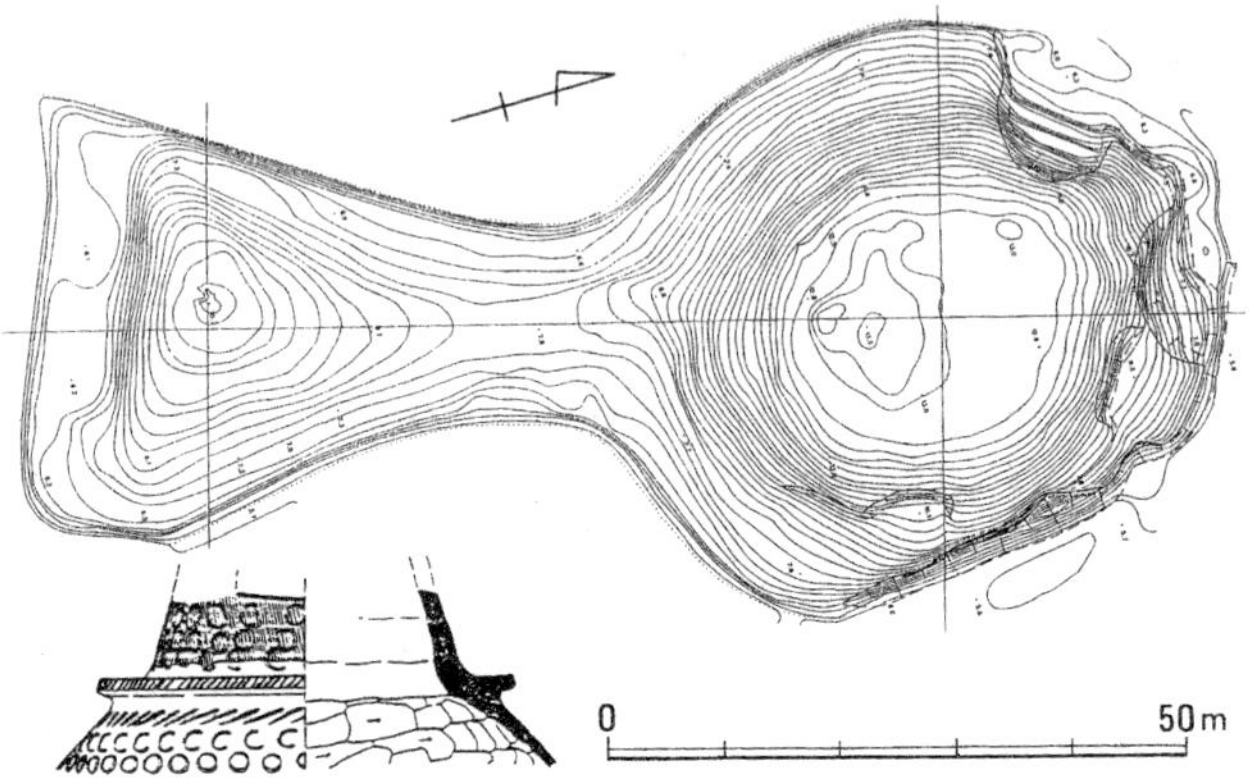

図17　3世紀の播磨の長突円墳（兵庫県丁瓢塚古墳）〈岸本 1988〉

い。そして養久山の盟主墳は長突円墳で、権現山は長突方墳で三角縁神獣鏡をもつ。権現山では長突方墳が二世代つづく。養久山はほとんど全山を調査しても特殊器台はなく、権現山では盟主墳の一つに採用されている。通説では、長突円墳と三角縁神獣鏡を大和政権のシンボルとするがここでは一致しない。

ここで三世紀の瀬戸内中・東部と大阪湾岸の墳形をみると、阿波・讃岐・大和が円主流、河内・近江が方主流、吉備が円・方中半となっていることに気がつく。そして、播磨に多い列石墓は、讃岐と共通し、一面の鏡をもつ墳墓が多いのも特性といえる。

播磨でこの段階に山陰系特殊器台をもつ全長一〇〇《メートル》をこえる長突円墳・丁瓢《よろひさご》塚古墳が登場する（図17）。器台は山陰系で墳形は大和・箸中山《はしなかやま》古墳と相似形であるところに三世紀後半の播磨の王の独自性が認められる。箸中山古墳を含む纒向遺跡から出土した山陰系特殊器台に象徴される出雲系祭祀を大和に仲介したのは丁瓢塚古墳の被葬者であったかもしれない。

畿内の大型墓

瀬戸内中部の讃岐、播磨の三世紀には、円系墓が主流として成長しているのに対し、摂津・河内の状況は異なる。

摂津・河内

弥生末の大阪市加美二号方形墓（八×六・八メートル以上）は、箱形木棺に内行《ないこう》花文《かもん》鏡と管玉《くだたま》が、神戸市天王山四号方形墓（一六×一九メートル）は二基のU字底木棺に八禽《はっきん》鏡・鉄刀・鉄斧《てっぷ》・鉇《やりがんな》・玉《ぎょく》などが副葬されていた。他にも枚方《ひらかた》市中宮ドンバ方形墓（一八×二二メートル）の箱形木棺には鉄剣・鉄鏃・鉇がおさめられていたが、短突方形墓（一四メートル）である加美一四号墓と久宝寺南一号墓（一六・五メートル）の副葬品は不明である。神戸市深江北遺跡には、径七〜九メートルの小規模な円形墓群があり、播磨系壺に在地土器の蓋をした土器棺があって播磨との関係をうかがわせる。豊中市服部遺跡の短突円形墓もその流れの中に位置づけておきたい。全体としては、摂津は円・方が混在し、河内は方形主流のようだ。

そして三世紀末の北河内に全長一〇六メートルの長突円墳・交野市森一号墳が突如出現する。

大　和

大和では三世紀初頭から長突円墳がつくられはじめ、卑弥呼没年の三世紀中葉では三基の長突円墳が候補となる。

現段階で最古の長突円墳は、纏向《まきむく》石塚古墳である。全長九六メートルで、それ以前の弥生墓平均の約一〇倍、大型墓の三倍の墳丘規模とともに、幅二〇メートル余の周濠による墓域の拡大が顕著である。弥生墓からの飛躍が著しい。萱生《かよう》・柳本《やなぎもと》・纏向の三古墳群を含むおおやまと古墳集団では、箸中山古墳までに少なくとも六基の長突円墳が築かれている（表1）。そのうち三世紀中葉に該当するのは、ホケノ山古墳・纏向勝山古墳・中山大塚古墳である。

ホケノ山古墳（全長八〇メートル）は、箸中山古墳の東二五〇メートルにあり、墳丘くびれ部の箱形木棺に西部瀬戸内系（伊予東部か讃岐西部）の大壺が供献されていた。幅二〇メートルの円形部周濠の外側に纏向四類＝三世紀後半の土器片が多量に投棄されていたが、墳丘の築造時期は円形部墳頂の纏向二・三類の大壺と方形部主軸上の埋納土器（纏向二類）である。三世紀前半から中葉の可能性が高い（図18）。円形部中央の埋葬施設は「石囲い木槨墓」（二・七×六・七メートル）内のU字底木棺（コウヤマキ）である。棺内の画文帯神獣鏡一面、鉄剣五本のほか、槨の内外に散乱する内行花文鏡と画文帯神獣鏡の破片と銅鏃八〇点余、鉄鏃一〇〇点余、鉄刀・鉄剣・鉄刀子・鉄鉇・「への字形」

鉄製品と加飾壺二〇点余などがある（岡林 二〇〇〇）。畿内ではじめて三世紀中葉の長突円墳の副葬品の内容が明らかになった意義は大きい。木槨・木棺構造も特異である。厚さ一〇センチ余の材を積み重ねて槨壁とし、長辺に各三本の柱を立てて槨材を支える。槨底には三本の枕木を据え、両短辺中央に太めの柱が立つ。木棺の両側には四本の柱があり、棟持柱とともに上屋を支える構造材のように見える。木槨は楯築古墳や萩原一号墳に、枕木は黒田古墳に類例があるが、墓壙底の四本柱との共存は初例である（後述）。

纒向勝山古墳（全長一二〇メートル）は、纒向三古墳（石塚・矢塚・勝山）の北側中央・三角形の頂点に相当する位置にある。幅二〇〜二五メートルの周濠内には纒向二類〜四類の土器が多量にあり、木製品にはキヌガサ形や舟形のミニチュア儀器もある。周濠内には扁平な安山岩割石があるので、埋葬施設は竪穴式石室の可能性がある。

中山大塚古墳（長突円墳、全長一二〇メートル）は、西殿塚古墳（全長二二〇メートル）を盟主墳とする萱生古墳群の一方の尾根端にある。円形部には内法長七・五メートルの竪穴石室がある。全体に盗掘されていたが、粘土床上から二仙四獣鏡片・素《そ》環頭《かんとう》大刀・鉄剣・鉄槍・鉄鏃《てつぞく》などが出土している。鏡片は、爪ほどの小片であるが、鳥取市桂見二号墳など古式古墳に類例がある。墳頂部には、宮山型と都月型の特殊器台系の埴輪《はにわ》が置かれていたらしいが、原位置はとどめていない。なお、竪穴石室の石材は、二上山塊の春日山安山岩で、『日本書紀』にある「大坂山の石」にふさわしい。

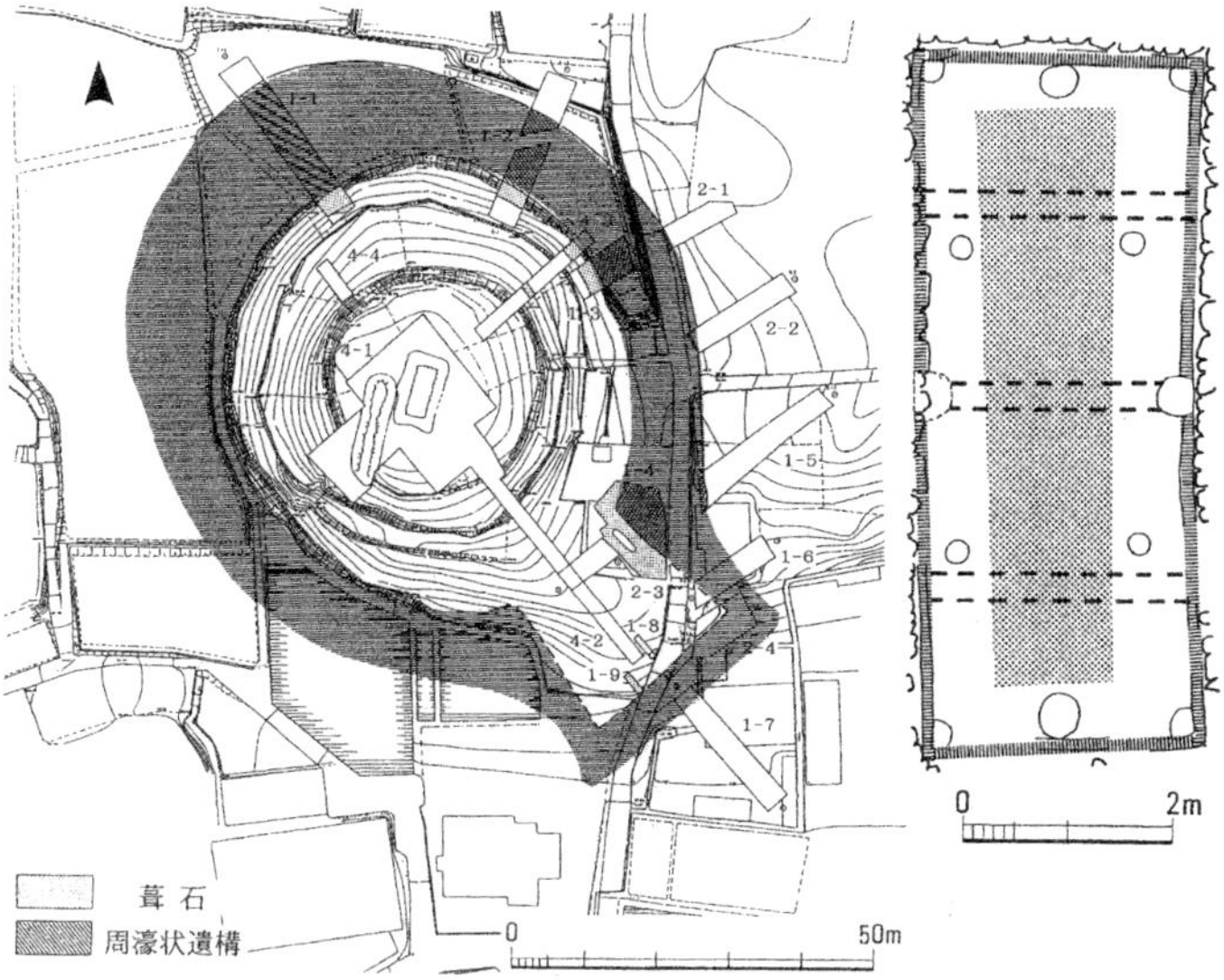

図18　3世紀の大和の長突円墳（奈良県ホケノ山古墳）〈岡林 2000から作図〉

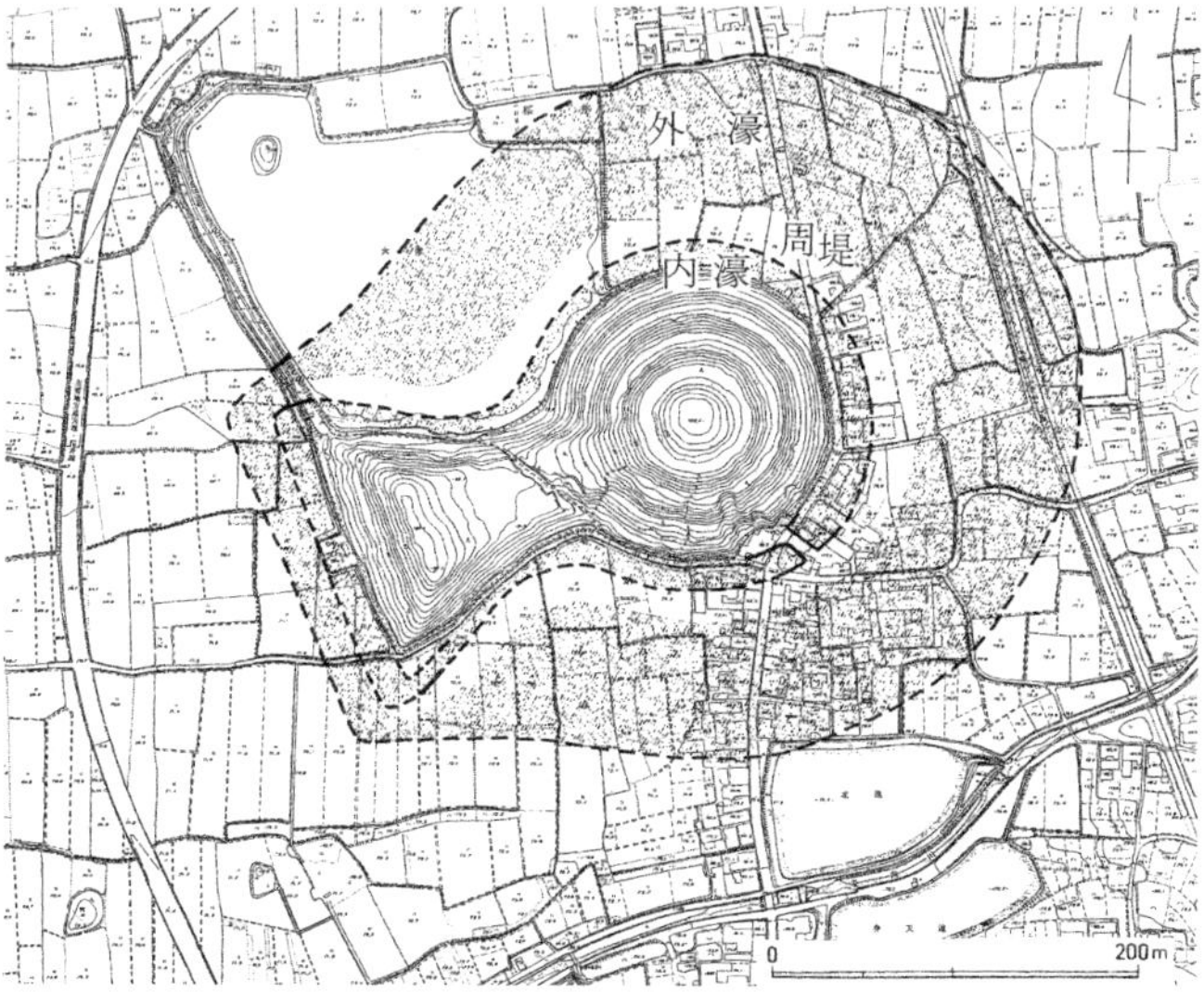

図19　3世紀の列島最大の箸中山古墳〈白石ほか 1984を下図とし，寺沢 1997と橋本 1998を参考に作図〉

箸中山古墳は、墳丘上の大壺と特殊器台や周濠内土器群からみて纒向四類＝三世紀後半であり、卑弥呼の墓の候補にはならない。しかし、昭和初め以来、卑弥呼墓説があり、近年、考古学研究者で賛同者が増加しつつあるので、検討してみたい（図19）。

一九九四年から九五年にかけて箸中山古墳方形部北西端外側の調査が行なわれた（寺沢一九九七）。その結果、方形部北西端の外側には墳丘築造のための基盤整備が行なわれていること、墳丘裾に幅約一〇メートルの溝があること、墳丘裾から約三〇メートル離れて幅七五メートルの掘割があること、出土土器からこれらの築造年代は纒向四類（庄内新式＝布留〇式）であること、などが分かった。

私は以前に現地形から、幅一〇〇メートルをこえる盾形周濠を想定していたが、内濠幅一〇メートル余、外濠幅七五メートル余の墳丘相似形か馬蹄形の二重周濠がめぐる可能性が出てきた。そのうえ、箸中山古墳は、基盤整備を必要とするほど軟弱な地形であっても、この位置に、この規模の墳丘をつくることが重要であった。そこは神山・三輪山の麓であり、水源を共有する都市・纒向の領域内である。

一九九八年、円形部南裾の外側が調査され、周濠・渡り堤・外堤などが検出された（橋本一九九八）。幅約一二メートルの周濠に幅約一七メートルの外堤がめぐり、周濠には幅約五メートルの渡り堤が設けられていた。外堤と渡り堤は、すべて盛土であり、渡り堤の盛土内と周濠内の土器片は纒向四類である。

全長約二八〇メートル《トル》の箸中山古墳の周濠幅が一〇メートル《トル》ではいかにも小さい。方形部北西端の調査事実と合せて考えれば、内濠であり、それに接して内堤があり、その外に今回未検出の外濠があるとすればよく一致する。

私は箸中山古墳の築造時期は、宮内庁所蔵の墳丘上の土器（大壺）と特殊器台型埴輪をもとに纒向三式新＝庄内式新と推定していた（石野　一九七六）。この推定は、前方部北西端と後円部南裾の調査成果とも一致する。その実年代の根拠は難しいが、三世紀後半、同土器様式の開始期は二七〇年ごろと推定してきた。したがって、箸中山古墳は依然として二四八年に没した女王卑弥呼の墓には該当しない。しかし、纒向石塚古墳周濠出土のヒノキの伐採年を一九五年とする年輪年代の類例が増加すれば、纒向三式新＝纒向四類が二四八年を含む可能性が出てくるかもしれないが、現段階では難しい。

三世紀の大和の方系墓は、山間部の菟田野《うたの》町見田大沢四号方形墳（一七メートル《トル》）がU字底木棺に四獣鏡・鉄剣・鉇・勾玉《まがたま》を、榛原《はいばら》町大王山九号方形墓（一四・六×一七メートル《トル》）が箱形木棺に鉄鏃をもつ例が注目されるが、四世紀初頭の長突方形墳である天理市下池山古墳（一二〇メートル《トル》）との間には断絶がある。奈良盆地にも四～六世紀の方形墓が田原本町矢部遺跡などで検出されているが、副葬品は知られていない。

山城・近江

山城から丹波に入ったところの京都府園部町黒田古墳が三世紀では最も大きい長突円墳である（図20）。全長四〇メートルで、後円部には六・五×一〇メートルの墓壙内の礫床上に長さ四メートルの舟形木棺があり、双頭龍文鏡をもつ。近畿の三世紀中葉までの長突円墳は、方形部が低平で不明確な墳丘が多いが、黒田古墳の方形部端は僅かではあるが盛り上り、墳丘立面形が整然としている点で重要である。

山城南部には城陽町芝ヶ原古墳がある。全長四〇メートルの長突方墳で、棺内には獣帯鏡があり、棺上には庄内式土器を供献していた。土器は三世紀前半か中葉である。同じ山城南部の加茂町砂原山には径二五メートルの円墳があり、大和との関係が考えられる。

二世紀末・三世紀初（近畿五様式末＝纏向一類）の近江には、全長一八〜三六メートル余の短突方形墓がある。守山市益須寺《やすでら》一号墓はB2型の短突方形墓（前方部端の溝なし・一八メートル）、近江町法勝寺二三号墓（二二メートル）は方形部が方形部の二分の一をこえて低塚ながら長突方形墳に近く、近江八幡市浅小井一号墓（三六メートル）は最も大きい。

三世紀で最も顕著なのは湖北の高月町古保利古墳群の中の小松古墳である。全長六〇メートルの長突方墳で三世紀中葉の土器とともに内行花文鏡が出土している（高月町教育委員会、担当・黒坂秀樹氏）。三世紀の湖北は、湖南や湖東よりも大和・河内系の土器が多く、そのうえ、東海系土器の諸特徴（S字口縁甕・パレス壺）も濃尾地域より早く成立している可能性がある特異な地域であ

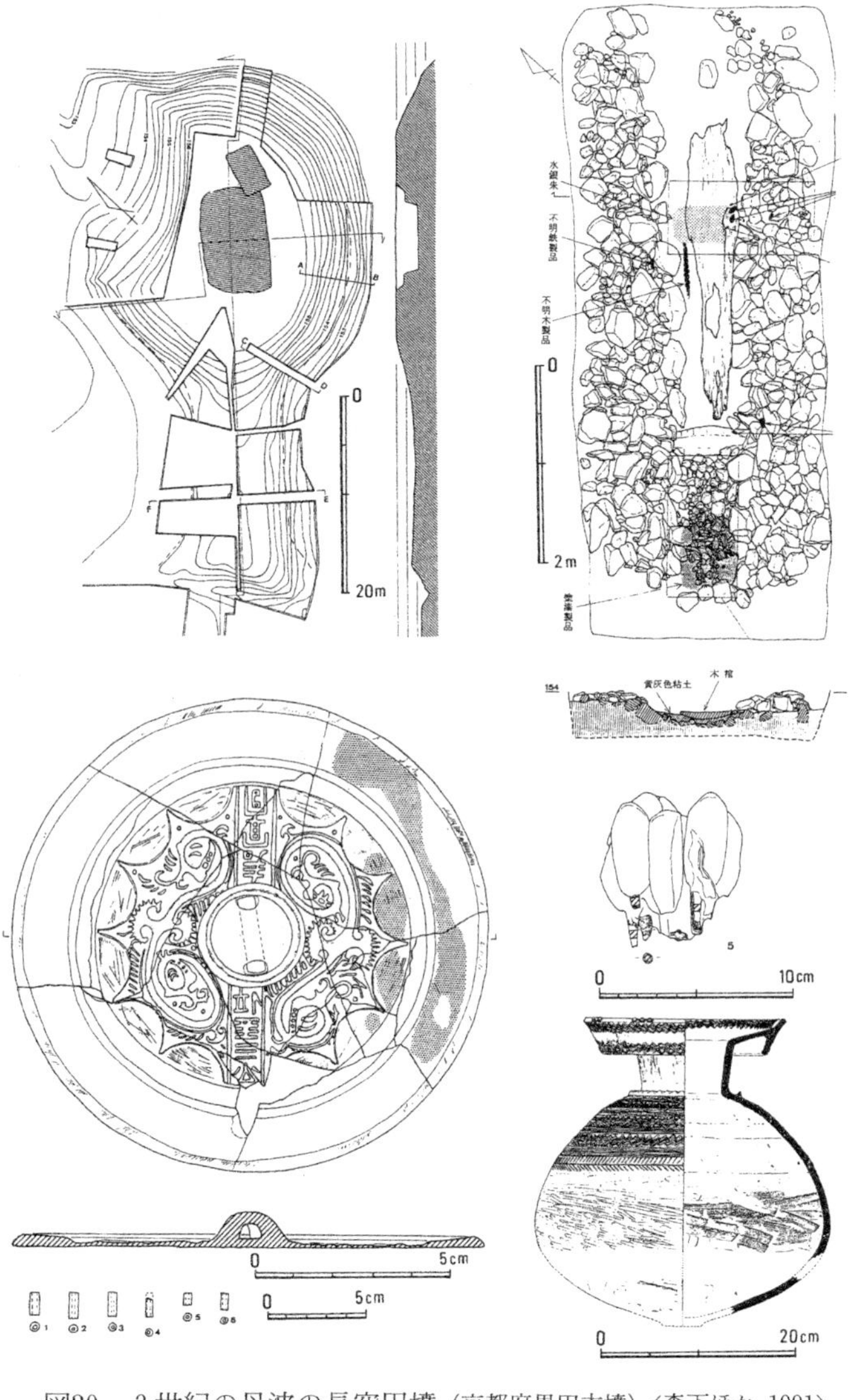

図20　3世紀の丹波の長突円墳（京都府黒田古墳）〈森下ほか 1991〉

る。少なくとも三世紀の湖北は、琵琶湖の海上交通を活用して日本海と大阪湾をつなぐ南北と東西日本をつなぐ要衝の地として登場した。それが三・四世紀に継続的に長突円墳・長突方墳を築く古保里古墳群となった。

湖東には守山市富《と》波《は》古墳（長突方形墓、全長四二メートル）があり、湖北の長浜市鴨田短突円形墓（一九メートル）に比べても方形墓の優位が認められる。特に三世紀後半の富波古墳群は、最初の章の居館の節で触れたように長方形区画溝の中に二基の長突方墳を並置し、その間に円墳群をもつ整然とした墳墓配置をとる列島唯一の例である。そこには、『魏書』「倭人条」に描かれている女王卑弥呼と男弟のヒメ・ヒコによる二王統治体制が反映されているようであり、今後の類例の増加を期待したい。

山陰の大型墓

三世紀の山陰は、圧倒的に方形墓の世界である。特に石見《いわみ》・出雲《いずも》・伯耆《ほうき》と備後《びんご》北部は四隅突出型方形墓と同方墳（以下、四突方形墓・四突方墳と略称）の地域であり、一つの文化圏、あるいは政治圏を形成する。

石見・出雲・因伯

四突方形墓は、早くも前一世紀（弥生中期後半）の備後北部に出現する。三次《みよし》市宗祐池《そうすけいけ》一号墓（五×一〇メートル）などで、その後、一世紀（弥生後期前半）の庄原市田尻山一号墓などをへて、三世紀初頭の三次市矢谷一号墓へと展開する（図21）。矢谷一号墓は、全長一八メートルではあるが四短突方形墓（旧称、前方部の短い四隅突出型前方後方形墓）で、吉備系の特殊器台をもつ。四突方形墓は、江《ごう》の川上流域の三次盆地と同中流域の瑞穂町順庵原一号墓や同系の江津《ごうつ》市波来浜《ならはま》墓によって江の川流域＝石見が注目される。弥生時代に配石墓の伝統がない中国山地では配石を特色とする

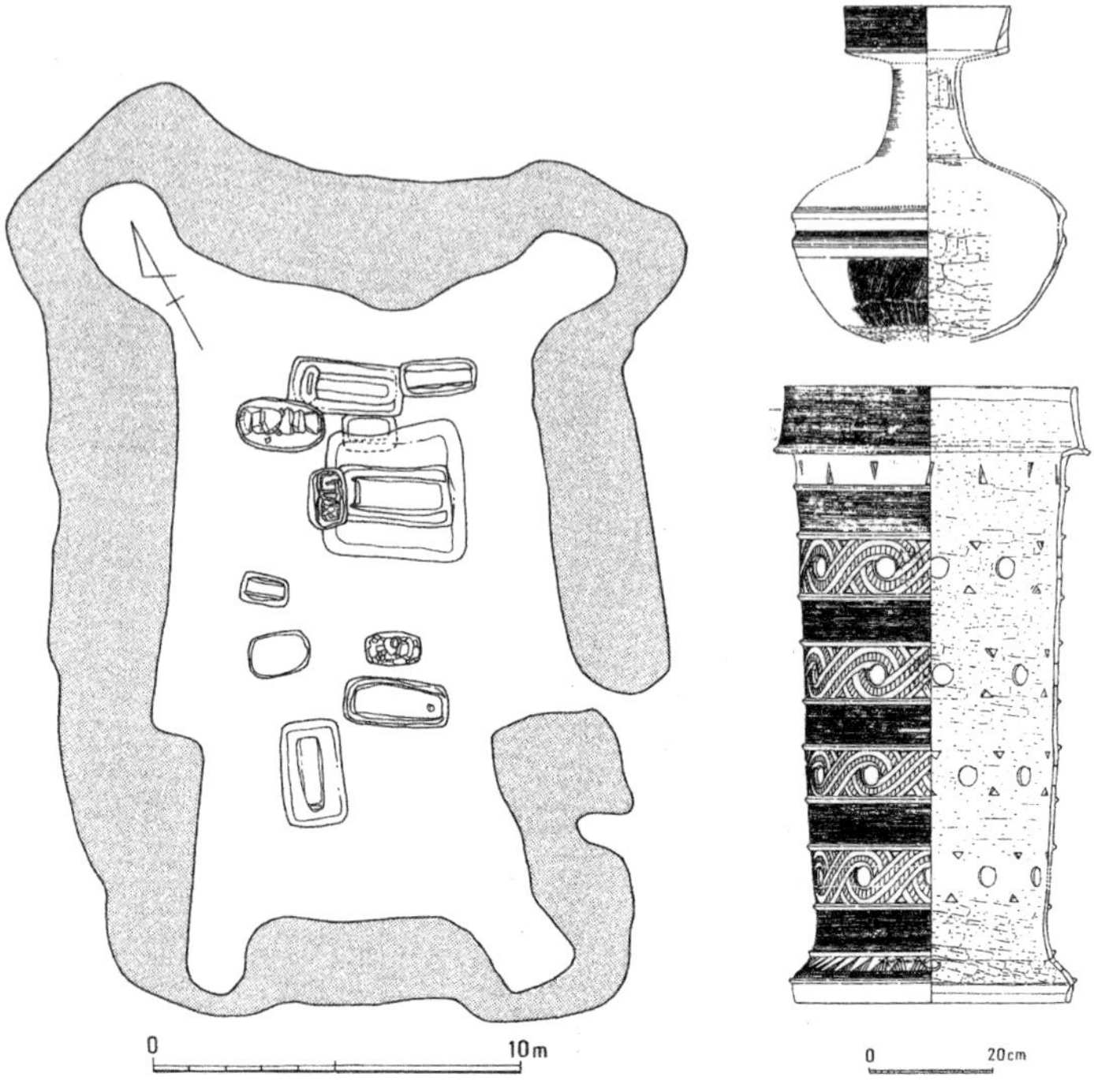

図21　3世紀の備後北部の四短突方形墓（広島県矢谷古墳）
〈金井・小都 1981から作図〉

四突方形墓の出現地とは考え難い。しかし、現段階では列島最古の前一世紀の四突方形墓が三次盆地に分布するのも事実である。一つの可能性としては、韓国などの配石墓をもつ集団が石見海岸部、江の川河口地域に到着したが、先住者との軋轢《あつれき》などから定住の適地を求めて三次盆地に到達した、と考えてはどうだろうか。その後、彼らは塩町式土器にみられる仙薬製作（間壁 一九九九）などの先端技術によって勢力を拡張し、一世紀には出雲や伯耆へと進出した。松江市友田、鳥取県倉吉市阿弥大寺、同淀江町・大山町妻木晩田《むきばんだ》遺跡などの四突方形墓群がこの考え方の参考になる。

そして三世紀には、安来《やすぎ》市仲仙寺や鳥取市桂見に拡がり、仲仙寺九号墓の玉類、桂見二号墳の内行《ないこう》花文鏡《かもんきょう》・獣帯鏡・鉄刀など豊かな副葬品をもつようになる。西桂見四突方墳は、ついに一辺四〇メートル余に達する。桂見二号墳の二仙四禽鏡は、奈良県天理市中山大塚古墳の鏡片と類似している。四突方形墓・四突方墳地域の人々は、独自の墳形＝文化を持ちつづけながら東部（桂見二号墳）では大和と、西部（矢谷一号墓）では吉備と、それぞれ交流していたことが分かる。

丹波・丹後・但馬

弥生・古墳時代を通じて、丹但地域は出雲と越《こし》の中間に位置する重要な文化領域であり、現代、それぞれが属している京都府や兵庫県の南部地域とはまったく異なる。それは、三世紀の墳墓にも歴然と現われている。

三世紀の丹但地域は、圧倒的に方形墓・方墳地域である。

前一世紀・弥生中期後半に舞鶴市志高《しだか》に登場する方形貼石墓は、野田川町寺岡の大型長方形墓（一八×三一・五メートル）や弥栄町奈具岡方形墓（六・一メートル以上×二六・八メートル以上）など五遺跡に継続しており、丹但地域を弥生時代列石墓の一つの中心地として注目しなければならない。そして、一・二世紀には尾根をカットして不整方形の平坦面をつくり、そこに墓壙・木棺を納める方形墓が一ヵ所で数十基と築造されるようになる。

たとえば、丹後町大山墳墓群では、長さ約六〇メートルの尾根上に二八基の墓壙・木棺が集中し、鉄鏃・銅鏃・刀子《とうす》・鉇《やりがんな》と玉類が副葬されていたし、但馬の豊岡市立石墳墓群では、尾根上に、一辺七〜一〇メートルの不整方形区画が五カ所あり、それぞれに四〜一〇基の墓壙・木棺を設け、副葬品には鉄剣・素環頭刀子・鉄斧・鉇・玉類があった。西日本の弥生時代方形墓の多数埋葬は一般的であって特に珍しいことではないが、副葬品が多い点で大和・河内の弥生墓とまったく異なる。

三世紀にもこの傾向は継続する。

青竜三年銘鏡で著名になった太田南五号墓は、丹但地域のどこにでもある不整方形墓の一つにすぎない（図22・表6）。「青竜三年」とは、中国・魏の年号で、倭国の女王卑弥呼が魏に遣使した景初三年（二三九）の四年前にあたる。卑弥呼は魏から「銅鏡百枚」を賜与されているので、そのうちの一面ではないかと喧伝された。

太田南古墳群は、峰山・弥栄両町にまたがり、そのうちの一支群が三・四世紀の六基の古墳で

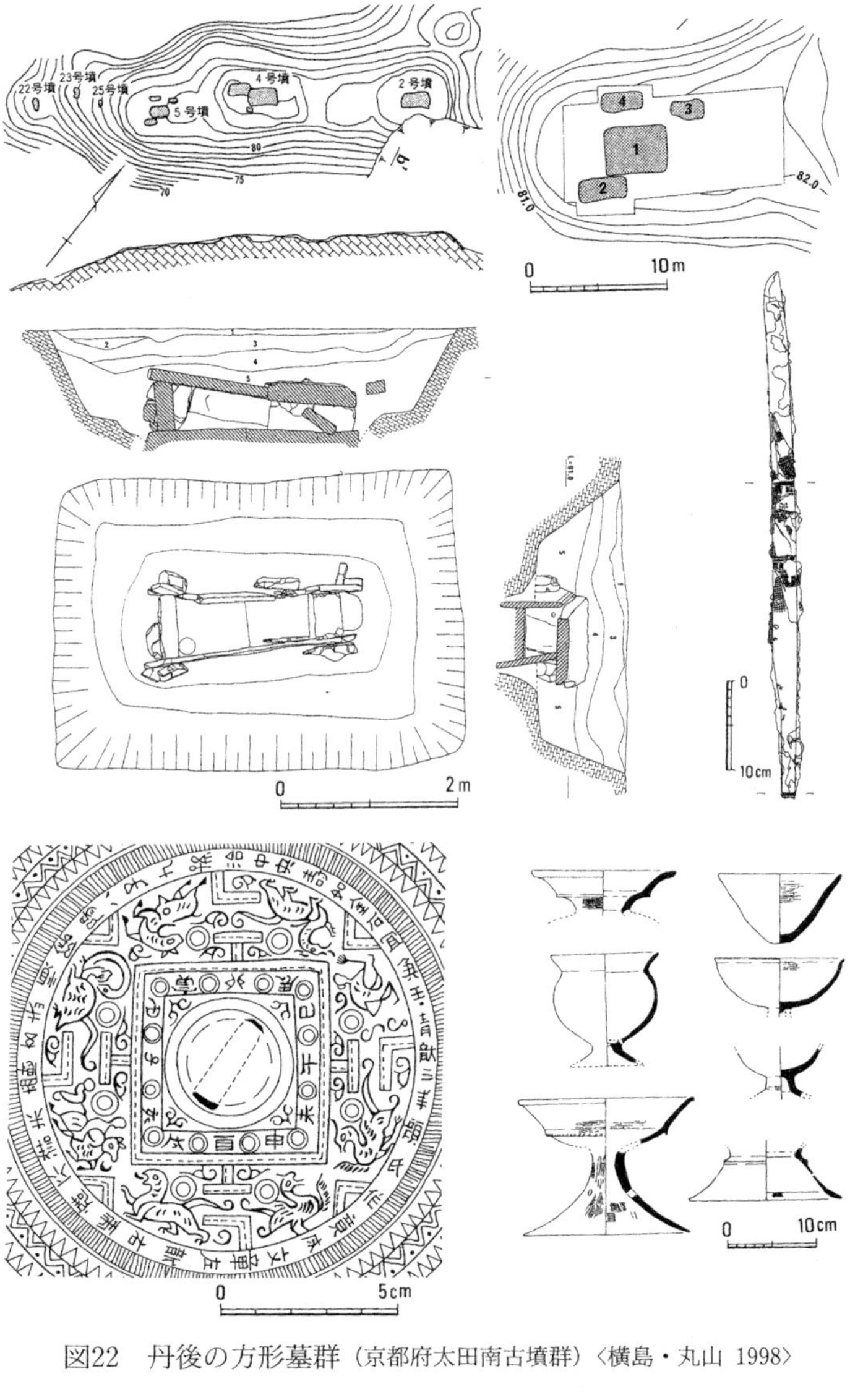

図22　丹後の方形墓群（京都府太田南古墳群）〈横島・丸山 1998〉

表6　京都府太田南古墳群の一支群構成

号墳	墳形	墳丘規模（メートル）	墓　壙（メートル）	棺（センチ）	副葬品
2	方	18×22	3.6×8.6	230×60 木棺舟底状	(156—174製作) 画文帯環状乳四神鏡 鉄剣，不明鉄製品
3	方	11	?	?	
4	方	15.5×26	①　6×3.2 ②4.4×8.2 ③1.4×1.8	木　棺	
5	方	12.3×18.8		①3.2×4.6　墓壙 177×60 箱形石棺 ②1.6×3.5土壙墓 ③1.14×2.46 〃 ④1.33×3　〃	方格規矩四神鏡 鉄刀
6	円	28.5	6.5×9.6 (−2.5)		石釧2，刀子11，鉄ノミ？　9，針？

ある。支群内で、立地上の好所を占めているのは二・四号墳で、この二基は、墳丘と墓壙の規模が五号墳より大きい。つまり、太田南五号墳は、支群内で特に顕著な墳墓ではないけれども、魏の年号鏡を副葬していた点を強調しておきたい。年号鏡は考古資料としてはきわめて重要であるけれども、丹後の人々にとってはさほどの貴重品ではなかったことを示している。

丹波・福知山市豊富谷や同寺ノ段に三世紀の方形墓群がある。豊富谷方形墓群は四群二一基からなり、最大は一九×一三メートル（二四七平方メートル）のTD一一号墓、最小は一〇・五×七メートル（七四平方メートル）のDD二一号墓で、墳上規模の平均は九八・八平方メートルである。これを支群別にみると、最大墳丘を含むTD支群が平均一六三平方メートルで最も大きく、TT支群とRD支群の一三六平方メートルが次

図23　3世紀の丹波の墳墓群（京都府豊富丘谷墳墓群）〈竹田・増田 1983に加筆〉

表7　京都府豊富谷丘墳墓群の構成

	墳形	墳丘規模（メートル）	墓壙（メートル）　面積（平方メートル）	副葬品	墳丘面積（平方メートル）
			（　）内の数字は各群の平均		（　）内の数字は各群の平均
TT 3	方	9.5×11.5	1.55×3.2 ＝496	鉇	109
〃 4	〃	13.5×14	①3.75×1.65＝619 ②1.55×0.6 ＝ 93		189
〃 5	〃	11×10	3.35×1.55＝519		110
			(432)		(136)
TD 2	〃	20×10	①　2×0.75＝150 ②　4×1.2 ＝480 ③　3×1　＝300		200
〃 3	〃	12× 8.5	① 4.4×1.8 ＝792 ② 3.3×1　＝330 ③ 1.9×0.7 ＝133		102
〃 11	〃	19×13	?	（鎌・管玉）	247
〃 17	〃	14.5×12.7	① 3.2×1　＝320 ② 3.8×1　＝380 ③ 4.7×1.9 ＝893	②獣帯鏡 ③素文鏡	184
〃 18	〃	9.5× 8.5	3.7×1.9 ＝703		81
			(448)		(163)
RD 2	〃	12×10.5	① ② ③	②鉇	126
〃 5	〃	14×13			182
〃 9	〃	12	2.9×0.8　232 (2段)	鉄剣・鉄鏃	144
〃 10	〃	9×10			90
					(136)
DD 4	〃	10.5×9	①2.86×1　＝286 ②3.2 ×1.6 ＝512 ③2.5 ×1.1 ＝275 ④1.35×0.8 ＝108	①鉇	95

			⑤ ? ×1.0 = ? ⑥ 2.8×0.9 =252 ⑦ 4 ×1.4 =560 土壙1.3×0.8=104 (300)	⑦鉄剣	
DD 7	〃	12×7	① 1.2×0.65= 78 ② 3 ×0.6 =180 ③1.15×0.75= 86 ④ 2.1×0.6 =126 (118)		84
〃 6	〃	13×7.5	① 1.7×1 =170 ② 2.3×1.3 =299 ③ 2.8×1.4 =392 ⑤ 2.3×1 =230 ⑥ 3.4×1.7 =578 ⑦ 2.3×1.1 =253 土壙1.3×0.7=143 (295)		96
〃 5	〃	10.5×9	① 2.5×1 =250 ② 5 ×1.1 =550 ③ 2.2 ×1.1 = 242 ④ 3.1×1.2 =372 ⑤ 3.2×0.9 =288 ⑥ 2.8×0.9 =252 (326)	②鉄鏃 ④鉄剣	95
〃 19	〃	12.5×7			86
〃 20	〃	10.5×9	2.15×1.55=333		95
〃 21	〃	10.5×7	① 3.4×1.6 =544 ② 2.4×0.8 =192		74
〃 22	〃	12×8	① 3.3×1.8 =594 ② 2.2×1.1 =242	①鉄剣	96
〃 23	〃	11.5×8	4.5×2.1 =945 (260)	鉄剣,鉄鏃25	92 (90)

いで、DD支群の九〇平方メートルが最も小さい（図23・表7）。

墓壙規模（面積）は、最大はDD二三号墓の九四五平方メートルで、TD一七号墓第三主体の八九三平方メートルがこれに次ぎ、DD七号墓第一主体の七八平方メートルが最小である。墓壙の平均規模が最も大きいのはTD支群でTT支群がこれに次いで、DD支群が最も小さい。

墳丘と墓壙規模に副葬品を重ねると、鏡をもつTD支群が最も優位であったことが分かる。最大の墳丘をもつTD一一号墓の内容は不明だが、獣帯鏡と素文鏡をもつTD一七号墓の墳丘は群で四位の規模である。ただし、二位の墳丘規模をもつTD二号墓と同三位のTT四号墓がともに副葬品をもたないので、墳丘規模と副葬品の質量が併行しているとは必ずしも言えない。むしろ、平均して小墳丘からなるDD支群に群内五本のうち四本の鉄剣が集中しているのは注目に値する。この中に最小級の墳丘（九二平方メートル）に最大墓壙をもつDD二三号墓があり、鉄剣のほかに鉄鏃一五本を副葬する。

三世紀の豊富谷墳墓群には墳丘と墓壙の「大きい鏡階層」と墳丘の小さい「鉄剣階層」が群を分けて共存していたようだ。大和の三・四世紀の大王墓群で予測しているヒメ・ヒコ制的な祭祀と政治の職掌分担（石野　一九七六）が、丹波の三世紀方形墓群の中にも成立していたのだろうか。そうであれば、「豊富谷の卑弥呼」は、TD支群の中に存在する。ヒメ・ヒコ制と関係させなくても、祭祀と軍事を支える集団がそれぞれ存在していたことは考慮しておくべきである。

丹波では、従来、福知山市寺ノ段方形墓群や広峯古墳群が注目を集めていた。一つは、寺ノ段方形墓群の中に大型墓壙（四×六・八㍍）内にU字底木棺と方格規矩鏡（片）と鏡片をもつ二号墓を含むこと、その群内に突如全長四〇㍍の長突円墳・広峯一五号墳が登場することである。そのうえ、広峯一五号墳には中国・魏の年号「景初四年銘鏡」が伴っていた。

三世紀の丹波は、基本的に方形墓の世界である。小規模な方形墓の中に舶載の画文帯環状乳神獣鏡や「青竜三年銘鏡」をはじめ七面の銅鏡と鉄刀・鉄剣をもつ。このような背景のなか、三世紀末葉の南丹波に園部町黒田古墳（五二㍍）が、四世紀前半の北丹波に広峯一五墳（四〇㍍）が登場する。福知山盆地には綾部市新庄円形墓群も形成されて、ようやく円形墓の世界に入ったように見えるが、ここで断絶する。

黒田古墳は、三世紀の長突円墳の中では前方部端を明確に区画する数少ない古墳の一つであるとともに、大型墓壙（六・五×一〇㍍）内にコウヤマキ製のU字底木棺と舶載の双鳳竜文鏡をもつ首長墓である。このころには、園部町曾我谷遺跡に大和・河内で盛行している三世紀の穂積型甕（一・二世紀の近畿弥生甕の伝統を三・四世紀まで保持する甕＝別称・伝統的タタキ甕）や山陰系の土器が流入してくる。方形墓地域である丹波に円系墓である黒田古墳が入ってくる背景には、円系墓世界である瀬戸内東部（播磨・讃岐など）や大和との関係が想定できる。とくに礫床・U字底木棺・棺底の枕木・破砕鏡などの点で阿波・萩原一号墓、播磨・西条五二号墓、大和・ホケノ山古墳との共通性は韓国南部の同種遺構を含めた新たな課題である。四世紀後半には園部盆地に全長八四メートルの長突円墳・園部垣内古墳が登場する。黒田古墳と同じ墳形ではあるが、両者は埋葬施設と副葬品に大きな差があり、もはや南丹波の主体性は認められない。

他方、北丹波の広峯一五号墳は、円丘部中心に二段墓壙内にU字底木棺を据え、中央部にだけ水銀朱をまくなど、四世紀大和の葬法と共通するが、墳形は明確ではない。現地形が築造当初の墳形を反映しているものとすると、「円丘部」には直線部分が中軸線の左右にあって方形部に角をむけた「方丘」に見える。方丘部の角に方形部を設けた「前方後方墳」は、讃岐の石清尾山猫塚古墳と大和の見田大沢一号墳に類例がある。両者とも三世紀末・四世紀初頭の在地色の強い墳形であり、大和との関係が強調されている広峯一五号墳の性格にかかわってくる。また、景初四年鏡の埋納位置も復原墓壙長・木棺長の中央部側辺に立てかけた状況であり、大和・黒塚古墳と同様に棺外側縁に鏡面を内側にして立てて埋納していた可能性がある。つまり、景初四年鏡は、棺内頭部に置かれた宝鏡ではなく、単なる辟邪《へきじゃ》鏡となる。中国の紀年鏡をさほど意識していない丹後・太田南人との共通性が指摘できる。

なお、西丹波にあたる兵庫県域の丹波篠山盆地も方形墓地域であり、見過せない古墳がある。三世紀中葉の西紀《にしき》町内場山《ないばやま》方形墓（二〇メートル）U字底木棺出土の一〇〇センチの素環頭《そかんとう》大刀は船載の優品である（図24）。弥生時代の刀剣は、剣が主流で刀はきわめて少ない。なかで全長一〇〇センチを

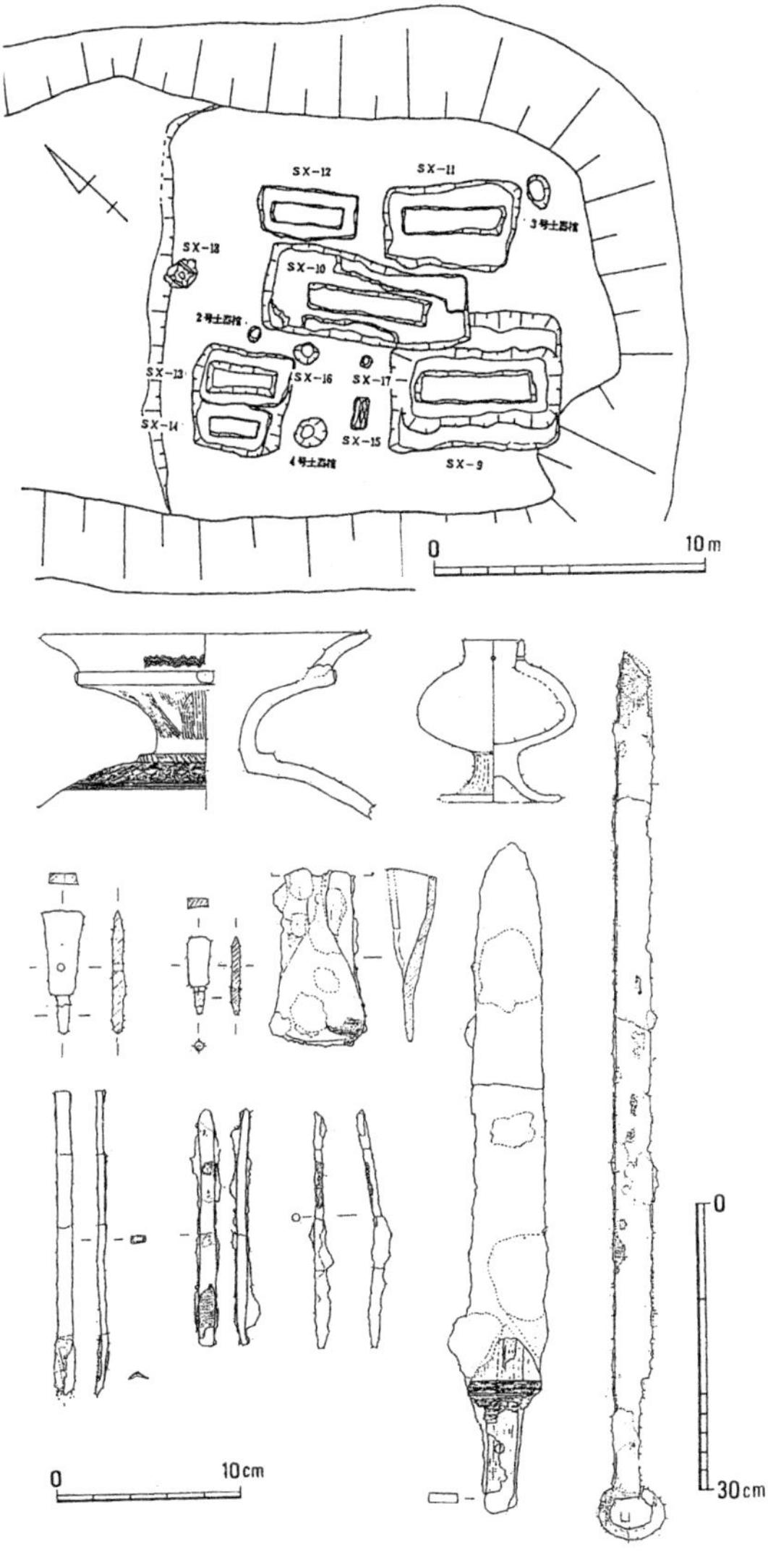

図24　長刀をもつ丹波の方形墓（兵庫県内場山墳墓群）
〈中川ほか 1993〉

表8　丹波・内場山方形墓の構成

墓棺番号	墓壙（メートル）	木棺	（センチ）	
9	5×6（30）	箱形	110×410	鉄剣先
10	3×7.3(21.9)	U字底	100×410	素環頭大刀、ノミ頭鉇17、斧1、鉇1、針1（墓壙上土器）
11	3×4.7(14.1)	箱	100×350	鉄剣1、鉇1
12	1.8×3.4(6.1)	〃	70×260	
13	2×3.4(6.8)	〃	100×250	
14	1.8×3(5.4)	〃	80×180	鉇1
15	0.5×1.2(0.6)			

前後する長刀はまれで、福岡県前原市《まえばるし》向原《むかえばる》の素環頭刀、鳥取県東郷町宮内第一遺跡の直刀などに限られる。「倭人条」には、女王卑弥呼への下賜品の中に「銅鏡百枚」とともに「五尺刀二口」がある。魏晋の一尺を二四・一二センチとすると五尺刀は一二〇・六センチの刀であり、量的には「銅鏡百枚」より貴重である。内場山方形墓の鉄刀は、「倭人条」の「五尺刀二口」ではないけれども、長刀の歴史的意味は大きい。

内場山方形墓は、一九以上×二〇以上メートル（三八〇平方メートル以上）の墳丘の中心にU字底木棺一基と箱形木棺六基・土器棺三基・土壙墓三基をもつ（表8）。九号墓は三〇平方メートルと最大墓壙をもつ当初の埋葬墓の可能性があるが、鉄剣先一点だけである。一〇号墓は方形墓の中心にあって、九・一一号墓より新しく、墓壙規模は九号墓についで大きい。木棺はU字底で、素環頭大刀と一七本のノミ頭型鉄鏃が目をひく。他にも一一号墓に鉄剣があって、大型墓壙・木棺には刀剣が伴う傾向がある。供献土器は丹但系土器が主体だが、三号土器棺は讃岐系大壺である。讃岐系大壺は、加古川ルートで播磨の山戸四号墓や横山七号墓の壺棺との共通性が指摘されている（山本 一九九四、一一九ページ）。つまり、内場山方形墓の被葬者たちは、日本海と瀬戸内海をつなぐ好位置を基点として、丹後を通じて素環頭大刀を入手しうる勢力へと成長したのであろう。

西丹波には他にも、二世紀末、三世紀初頭に播磨と摂津の土器と鉄剣をもつ篠山市西八上黒田方形墓や三世紀に丹但系土器をもつ同鉄砲山列石方形墓などがあり、動きの激しい内陸部地域勢力の存在を示す。

丹但地域に卑弥呼墓を求めれば、北丹波の豊富谷TD一七号墓がふさわしい。少し年代観が動けば、丹後の太田南五号墓や南丹波の黒田古墳が候補に加わる。

東海・中部・北陸・関東・東北の大型墓

濃尾

東海西部＝濃尾平野には、二世紀末〜三世紀初頭（廻間Ｉ式前半）に全長二七メートルの長突方墳＝廻間《はさま》（ＳＺ01）古墳が出現する。幅約五メートルの墳丘相似形の周溝がめぐり、周溝内に廻間Ｉ式前半の壺・甕・高坏・鉢などが収められていた。

三世紀中葉の濃尾平野は、尾西市西上免古墳や美濃市観音寺山古墳など、列島内で最も長突方墳が卓越した地域となる。

西上免古墳は、全長四〇メートル（大方形部一辺二五メートル、小方形部長一五メートル）で幅七〜八メートルの墳丘相似形（長突方墳）の周溝がめぐる（図25）。周溝内には、大方形部とくびれ部に接して在地のパレス壺とともに畿内系（庄内系）の加飾壺が墳丘裾にあり、前方部周溝の外側からベンガラ粉塊が出土した。なお、古墳の両側には周溝に接して墳丘主軸と同一方向の二本の溝があり、墓域を区画している。長突方墳のある墓域の内外に各二基（以上）の周溝墓があり、長突方墳を盟主墳とする墓域であったことが分かる。弥生時代から古墳早期（三世紀）にかけて墓域を区画する事例は、滋賀県守山市伊勢遺跡（二世紀・弥生後期）と同服部遺跡（三世紀）など数少ない。数少ない資料ではあるが、周溝墓群の区画は二・三世紀に近江と濃尾ではじまったのであろうか。細かくみると、長突方墳の前方部周溝の変形は、隣接する周溝墓1が先に存在していたためと理解できるし、外域に一辺一九メートルのやや大型の周溝墓3が長突円墳と同時期の廻間II式前半であることは墓域の構成を知る手がかりになる。つまり、西上免の墳墓地は、首長死没以前に設定され、首長と同一墓域に葬られるべき人物の死に際しては、首長墓域に先行して葬った。首長とほぼ同時に死亡した周溝墓3の被葬者は、あらかじめ設定されていた首長墓域の外に接して葬られた。周溝墓1・2は首長親族で、規模の大きい周溝墓3は功臣といった階層差が想定できる。首長家族は、おそらく同一墳丘内に葬られたであろう。

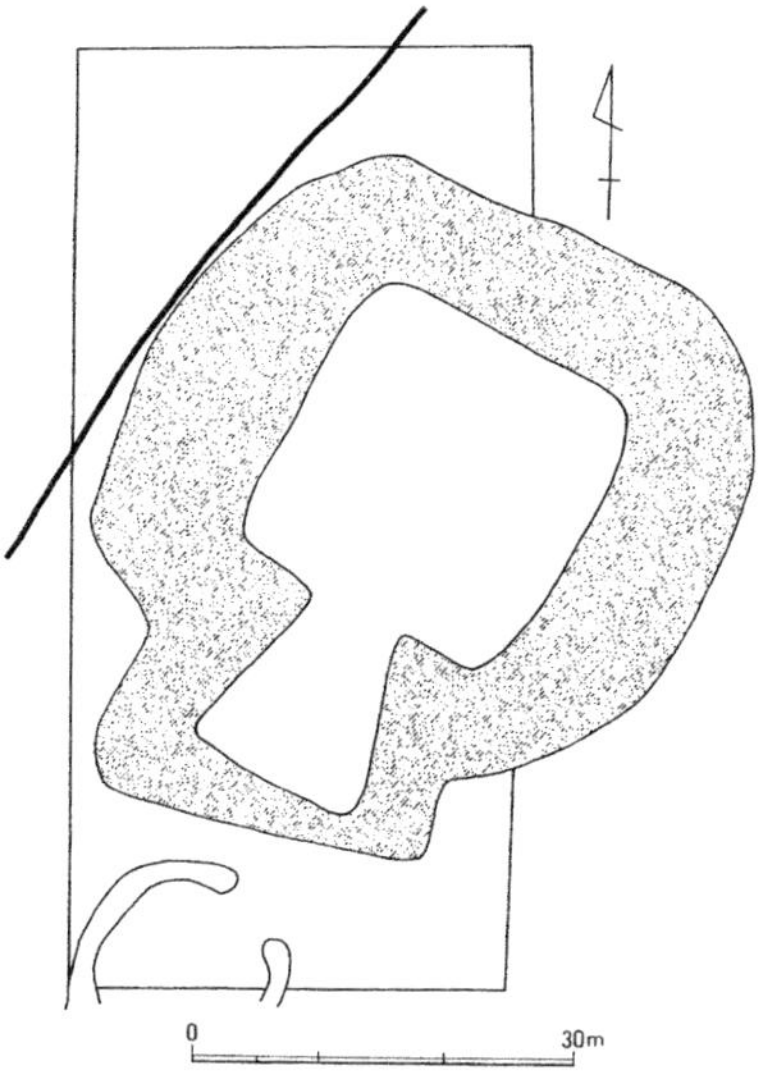

図25　3世紀中葉の濃尾の長突方墳（愛知県西上免古墳）〈赤塚 1995a から作図〉

美濃観音寺山古墳は、全長二〇・五メートルと規模は小さいが、組合式木棺内から方格規矩四神鏡《ほうかくきくししんきょう》・小型仿製鏡《ぼうせいきょう》各一面とヒスイ製勾玉《まがたま》二点、水晶製小玉二点、ガラス小玉一八点が出土している。西上免古墳など低地の古墳は墳丘が削平されて埋葬施設も副葬品も残っていないが、これらと同等かそれ以上の副葬品を想定しておくべきであろう。

三世紀の濃尾平野は狗奴国《くぬこく》の候補地に比定されることが多い。したがって、卑弥呼の墓を求める地としてはふさわしくないが、三世紀中葉の大型墓は、全長四〇メートルの長突方墳・西上免古墳である。

信濃

信濃で最古の古墳は松本市弘法山古墳である。全長六六メートルの長突方墳で、礫槨《れきかく》から四獣鏡一、鉄剣三、銅鏃一、鉄鏃二四、鉄斧《てっぷ》一、鉇《やりがんな》一、ガラス小玉七三八と土器が出土している。土器は壺《つぼ》・高坏《たかつき》・手焙《てあぶり》形で、大半は東海西部系であり、四世紀前半とされていた。

私はかつて、これらの土器を検討して纏向2式＝庄内古式併行とし、三世紀前半に位置づけた（石野 一九八五）。これに対して、岩崎卓也氏らの〝古すぎる〟とする反論があり、その後、「出土遺物の再整理」によって、纏向三式新＝廻間II－4式・同III－1式に比定された（直井 一九九三）。一九九九年、豊岡卓之氏（橿原考古学研究所）は纏向遺跡出土土器の再検討を行ない、私が弘法山古墳出土土器を纏向二式併行とする根拠としたパレス壺（『纏向』図八三－五七）が南溝

（南部）中層ではなく、同上層であることをつきとめた（『纏向』五版、補遺篇）。同上層は、纏向4類の層位であり、弘法山古墳の壺1（『再整理』図3—1）は纏向4類併行＝三世紀後半と訂正する。赤塚氏は「再整理」をうけて、同出土土器を廻間II式前半に比定しており、弘法山古墳の築造は、三世紀第3四半期となる。

一九九九年、北信で三世紀の重要な調査が相次いで行なわれた。

一つは、木島平《きじまだいら》村根塚《ねづか》遺跡で、箱清水式土器に「大」字が刻まれている、ということで有名になった。調査は、木島平村教育委員会によって一九九八年から行なわれ、二〇〇〇年へと継続されている。遺跡は、長径約六〇㍍・比高約一〇㍍の不整長円形の独立丘陵の一部に三段の石垣を配置し、各段のテラスの一部に柱穴列をめぐらす。丘頂の平坦面は長辺約二〇㍍で、中央部に木棺墓が収められている（図26）。

丘陵西端の石垣外に墓壙があり、そこから鉄剣二本が検出された。うち一本は柄頭《つかがしら》と関《まち》にワラビ手文を付した伽耶《かや》系の鉄剣である。丘陵全体を墓地とし、頂部を中心に石垣と柱穴列を配置した列島では類例のない構造である。

中野市高遠山《たかとうやま》古墳では、箱清水式期の全長約五五㍍の長突円墳が調査された（図27）。墳丘主軸は南北で、円形部の新旧二基の埋葬施設は東西に配置され、被葬者はいずれも東頭位と推定されている。古棺は、円形部の北側に寄せてつくられている内法長約四㍍の箱形刳抜式木棺で、墓

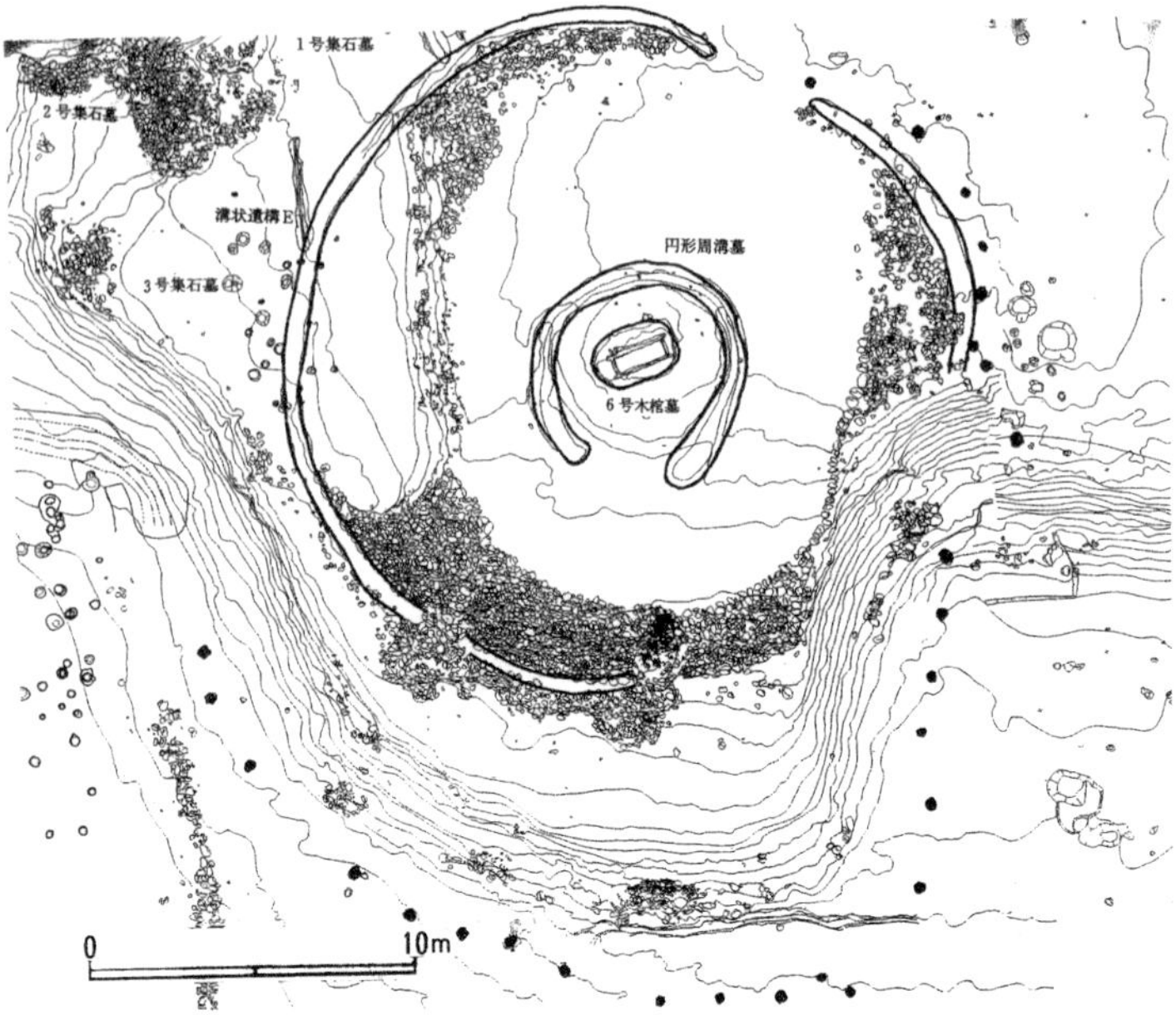

図26　信濃の大型方形墓（長野県根塚）〈吉原 2002〉

壙の北辺と円形部中央の東西を石積みしている。つまり、古棺の構築にあたって円形部中央の旧地表面を削平したうえで、方形部に向って開く一辺約七メートルの冂形に石垣を組み、その北辺に墓壙を掘った。冂形石垣の中央部の地山直上には径約二メートルの範囲に焼土面と炭があるので、葬送のとき火が焚かれたことが分かる。その後、冂形石垣の内側は埋め戻された。古棺からは、鉄剣・銅鏃・鉄斧・鉄ノミと玉類が出土している。

新棺は、円形部中央に古棺と併行して設けられた内法長約六メートルの箱形刳抜式木棺である。木棺の両小口と墓壙両短辺には石積みがある。木棺の長・短辺と底部の外側には、厚さ六〜七センチの木炭がぎっしりと充填されていた。新棺の副葬品は、鉄斧と鉇だけである。墓壙内の棺側に箱清水式新相の甕が、木棺直上には廻間《はざま》3式初頭の東海系高坏が置かれていた。廻間3式初頭は、近畿では纒向四類に併行し、三世紀後半に相当する。したがって、古棺の埋葬、つまり高遠山古墳の築造は、三世紀後半でも中葉に近い三世紀第3四半期と考えられる。

信濃の初期古墳は、従来、長突方墳である弘法山古墳が代表とされていた。それに対し、北信濃からほぼ同時期の長突円墳が調査された意義はきわめて大きい。長突方墳が濃尾（美濃・尾張）の墓制で、長突円墳が畿内（大和・河内）の墓制とすれば、南信には濃尾勢力が、北信には畿内勢力がともに三世紀後半に進出したか、南信と北信の地域勢力が、それぞれ濃尾・畿内と連携したことになるが、そうだろうか。

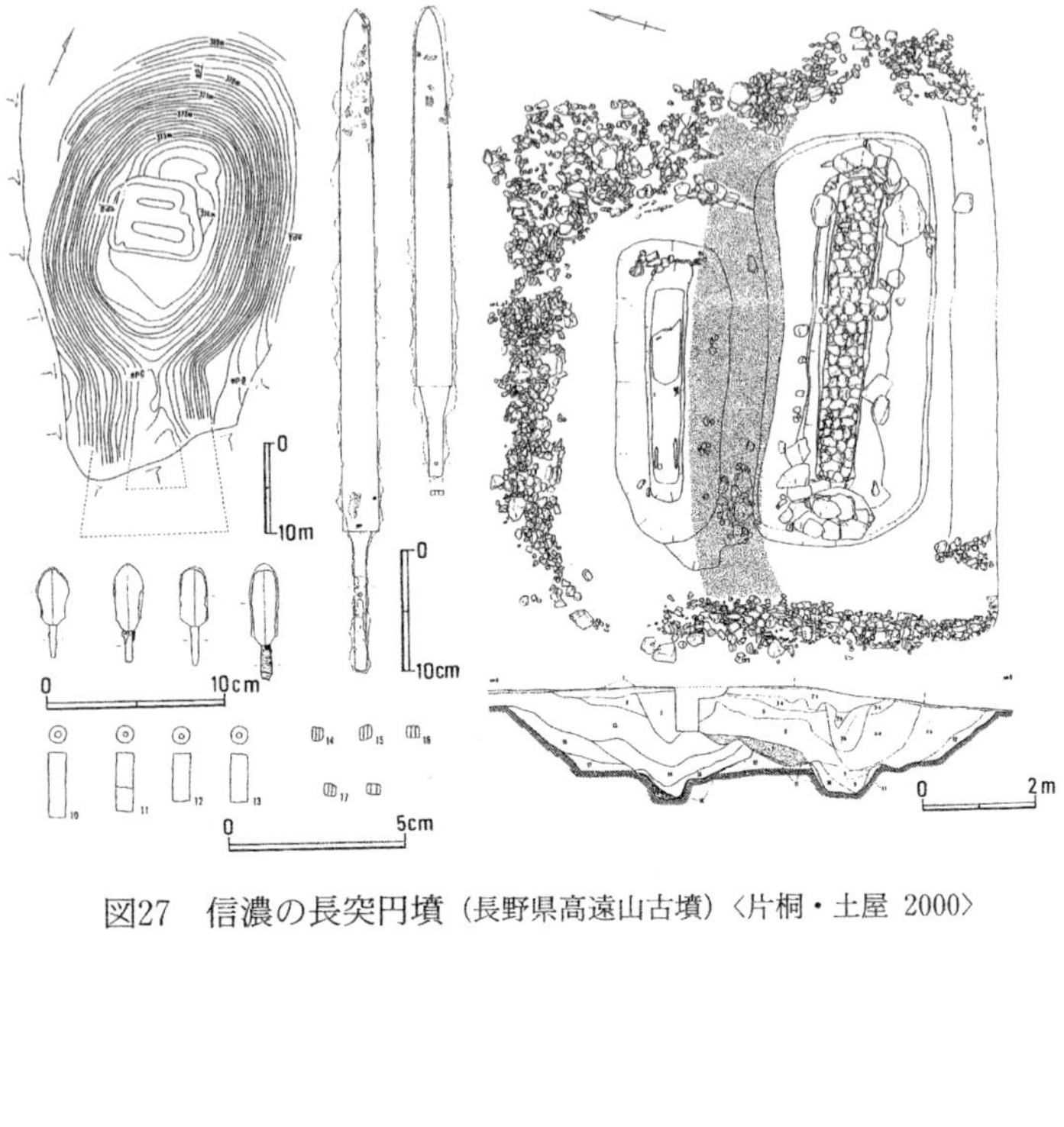

図27　信濃の長突円墳（長野県高遠山古墳）〈片桐・土屋 2000〉

北信には高遠山古墳の直前に東海系パレス壺やヒサゴ壺を主体に一部庄内系加飾壺をもつ方形周溝墓がある。中野市安源寺城遺跡（関・中島 一九九九）で、北信が伝統的に長突円墳につながる円形系統墓の地域ではないことを示している。同時に、飯山市柳町遺跡には庄内系甕と北陸系甕が共存し、長野市篠の井遺跡群には箱清水式古相段階の円形周溝墓群がある。三世紀の円形墓群は、西日本でも讃岐や播磨などに限られており、北信での集中は異例である。

三世紀の信濃の大型墓は、南信では長突方墳の弘法山古墳、北信では長突円墳の高遠山古墳が該当するが、その背景は、地域と時期によって激動しているようだ。

北陸

三世紀前半の北陸の土器は、南西部と北東部に大別できるという。北陸南西部は越前・加賀、同北東部は能登・越中・越後である。この地域の三世紀中葉は、漆町4式と同5式の境に相当し、田嶋明人氏は北陸地域の大きな画期だと指摘している。集落では高屋が普及するとともに高倉が大型化し、墳墓では小型ながら長突方墳が登場する。土器は、東海系、山陰系、畿内系を中心に東西各地域の特色を受けいれている（田嶋 一九九四）。

このような状況のなかに登場する加賀市小菅波四号墳は、全長一七メートルの長突方墳で、大方形部の箱形木棺から鉄鏃・鉇・ガラス小玉などが出土している。周溝内には漆町5式の壺が八個供献されており、三世紀後半と考えられる。北陸南西部（西越）の三世紀の長突方墳は、松任市旭三号墓などにもあるが方形周溝墓群と共存し、突出した存在にはなっていない。むしろ、旭二一号墓のように四突方墳の方が規模が大きい。

同様の傾向は北陸北東部（東越）にもみられる。富山市杉谷四号墳は一辺二五㍍、突出部を加えると一辺四五㍍の四突方墳で、同地域の同時期の長突方墳を圧倒している。つまり、三世紀中葉の北陸は、西の越《こし》も東の越も首長墓は四突方墳であることが分かる。四世紀になると、西の越では雨の宮一号墳（全長七〇㍍・長突方墳）、東の越では国分尼塚一号墳（全長五一㍍・長突方墳）がようやく杉谷四号墳の規模をこえる。

上総

関東は、二世紀後半・弥生後期以降、東海西部との結びつきを強めていた（比田井 一九九七）。二世紀末・三世紀初頭＝纏向一類併行期（従来の近畿弥生五様式末）にもその関係は継続し、三世紀中葉＝纏向二・三類期になるとその延長上に長突方墳が出現する。その分布は、上総《かづさ》と上野《こうづけ》に集中し、なかでも木更津市高部《たかべ》古墳群が最も古い。

高部三二号墳は、全長二七㍍の長突方墳で廻間1式4段階か廻間2式1段階（纏向2類併行）の土器によって三世紀第2四半期に比定しうる（図28）。埋葬施設は、大方形部中央に一基と周溝内に三基あり、大方形部の木棺から四獣鏡片と鉄槍・朱塊が出土している。高部三〇号墳は、全長三四㍍の長突方墳で廻間2式1段階の土器を共伴し、大方形部中央の埋葬施設には二神二獣鏡と鉄槍・朱塊が副葬されていた。二つの長突方墳にはそれぞれ四九号墳と三一号墳がセットであるかのように配置されている。

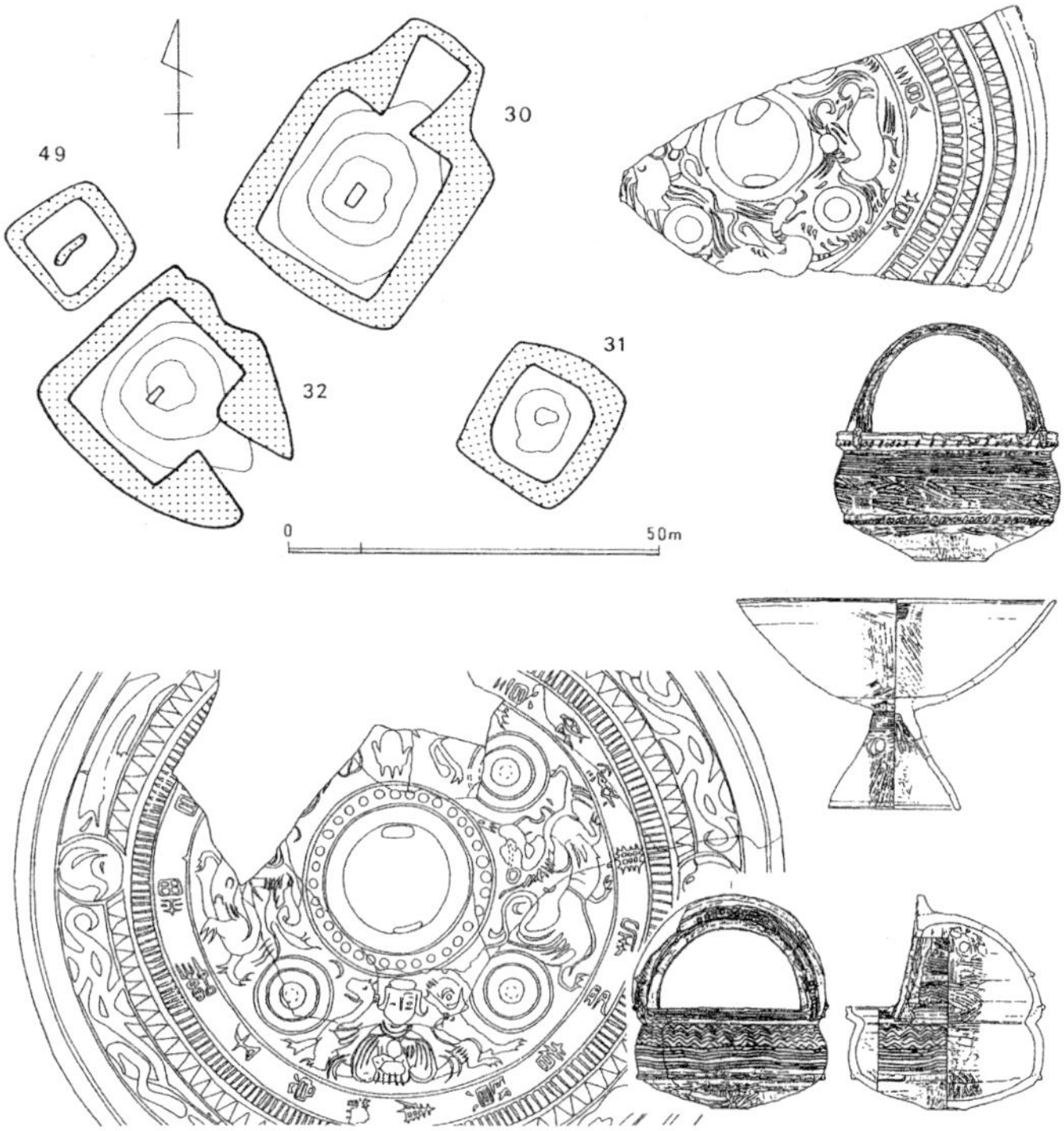

図28　上総の長突方墳群（千葉県高部古墳群）〈小沢 1994から作図〉

以上のように高部三二号墳と三〇号墳は、墳形・埋葬施設・副葬品の組合せの三点から二世代にわたって首長墳として継続していたことが判明した。しかし、その内容は複雑である。

赤塚次郎氏は長突方墳を、東海型・北陸型・畿内型・瀬戸内型に分類した（赤塚 一九九二）。その分類をあてはめると大方形部横長の高部三二号墳は北陸型で、大方形部縦長の高部三〇号墳は東海型となる。そして、三二号墳の二神二獣鏡片副葬は濃尾にあって畿内地域に少ない（森下 一九九五）ことから濃尾の風習とし（比田井 一九九七）、さらに共伴の高坏は濃尾系で、手焙型土器は近畿系（小沢 一九九四）・東海系（赤塚 一九九五）・近江系（高橋 一九九六）と意見が分かれる。

高部古墳群から約二〇キロしか離れていない同じ上総の市原市神門《ごうど》古墳群にはほぼ同時期に短突円墳と長突円墳の首長一族が少なくとも三世代継続していた（図29）。

田中新史氏の調査成果と分析をまとめたのが表9である。時期は五号墳が最古で四号墳—三号墳とつづき、墳形は突出部の短い短突円墳（五号墳）から纒向型（四号墳）をへて長突円墳の三号墳にいたる。周濠は五号墳の段階から三号墳まで円形部が幅広く方形部端がきわめて狭い点で共通している。墳丘全長は、四二・五—四七—五三・五メートルと各五メートル前後ずつ伸張している。

埋葬施設は、三基とも箱形木棺らしい。四号墳はU字底になるようだが、いわゆる割竹形木棺ではなく、おそらく丸太材の外面を自然面のままとした底板であろう。副葬品は剣・鏃・玉が共

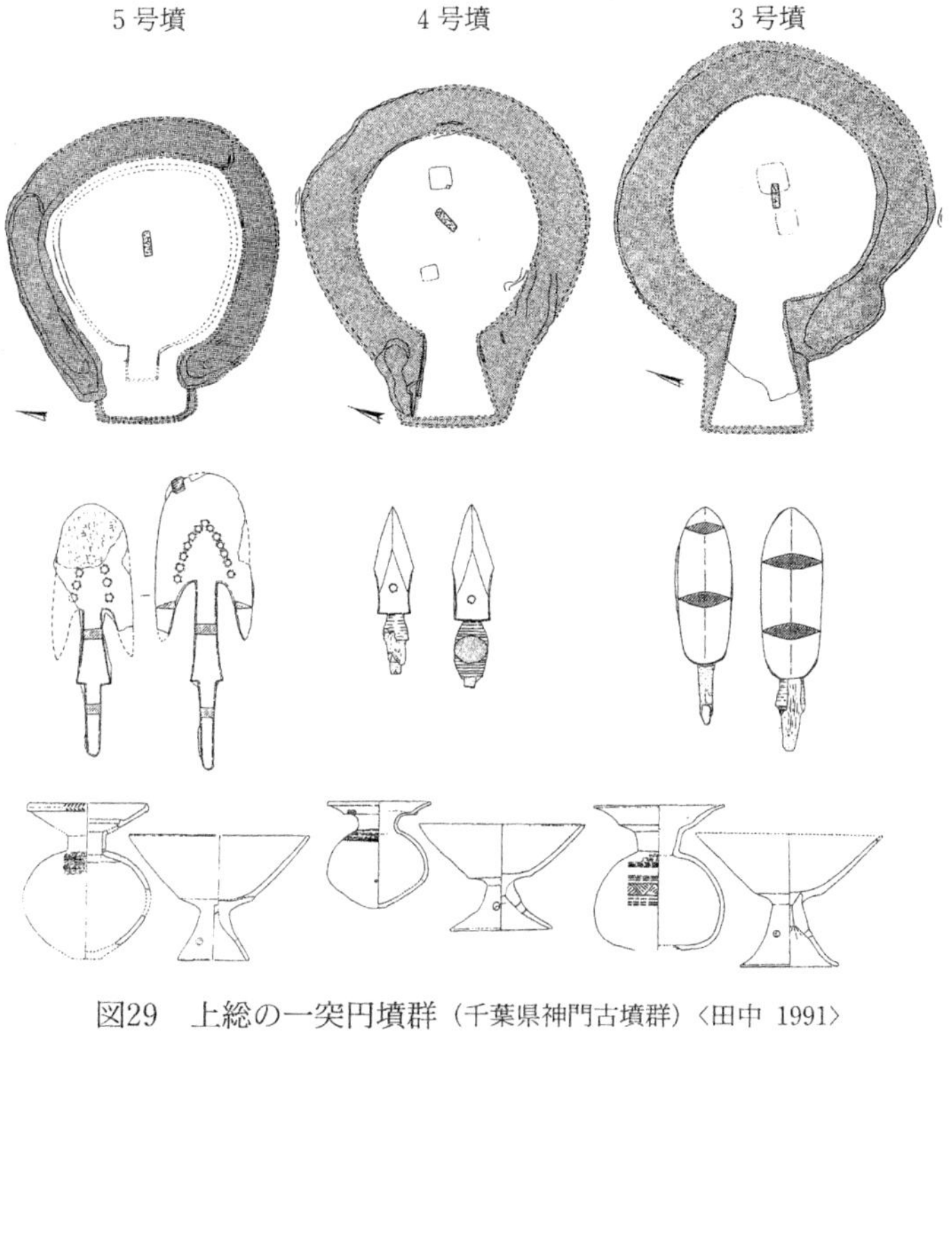

図29　上総の一突円墳群（千葉県神門古墳群）〈田中 1991〉

表9　上総・神門古墳群の構成〈田中 1991ほか〉

	墳丘				土器（系統）	時　期
	形　態	全長（メートル）	埋葬施設	副葬品		
5号墳	帆立貝式 前方後円墳	42.5	箱形木棺？	鉄剣1、有孔鉄鏃2、ガラス玉6	装飾壺・高坏 （東越系・濃尾系）	廻間2－1
4号墳	前方後円墳	47	U字底木棺	鉄剣1、定角式鉄鏃41、鉄槍1、管玉31、ガラス玉394	墳頂部…濃尾系・和河系 墳丘下…在地系・相模系・濃尾系・北関東系	廻間2－2 庄内式直系
3号墳	前方後円墳	53.5	組合式 箱形木棺	鉄剣1、鉄鏃2、鉄槍1、鉇1、管玉11、ガラス玉13	濃尾系・東越系・和河系	庄内（古）

※　土器系統の田中氏の呼称を次のように呼びかえた。北陸→東越、畿内→和河、東海西部→濃尾、東京湾西岸→相模、高部32→廻間1－4か2－1、高部30→廻間2－1

通し、四・三号墳には槍が加わる。五号墳の有孔鉄鏃は、近江か尾張が製作地であり、定角式鉄鏃は「倭王権によって新たに創出された形態」（田中　一九九一）であるという。

土器は、三基とも濃尾系が常に供献されているのに対し、東越系は五・三号墳に、畿内系は四・三号墳に登場する。さらにこまかくみると、四号墳の土器系統が興味深い。四号墳では墳頂に遠隔地の濃尾系と畿内系の土器が供献されているのに対し、墳丘下には在地をはじめ相模や北関東の近隣の土器が多いことに気づく。いいかえると、墳丘築造前の儀礼には主に近隣の豪族が参加し、葬送儀礼には遠隔地の豪族が参列したようだ。

時期については、田中新史氏の比定が最も古い。四号墳を庄内式直前とし、五号墳はそれより古く、三号墳は四号墳につづくとされているらしい。庄内式直前は、大和では纏向一類＝近畿弥生五様式末であり、五号墳はそれ以前となる。赤塚次郎氏は各古墳出土の濃尾系土器を根拠に、五号墳を廻間2―1式、四号墳を廻間2―2式、三号墳を廻間2―3式に、それぞれ比定している（赤塚　一九九五）。奈良県纏向遺跡の廻間様式と纏向様式の共伴関係によると廻間2式1～3段階は纏向2類新相から纏向3類古相に併行する。したがって、神門五号墳段階には近畿ではすでに庄内《しょうない》甕が成立している。ただし、墳形は、神門五号墳は大阪府久宝寺F区一号墓（弥生五様式）、同四号墳は纏向石塚古墳（纏向一類新相＝弥生五様式末）にそれぞれ類似しているので、田中氏の時期比定と適合する。関東・東海・近畿の土器様式の併行関係を含めて、いっそうの検討が必要である。

なお、田中氏は神門三古墳の暦年代は「三世紀中葉前後の短期間（約半世紀）」（田中 一九九二）とされているが、私は纏向一類の存続期間を一八〇年〜二一〇年ごろと想定しているので約五〇年の差がある。この暦年代差は、神門三古墳が卑弥呼即位期か卑弥呼没年期かという差であり、歴史的背景が大きく異なる。

いずれにせよ上総には、卑弥呼から台与の治世期間に長突方墳と長突円墳という系譜が異なるとされている墳形を採用する首長たちがほぼ同時に存在していたのである。

武　蔵　三世紀の武蔵も眼が離せない。

上総を除いて、関東の大型墓は長突方墳からはじまる。三世紀中葉＝廻間2式3・4段階の武蔵の長突方墳は、上福岡市権現山二号墳（全長三五メートル）を最大とする。ついで、岡部町石蒔B8号墳（全長二八メートル）・美里町南志渡川四号墳（全長二五メートル）がつづき、同塚本山三八号墳・同三三号墳（全長一八メートル）となる。つまり、三世紀中葉段階の長突方墳は、弥生大型墓の規模とさほど変らない。

これが大型化するのは、三世紀後半・末＝廻間2式4段階から同3式1段階に比定されている吉見町山の根古墳（全長五四・八メートル）や児玉町鷺山古墳（全長六〇メートル）であり、四世紀前半の東松山市諏訪山二九号墳（全長七〇メートル）へと展開する。

三世紀中葉の南志渡川四号墳は、大方形部が正方形の濃尾型長突方墳で、パレス壺を共伴し、以降山の根・鷺山・諏訪山二九号各古墳の縦長大方形部へと変遷するのも濃尾地域と等しい。諏訪山二九号墳に駿河の大廊式壺があるのは、武蔵の縦長大方形部への変化に駿河勢力が介在していたことを示すのであろうか。

武蔵も三世紀後半以降の展開は動的だが、三世紀中葉の卑弥呼没年期の墳墓はさほど顕著な動きは示していない。

毛　野　三世紀の上野《こうづけ》には、礫床《れきしょう》墓と長突方墳が共存していた。礫床墓とは、木棺底と両小口部に礫床と礫塊をおいた墓で、渋川市有馬遺跡（友宏　一九八四）が著名である。有馬遺跡では、方形、あるいは円形の列石帯をもつ低墳丘内に複数の礫床墓が整然と配置されている。特色の一つは副葬品が多いことで、鉄剣八本をはじめとして銀釧《ぎんくしろ》・鉄釧・玉類がある。共伴する土器は、信州北部と親縁な樽式土器で、従来は弥生後期と認識されていた。三世紀で墳丘裾に列石帯（葺石）をもつのは信州南部の飯田市八幡原遺跡（小林　一九九二）などに、礫床をもつ木棺墓は吉備の岡山県清音村鋳物師谷古墳（小野・間壁　一九七七）などに、鉄剣が多いのは丹後の京都府大宮町帯城《おびしろ》墳墓群（岡田ほか　一九八七）などに、それぞれみられるが、列石・礫床・鉄剣の三種を併せもつのは上野の強烈な地域色を示す。礫床墓は、二・三世紀に日本海沿岸に発達する貼石墓と多様な副葬品に礫床を加えた独自な形態と考えられる。

礫床墓と同時に、上野西部の平野部、高崎・前橋両市域を中心に分布する長突方形低塚がある。小方形部端に溝をめぐらせない B II 型（赤塚　一九九二）の鈴の宮四号墳や小方形部端に溝をめぐらせるが陸橋部を設ける堤東二号墳（全長二五メートル）・熊野堂一号墳（全長二一・七メートル）と下佐野一A四号墳（全長二六メートル）が三世紀の上野における突出部をもつ墳墓である。いずれも墳丘が削平されているため埋葬施設の形態や副葬品の種類などは不明だが、墳丘と埋葬施設に礫石を使用しない点で礫床墓と明らかに異なる。そのなかで、下佐野一A区四号墳の周溝から小型内行花文鏡とガラス小玉五個が中心の埋葬施設に伴うものとすれば、長突方形首長墓の副葬品を知る手がかりとなる。

数少ない資料ではあるが、三世紀の礫床墓は鉄剣を、長突方形低塚は鏡をそれぞれ宝器とし、四世紀の長突方形高塚である元島名将軍塚や北山茶臼山西古墳（田口　一九八八）の鏡と鉄刀に継続するのは後者の首長系譜であろう。

下野は、三世紀末に長突方形高塚が現われる。河内町三王山南塚二号墳（全長五〇メートル）や小川町駒形大塚古墳（全長六〇・五メートル）などで、後者には画文帯竜虎四獣鏡・鉄刀・剣・銅鏃・鉄斧・鉇・ガラス小玉などを伴う。いずれも全長五〇メートルをこえる大型墓であり、豊かな副葬品をもつが、三世紀中葉にさかのぼることはない。

会津盆地

東北南部を福島県会津盆地、同浜通り、宮城県南部、山形県置賜盆地に分けて検討しよう。まず会津盆地からみていく。

三世紀の会津は、方系墓（方形系統墓＝方形低塚・方形高塚〈方墳〉・長突方形低塚・同高塚〈長突方墳〉）と円系墓（円形系統墓＝円形低塚・円形高塚〈円墳〉・長突円形低塚・同高塚〈長突円墳〉）が時期と地域によって入り乱れている。

三世紀前半（漆町6群期）は、B2型長突方形低塚の会津坂下町男壇2・3・4号墳（全長二五・四、一五・八、二一・八メートル）と稲荷塚五号墳（全長一四・五メートル）やB3型の稲荷塚六号墳（全長二三・四メートル）によって方系墓が主流を占める中に円形低塚の宮東四号墳が加わる。この段階は、数的に方系墓が優るだけではなく、規模の点でも稲荷塚六号墳や男壇二号墳の二三〜二五メートルが、径二〇メートルの宮東四号墳を上まわっている。

ところが、三世紀後半（漆町七群）になると、約一七×二一メートルの方形低塚・男壇一号墳を全長三四・四メートルの長突円形低塚・宮東一号墳が圧倒する。そして引き続いて、全長四六メートルの長突円墳・杵ヶ森古墳が築造される（図30）。杵ヶ森古墳は、関東・東北の弥生墓の規模をはるかにこえているだけではなく、現段階で東北最古の長突円墳である。杵ヶ森古墳に接して時期を前後する稲荷塚方系低塚群がある。杵ヶ森古墳一族は、先行する稲荷塚一・二・四号墳段階には方形低塚に徹し、同時か後続する同六号墳段階にも長突方形低塚を存在させている。

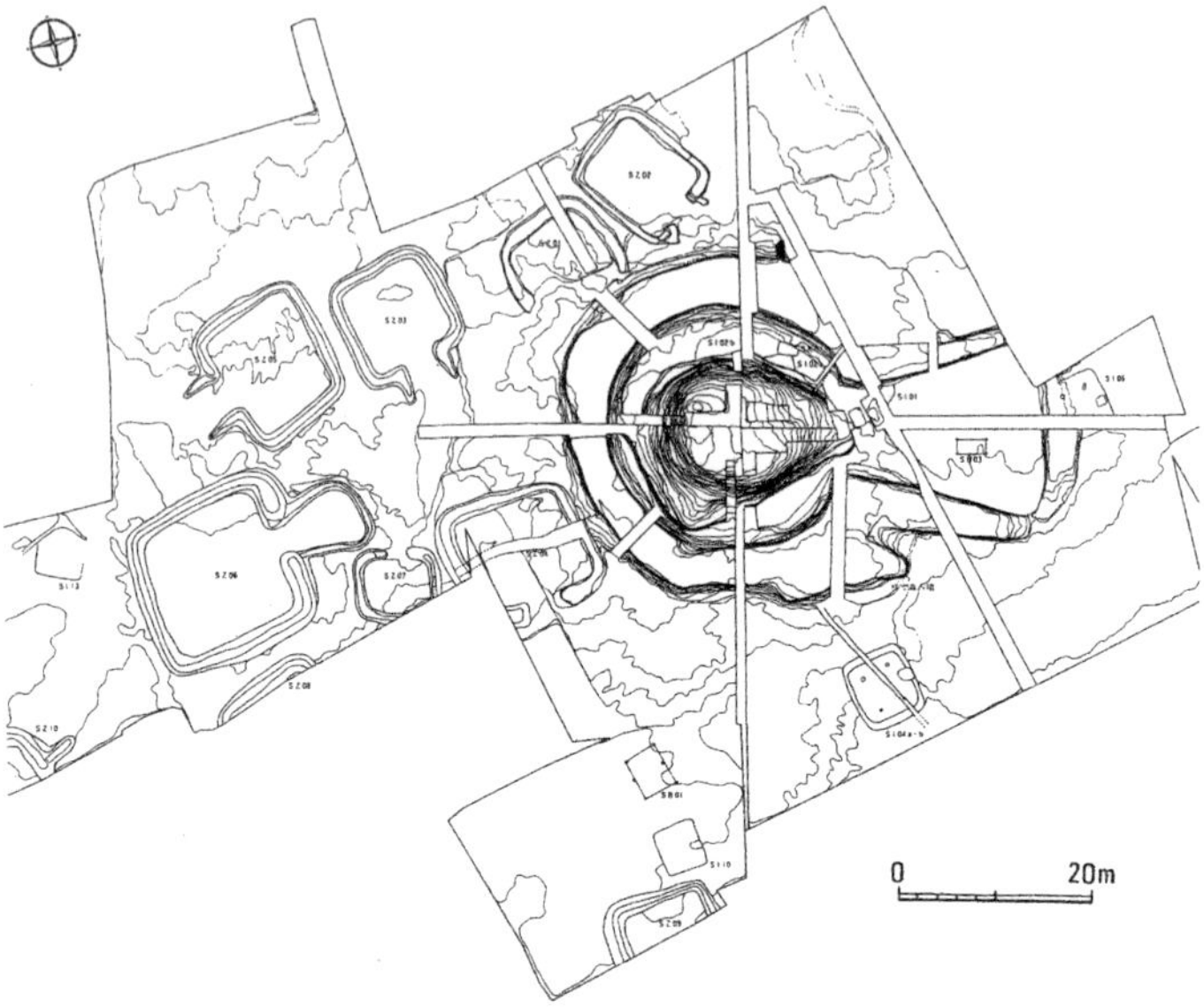

図30　会津の長突円墳（福島県杵ヶ森古墳）〈吉田 1995〉

会津における長突方墳から長突円墳への主流の交替は、三世紀後半＝卑弥呼没後＝台与《とよ》治政期間中におこったようだ。崇神記十年条に伝える四道将軍の中の大毗古命《おおびこのみこと》と武沼河別《たけぬなかわわけ》との相津での邂逅《かいこう》は、単なる邂逅ではなくて、長突円墳体制と長突方墳体制の激突であったのではないか。

三世紀末、会津には内行花文鏡二面と鉄剣・鉇をもつ長突円墳？・田村山古墳が登場するが、墳丘にはパレス壺があって濃尾勢力は地域に根づいていることを示す。

置賜盆地

会津と同様に北陸北東部系土器が多い山形県置賜《おきたま》盆地には、三世紀後半から四世紀初頭にかけて二つの長突方墳（南陽市蒲生田山三・四号、ともに全長二九メートル）が築造される。同地域には継続して全長六〇メートルの長突方墳・米沢市宝領塚古墳が築かれており、「長突方墳体制」が継続していることを示す。

福島・浜通りと仙台平野

浜通りには三世紀の大型古墳はない。しかし、四世紀には原町市桜井古墳（全長七二メートル）や浪江町本屋敷一号墳（全長三六・五メートル）の長突方墳がある。桜井古墳の周辺にはほぼ同時期の古墳群があり、そのうちの一つ、桜井七号墳（一辺二七メートルの方墳）では、四×八メートルの大型墓壙に長辺五メートルの木棺を納め、小型内行花文珠文鏡を副葬していた（原町市教育委員会　一九九九）。

四世紀の浜通りは、少量ではあるが北関東系・東越系・濃尾系・近畿系などの外来系土器をもち、いわき市菅俣・折返遺跡のような居館を構える。居館の主はおそらく在地人で、各地域の人々が時折交易に来ていたのであろう。そして居館の主は、長突方墳に葬られた。

同じ傾向は仙台平野南部でも認められる。名取市飯野坂古墳群には、三世紀末から四世紀末にかけて築造された五基の長突方墳がある。墳丘規模は、全長四二メートルの山居北古墳のほかは六〇メートルをこえており、最大は宮山古墳の七三メートルである。仙台平野南部には明確な四世紀の居館跡は検出されていないが、名取市十三塚遺跡の石釧をもつ大型住居などにその徴候が認められる。三世紀以来、少なくとも五世代にわたって、継続的に居館を設け、長突方墳に葬られた首長層が想定できる。

なお、全長八五メートルの長突円墳である宮城県千塚山古墳を、京都府山城町椿井大塚山《つばいおおつかやま》古墳の二分の一の相似形墳丘をもつことを根拠として三世紀に位置づける考えがあるが、それは難しい。一つは、椿井大塚山古墳の墳丘形態は円形部裾の二分の一を欠落するなど特異な墳形であることと近年の調査による出土土器が布留《ふる》2式の大型壺を中心とするため四世紀中葉以降に編年される（石野　一九九八b）ことによる。

会津を除く三世紀中葉の東北南部には大型墓はなく、長突方墳と長突円墳が展開するのは三世紀後半以降であった。

卑弥呼の墓の候補地

以上の検討をもとに三世紀中葉の大型墓＝卑弥呼墓候補を抽出したのが表10と図31である。

埋葬施設と副葬品

三世紀中葉で日本列島最大の墳丘は、大和のおおやまと古墳集団の中にある。全長一三〇メートル前後の長突円墳である纏向勝山古墳と中山大塚古墳で、一二〇メートルの石名塚古墳がこれにつづく。他の墳形をみると、長突方墳では全長六六メートルの信濃・弘法山古墳、六〇メートルの近江・小松古墳が顕著である。

埋葬施設の規模は、石槨（棺の被覆施設）内法長でみると七・五メートルの中山大塚古墳が最大で、弘法山古墳の内法長五・五メートルを大きくこえている。中山大塚古墳の木棺は不明だが、石室底はU字形になっていないので、組合式か刳抜式の箱形木棺であろう。内法長二・七×六・七メートル（約一八平

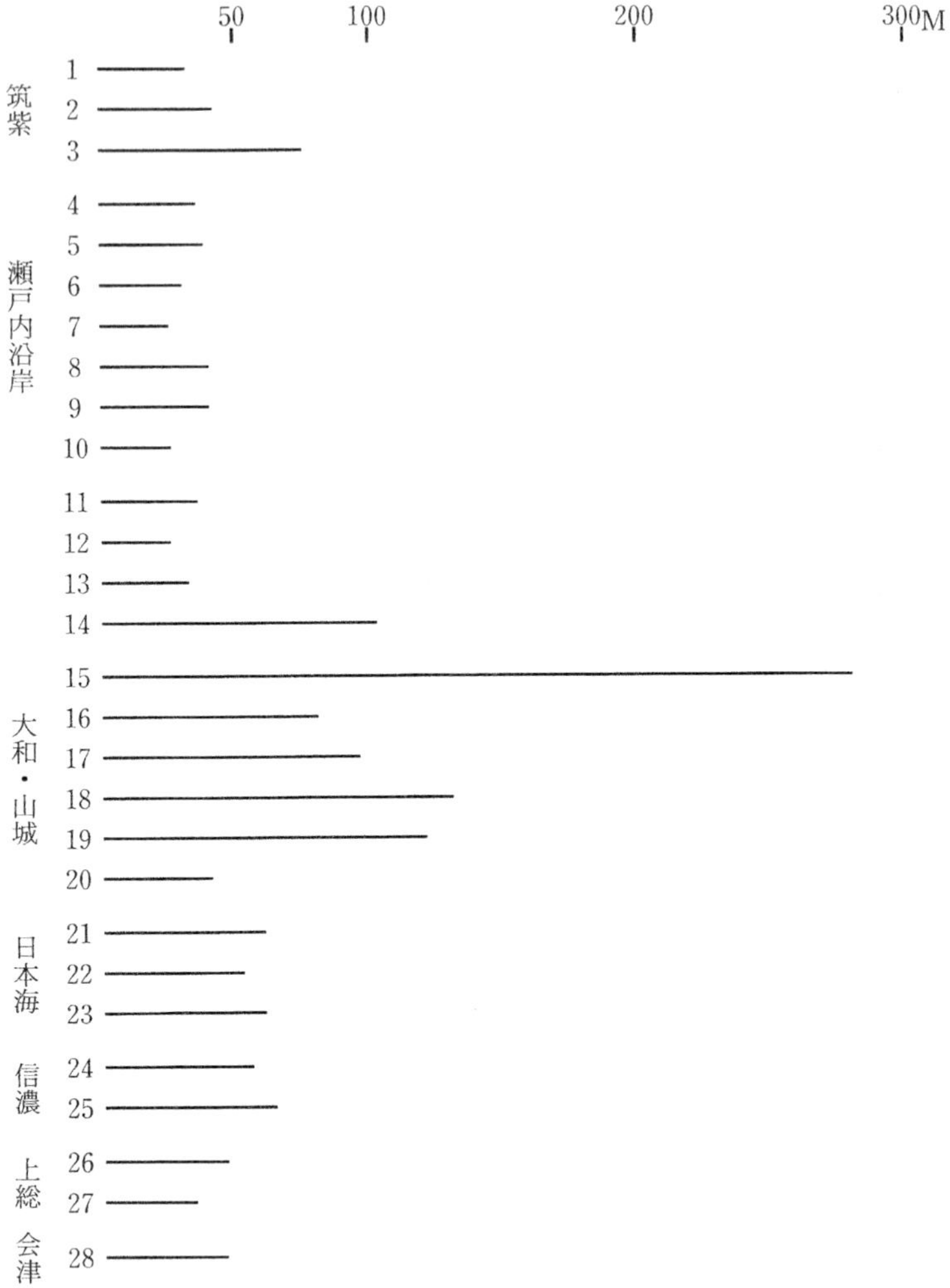
50
100
200
300M
筑紫
1
2
3
瀬戸内沿岸
4
5
6
7
8
9
10
11
12
13
14
大和・山城
15
16
17
18
19
20
日本海
21
22
23
信濃
24
25
上総
26
27
会津
28

表10　3世紀中葉の大型墓

筑後	1小群	津古生掛	♀	33	
筑前	2宇美	光正寺	♀	53	
	3福岡	那珂八幡	♀	75?	△
備中	4岡山	矢藤治山	♀	36.5	方規
	5総社	宮山	♀	38	ヒキン
伊与	6今治	雉之尾1	♠	30.5	重圏
	7松山	朝日谷	♀	25.5	神獣
讃岐	8高松	鶴尾4	♀	40	方規
	9寒川	奥3	♀	40	△
阿波	10鳴門	萩原1	♀	26.5	画神
播磨	11御津	岩見北山1	○	36	積石　内花
	12加古川	西条52	♀	25	内花
	13姫路	横山7	♀	32	
	14〃	丁瓢塚	♀	104	
大和	15桜井	箸中山	♀	280	
	16〃	ホケノ山	♀	80	画神・内花
	17〃	纒向石塚	♀	96	
	18〃	勝山	♀	130	
	19天理	中山大塚	♀	120	二仙四獣
山城	20城陽	芝ヶ原	♠	40?	四獣
因幡	21鳥取	西桂見	■	60?	
丹波	22園部	黒田	♀	52	双鳳竜文
近江	23高月	小松	♠	60	内花2
信濃	24中野	高遠山	♀	55	
	25松本	弘法山	♠	63	
上総	26市原	神門4	♀	47	
	27木更津	高部30	♠	34	
会津	28会津坂下	杵ヶ森	♀	45.6	

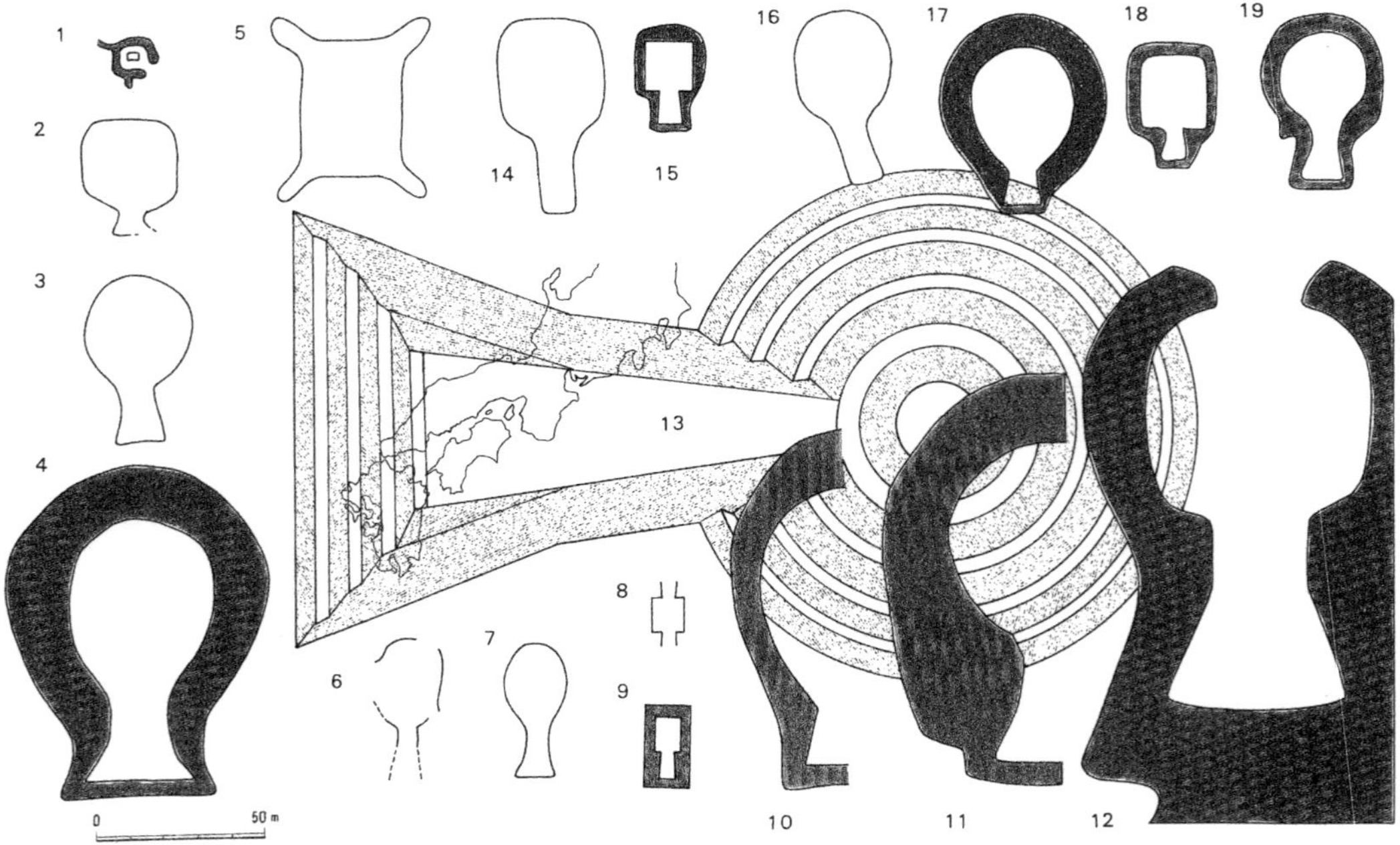

1	福岡・平原	6	岡山・宮山	11	奈良・纒向石塚	16	長野・高遠山
2	福岡・津古生掛	7	香川・鶴尾4号	12	奈良・中山大塚	17	千葉・神門4
3	福岡・光正寺	8	兵庫・養久山5	13	奈良・箸中山(箸墓)	18	千葉・高部
4	福岡・那珂八幡	9	京都・芝ヶ原	14	滋賀・小松	19	福島・杵ヶ森
5	鳥取・西桂見	10	奈良・ホケノ山	15	愛知・廻間		

図31　3世紀中葉の大型墓分布図 〈石野作図〉

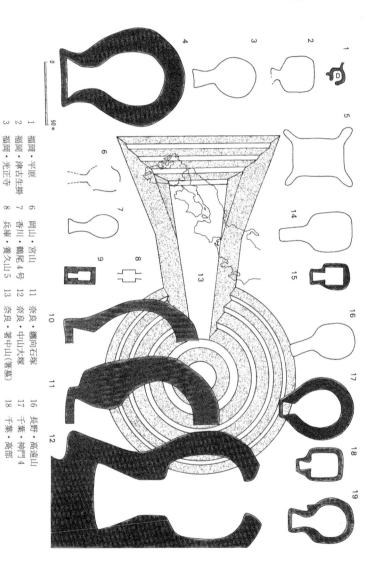

方メートル）のホケノ山古墳石室は幅広と面積で最古最大である。中に一・三×五・三メートルの舟形木棺が入る。

副葬品では、筑前・平原方形墓が他を圧倒している。銅鏡四〇面と素環頭大刀など夥《おびただ》しい。地域全体として三世紀の副葬品が多いのは、筑紫・肥前・讃岐・播磨・丹但で、遠江・若狭がこれにつづく。

卑弥呼の墓を三世紀中葉の日本列島に求めれば、墳丘では大和・中山大塚古墳、埋葬施設・木棺の規模では大和・ホケノ山古墳、副葬品の質量では筑紫・平原方形墓となる。

ここで当初の疑問、「王墓はその時期の最大墓でなければならないのか」という課題に立ち返ってみよう。

大墓と小墓

五世紀前半、和泉・百舌鳥《もず》陵山古墳と吉備・造山古墳は、ともに全長三六〇メートルという当時として列島最大の長突円墳として築造された。百舌鳥陵山古墳は、のちに履仲天皇陵に治定され、「倭の五王」の一人に当てられてもいるが、同規模の造山古墳を天皇陵とする考えはなく、単に吉備の王とされている。厳密には、百舌鳥陵山古墳と造山古墳が同時期という確証はない。たとえば、正岡睦夫氏のように埴輪編年によって「五世紀初めに比定」（正岡 一九九五）すれば、百舌鳥古墳群の中の五世紀初頭で最大の百舌鳥大塚古墳（一五九メートル）や古市古墳群初期の大墓・仲ツ山古墳（二九〇メートル）など、大和・河内の五世紀前半期の古墳のすべてを凌駕《りょうが》する。かつて、宮内庁治定の「応神陵」「仁徳陵」をそのまま信じて、四世紀末と五世紀初めの古墳の基準としていた「定説」は、ここ十数年の埴輪研究の進展によって、それぞれ五世紀中葉と五世紀後半に編年されている（天野 一九九六）。もちろん、個々の古墳編年に対する異論はあるし、今後、年代は微妙に動くであろうが、いずれにせよ、造山古墳が五世紀のある時期、列島最大級の古墳であったことに変りはない。そして、大王墓ではなかった。私が主張したいのは、最大の墳墓であっても大王墓でない古墳があるのであれば、小墓であっても大王墓があるのではないか、という点である。

日本の古墳で被葬者が明確なのは、七世紀の聖徳太子墓と天武・持統合葬陵などごく僅かである。太子墓は一辺五四メートルの方墳で母・間人皇后と妃の合葬墓とされ、没年は六二二年である。天武・持統陵は八角墳で、全長七・五メートルの横穴式石室をもつ。

これより前、七世紀前半の関東では、下総・竜角寺岩屋古墳（方墳・一辺八〇メートル）、上野・総社愛宕山古墳（方墳・一辺七〇メートル）など天皇陵をこえる大型墓が続々と造られている。しかし、七世紀は古墳に対する考え方が大きく変った時期であるため、古墳時代前半期を考える参考例としてはふさわしくない。

列島内には適確な資料がないため、眼を国外に移すと、韓国・全羅南道の潘南面古墳群が参考になる。潘南面古墳群は、新村里・徳山里などいくつかの支群によって構成されている。そのうち、新村里六号墳は戦前にすでに「前方後円墳」の可能性を意識して調査された二〇×四〇メートルの長円形墳である。想定「後円部」には埋葬施設はなく、「前方部」に甕棺五基があって、鉄器・銅環・小玉と坏が副葬されていた。五世紀中葉〜後半に推定されている。

新村里九号墳は、一辺八メートルの範囲に一一基の甕棺がある。そのうちの一棺には金銅製冠・飾履・環頭大刀などがあり、五世紀後半の首長墓と考えられている（東　一九八九）。新村里六・九号墳では、墳丘規模の小さい方の一棺が首長墓の可能性がつよい。

初代と二代目の墓

次に、親子の初代の王と二代目の王の墓を比較して、必ずしも初代の王墓が大きいとは限らない事例を検討してみよう。

『日本書紀』によると、六世紀初め、応神天皇の五世の孫と称するオホド王が越前から迎えられて大王として即位した（継体大王）。五世の孫という伝承は、新しい王統を開いたのと等しい事情が推察できる。やがて継体大王は大和に入り、筑紫の王・磐井と戦ってこれを破るなど治績を重ね、五三一年に没し、藍野陵に葬られた。宮内庁は藍野陵を茨木市太田茶臼山古墳とするが、考古学的には高槻市今城塚古墳とする考え方が通説である。

今城塚は、二重周濠をもつ全長一九〇メートルの長突円墳で、墳丘には乱掘によって阿蘇石・竜山石・二上山石などの石棺材が散乱している。埴輪・須恵器・墳形などから六世紀前半の築造と推定されている（森田　一九九九）。

継体の子・欽明は五三九年に即位し、五七一年に没した。陵墓は大和の檜隈坂合陵だが、宮内庁は明日香村梅山古墳（全長一三八メートル）とし、考古学的には橿原市見瀬丸山古墳説が多い。見瀬丸山古墳は墳丘全三一〇メートル、横穴式石室全長二八・四メートルとともに列島最大の規模をもつ六世紀後半の長突円墳である。

継体大王墓が今城塚古墳、その子・欽明大王墓が見瀬丸山古墳であるとすれば、墳丘全長で後者の方が一二〇メートル大きい。総土量では相当の差であり、次代の王墓が初代の王墓の規模をはるかにしのいでいる。

箸中山古墳は台与の墓

女王卑弥呼の死後、一時的に男王が位についたが「国中服せず」、宗女台与《とよ》が女王となって治まったという。台与は二六六年の晋への遣使以外、特に治績は記されていないため女王卑弥呼の陰の存在となっている。しかし、その治政期間に相当する三世紀後半は、各地域の王の居館の独立、地域独自の墳墓造営、列島規模の土器の移動など激動の時代であり、それを乗り切った台与の治績は大であったと思われる。台与の墳墓は、卑弥呼の墳墓より小さい、という前提は必ずしも成り立たない。

墳丘の小さい王墓、初代の王墓より大きい次代の王墓の例を参考に、台与のかくれた功績を考慮すれば、三世紀後半の大墓・箸中山古墳は台与の墳墓にふさわしい。女王卑弥呼の墳墓は、三世紀中葉の列島最大規模でなければならないという呪縛から解き放たれれば、選択の幅は広がる。

三世紀の列島内交流

各地域の外来系土器

およそ女王卑弥呼《ひみこ》と台与《とよ》の治政期間である三世紀の列島は、土器が激しく動いている。縄文・弥生時代にも土器の移動はあるが、三世紀の移動比率は一〇倍をこえる。たとえば、弥生時代の奈良県唐古《からこ》鍵《かぎ》遺跡の三％の外来系土器が、三世紀の同纒向《まきむく》遺跡では三〇％に及ぶ。この傾向は、大和だけのことではなく、九州から関東・東北の各地域に認められる。そのうえ、土器移動の背景は多様であり、地域ごとに検討していこう。

筑紫

三世紀の筑紫は、外に出ることは少なく、中には大いに入れている。「すでに百個体を超える庄内甕《しょうないかめ》が報告されて」おり、「これらの大半は、比恵・那珂遺跡群や博多遺跡群の出土であ」るという（久住　一九九八）。久住氏によるとその時期は「纒向2式新相から3式の初め」で、私の年代観では三世紀中葉である。それが三世紀第4四半期になるとさらに増大し、外来系土器が在地系土器を上まわる。

それを具体的に示すのが福岡市西新町遺跡である（田崎 一九八三）。西新町遺跡の出土土器を地域別にみると、在地系六三％、大和系二五％、出雲系九％、吉備《きび》系一％、伽耶《かや》系二％で、三七％というきわめて高率の外来系土器をもつ。しかし、その内容を住居ごとにみると単純ではない（表11）。在地系土器主体の住居（A7号・A1号・D4号・C1号）と外来系土器主体の住居（D6号・D7号）とその中間型の住居（D1号）がある。三者は同じマチに住んでいるが、在地系住居と外来系住居は地区を分けており、「両者間の相互交渉が非常に対等なものであった」（溝口 一九八八、一〇九ページ）。同様な土器組成をもつ集落は福岡県前原《まえばる》市三雲《みくも》遺跡などにある（石野 一九九九a）。港津《こうしん》の機能をもつ物流拠点が博多湾岸や唐津湾奥に形成されていたのであろう。博多湾岸をもつ福岡平野はかつての奴国《なこく》中枢地であり、三雲遺跡群は女王国が一大率《いちだいそつ》を置いた伊《い》都国《とこく》である。

外来系土器の比率をそのまま人口の比率を示すものとすれば、三世紀の博多津で最も多い外来人は大和である（博多遺跡群の庄内大和型甕を胎土《たいど》分析によって播磨産とする奥田尚・米田敏幸説があるが、型式的には大和系の庄内筑前甕とする久住説〈久住 一九九八〉をとる）。その場合、大和人が博多に至るルートとしては大和に次いで多い出雲系を重視して日本海を想定したい。当然、瀬戸内ルートがあったはずだが、西新町の調査地域ではルート中枢の吉備系土器が一％しかないのが

表11　福岡県西新町遺跡の外来系土器〈田崎 1983〉

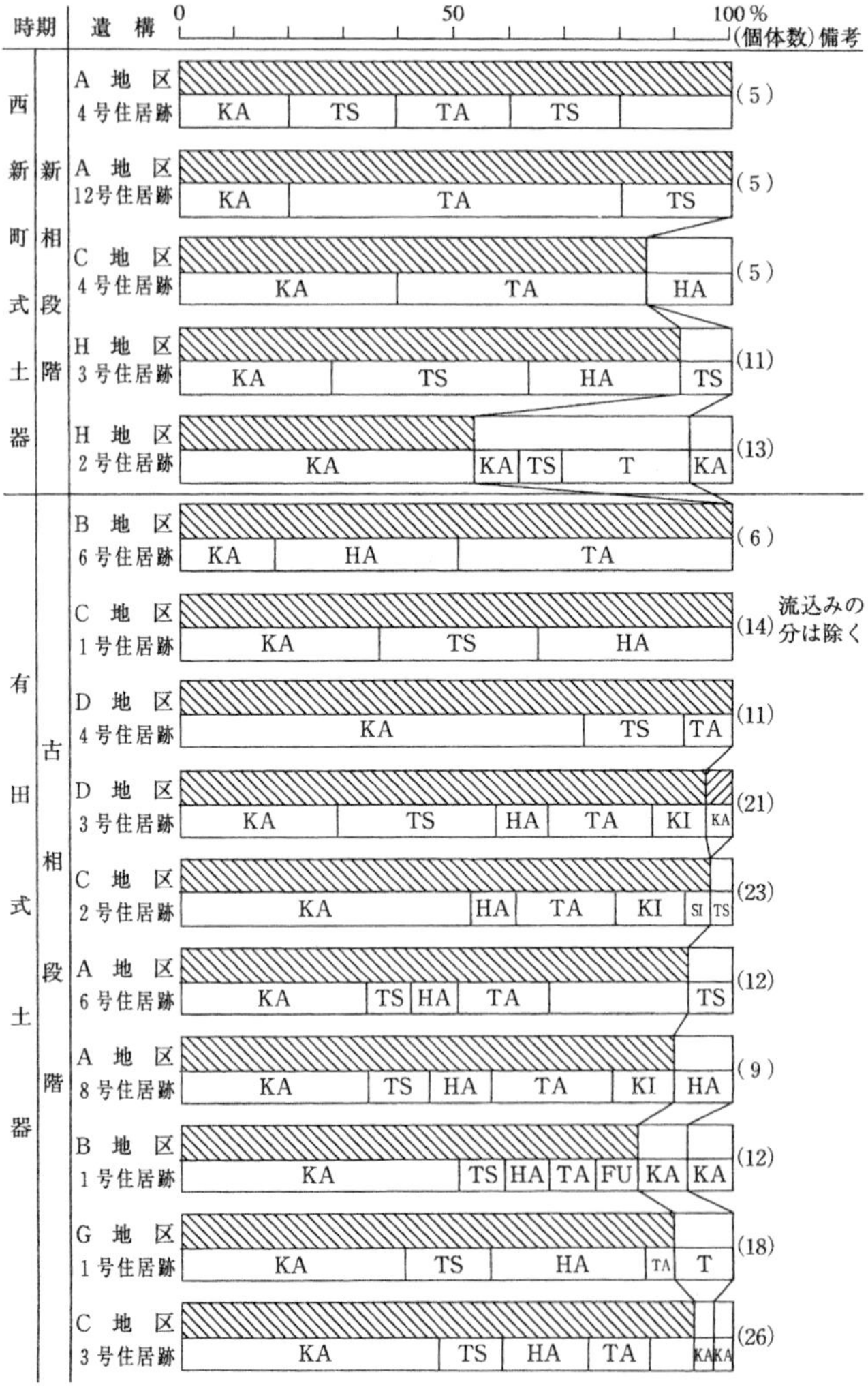

西新町遺跡出土土器の系統別・器種別構成比率表

西新古＝近畿５式新　　有田古＝纒向古　　柏田古＝布留
西新新＝青木５・６　　有田新＝纒向新　　柏田新＝布留

ネックになる。ただし、瀬戸内南岸ルートの讃岐・伊予系土器が識別されてくる可能性は保留しておきたい。

出　雲

山陰は、旧国単位でも石見《いわみ》・出雲・伯耆《ほうき》・因幡《いなば》の四ヵ国を含み、三世紀の土器様相からはさらに細分が考えられている（湯村 一九九八）。湯村氏の分析に従って山陰の二・三世紀の外来系土器の出現頻度を要約したのが表12である。重要な動きが二つある。

一つは、二世紀・弥生後期に丹但越（丹後《たんご》・但馬《たじま》と越《こし》）から因幡（鳥取市西大路土居遺跡）への集団移住であり（谷口・藤本編 一九九三）、三世紀前半・纏向三類期には同じ地域から伯耆東部（下張坪遺跡）への移住が多量の搬入土器からそれぞれ推定されている。弥生後期中葉の因幡には、一辺四〇メートル以上の四突方形墓には丹但越の土器が供献され、紙子谷門上谷一号墓には丹但越と吉備・畿内の土器が加わる。因幡の王墓への各地域からの参列が予想できる。

さらに劇的なのは、二・三世紀の吉備と畿内系土器の動向である。二世紀末（鬼川市三式期）、吉備系土器は因幡と出雲で増量し、特に出雲西部の王墓である西谷三号墓には吉備系の特殊壺・特殊器台が供献される。西谷三号墓には朝鮮半島ルーツと推定される墳丘上建物（冢上屋―後述）が建てられており、列島内外に視野を拡大していた人物像が浮かびあがる。

三世紀前半（纏向三類期）になると吉備系土器は出雲に姿を見せない。代って畿内系土器が出雲に登場し、三世紀後半へと継続する。島根半島中枢部の鹿島町南講武草田遺跡が一つの典型で

表12　山陰の外来系土器と墳墓

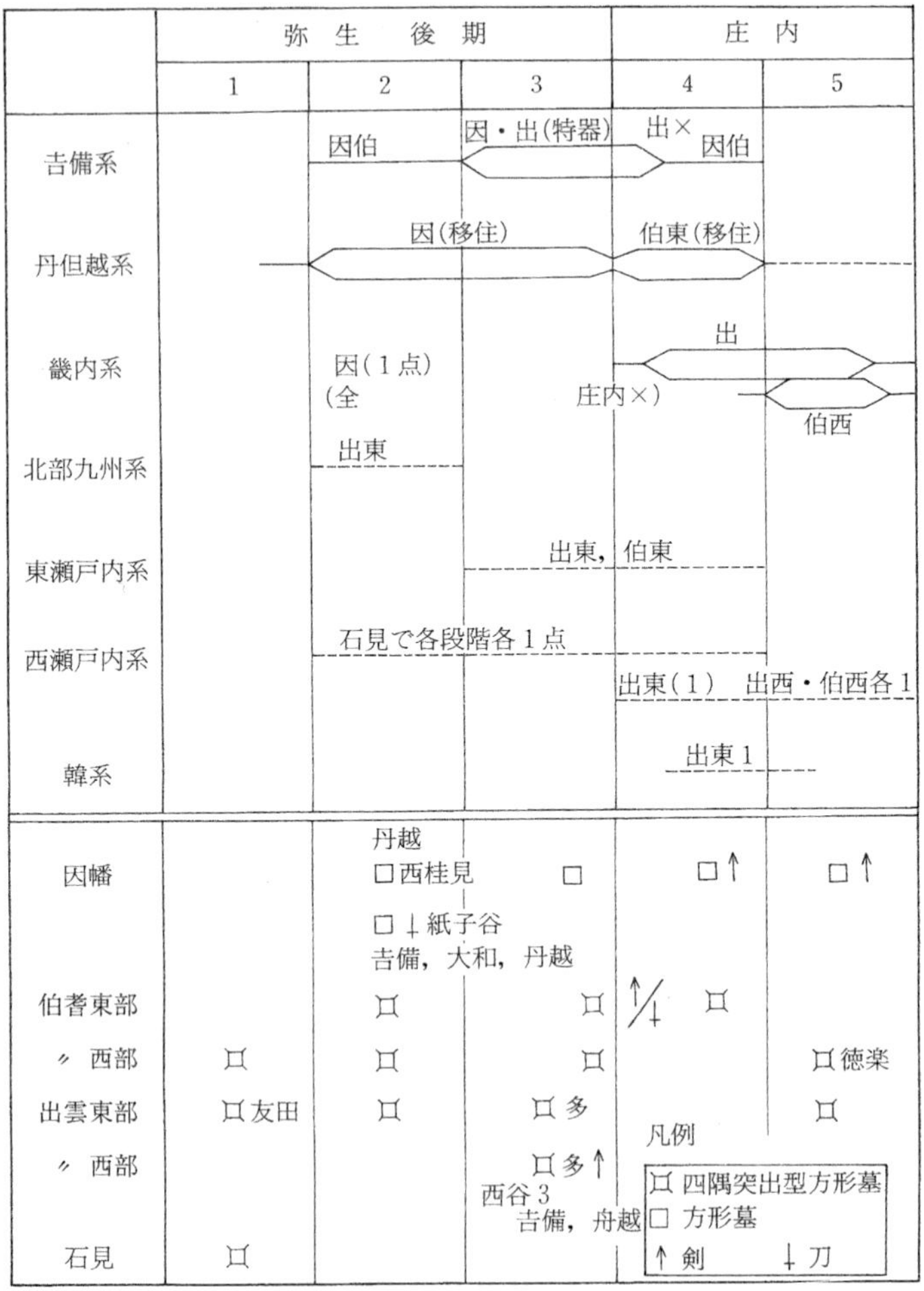

※　出東，伯西などは出雲東部，伯耆西部の略

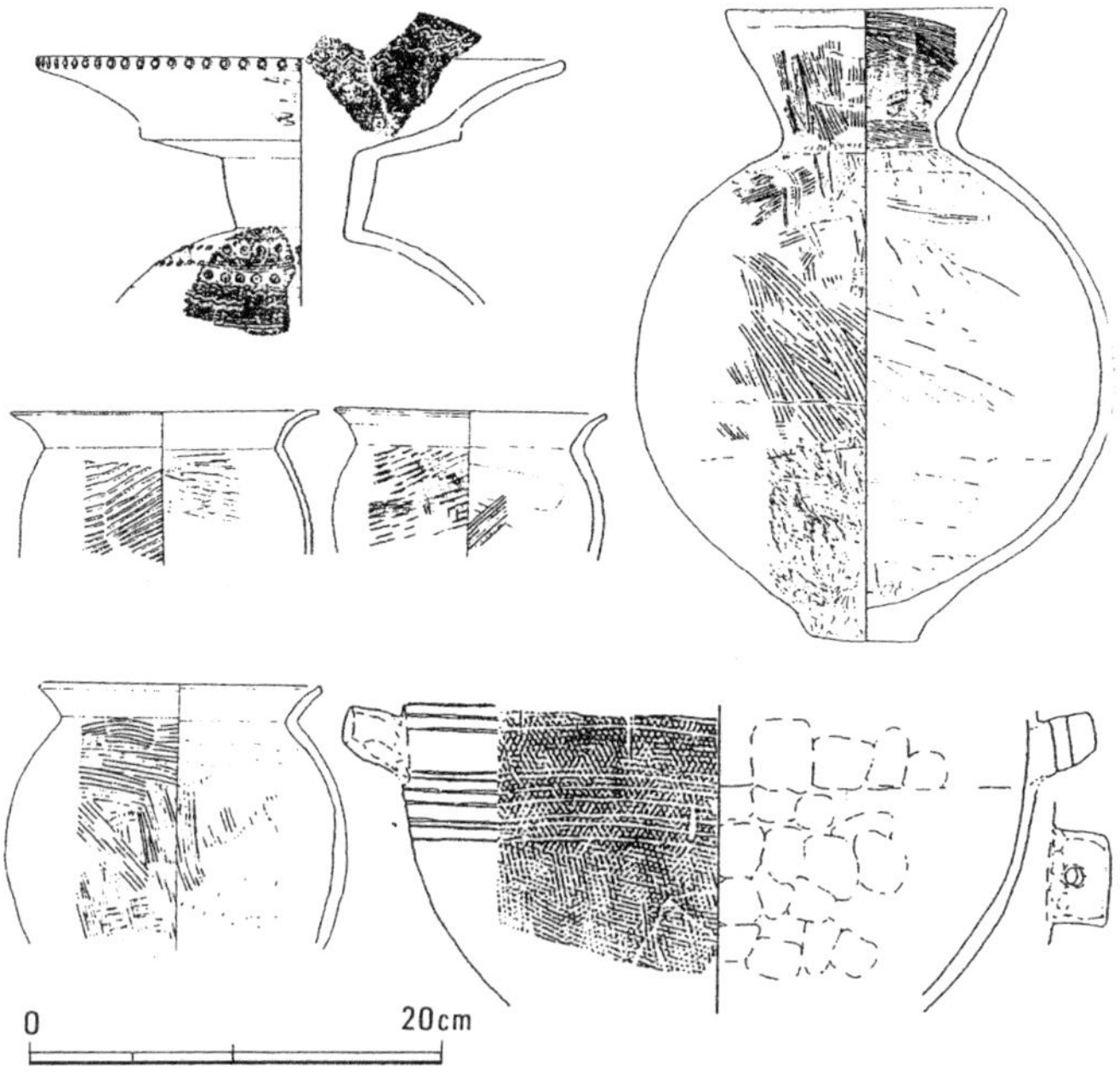

図32　出雲・南講武草田遺跡の外来系土器〈赤沢 1992に加筆〉

ある（図32）。畿内系土器は三世紀後半には伯耆西部にも集中し、壺・甕・鉢・高坏・器台などの生活用具がセットで現われる（湯村 一九九八、三ページ）。三世紀の畿内のクニグニにとって、日本海航路は対中朝貿易の重要なルートの一つであり、三世紀になってはじめて主体的に利用できる港津を設置できたようだ。それ以降（纏向三類期）出雲の四突方形墓は衰退の道をたどる。

丹　但　丹波・丹後・但馬は、京都府と兵庫県の一部として近畿地方に含まれるが、山城・大和・河内などとは異なる独自の文化圏を形成している。三世紀の墳墓の特異性は本書前章で述べたとおりであり、土器相も異なる。

丹後の三世紀の外来系土器の量的な分析資料はないが、庄内併行Ⅰ期・同Ⅱ期として全体的な傾向は把握されている（高野 一九九八）。庄内併行Ⅰ期には越・月影式の影響を強く受けており、在地の土器が変化する。越からの搬入品は、「口縁内面に指頭圧痕のある月影式の甕が、久美浜町橋爪遺跡や舞鶴市志高遺跡出土資料などで確認できる。この段階では、特に甕に北陸系との折衷形態をとるものが多くみられ、丹後の擬凹線文の様式そのものが変容する」（高野 一九九八、一四ページ）。

庄内併行Ⅱ期には、越系の器台・壺・鉢、出雲系の低脚坏、畿内系の加飾壺などが混在する。三世紀前半の出雲への移住は、越からの介入によるものであり、畿内系土器の少なさは畿内の出雲への進出は丹後を避けて行なわれたのだろうか。

但馬の外来系土器は少ないが、在地産の東海系パレス壺が豊岡市若宮三号墳に副《そ》えられていた（瀬戸谷・川本　一九九〇）。日本海西部の数少ない東海系土器で、その経路は明らかでない。

吉　備

吉備の二・三世紀の拠点集落は弥生後期中葉（鬼川市II式）にピークを迎え、同後葉（鬼川市III式）以降急激に遺構数が減少するという（草原　一九九五）。この時に吉備では列島最大の楯築《たてつき》古墳が出現する。楯築古墳は孤立した存在ではなく、このころから吉備一円に特殊壺・特殊器台をもつ王墓が継続して築造される。この時に従来から継続してきた拠点集落が消滅するということは、集落の再編成が行なわれたということであり、新たな拠点集落の誕生を意味している。それが発見し難いのは、従来の集村型から散村型と集落構成が変革したからであろう。機能分担したいくつかのマチが分散し、その中心に首長居館を含む政都が位置していた。吉備の外来系土器が増加するのはこの後である。

楯築古墳の近くにある岡山県岡山市津寺《つでら》遺跡は、弥生後期末に再びはじまり、最盛期の古墳前期初頭（下田所式期＝庄内新相）には二八〇軒もの竪穴住居が営まれ、前期後半には急速に解体された。奈良県纏向遺跡と同様、自然集落ではなく人工集落――政治都市にふさわしい。

津寺遺跡には多量の外来系土器が出土している（図33）。最も多いのは西讃岐系土器で大・中の壺・甕・高坏・鉢などがある。次いで因幡系土器が多く、各器種が揃っている。畿内系は甕が中心で、播磨系と河内系が目立つ。それ以外では、北陸の加賀と越前、東海西部系が数点ある。

全体に津寺遺跡の外来系土器は、中部瀬戸内とそれより以東の土器が主体で、若干の西部瀬戸内の壺以外は西方の土器はきわめて少ない（亀山 一九九六）。

二・三世紀の吉備中枢部の王墓を築いた人々は、主に東方を意識して活動していたようだ。なお、地名「津寺」は意味深い。「津」は港であり、「寺」は埼玉稲荷山《いなりやま》古墳の鉄剣銘文の用語法では役所である。つまり、「津寺」はいつの時代かに港の役所が置かれた所を示す地名の可能性がある。津寺遺跡から足守川下流三キロには弥生後期の拠点集落である上東遺跡があり、石積みの波止場状遺構が検出されている（下沢 一九九八）。

津寺遺跡は、二・三世紀の中部瀬戸内の港津として物流拠点であった。物流拠点には「市」がたち、そこには各地域の人々が集まり、外来系土器が増加する。三一点の鉄鏃は、物流が列島内にとどまらず、朝鮮半島南部の弁辰に及んでいたことを物語る。ただし、外来系土器が東方にかたよっているので、東方諸国が行なう国際交易の中継基地であったのかもしれない。

豊・安芸・西伊予

松山平野の三・四世紀の拠点集落は宮前川遺跡であろう。宮前川遺跡では居住地縁辺部に幅一〇メートルで長さ五〇メートルにわたって土器が集積されていた。おそらく、月ごと年ごとのまつりに使用された土器が年々集積されたものであろう。宮前川を下ると三津浜に出る。三津浜は、おそらく御津浜で、ある時期の公の津があったにちがいない。宮前川遺跡は、三・四世紀の松山平野を代表する川港（川津）であり、だからこそ、外来系土器が

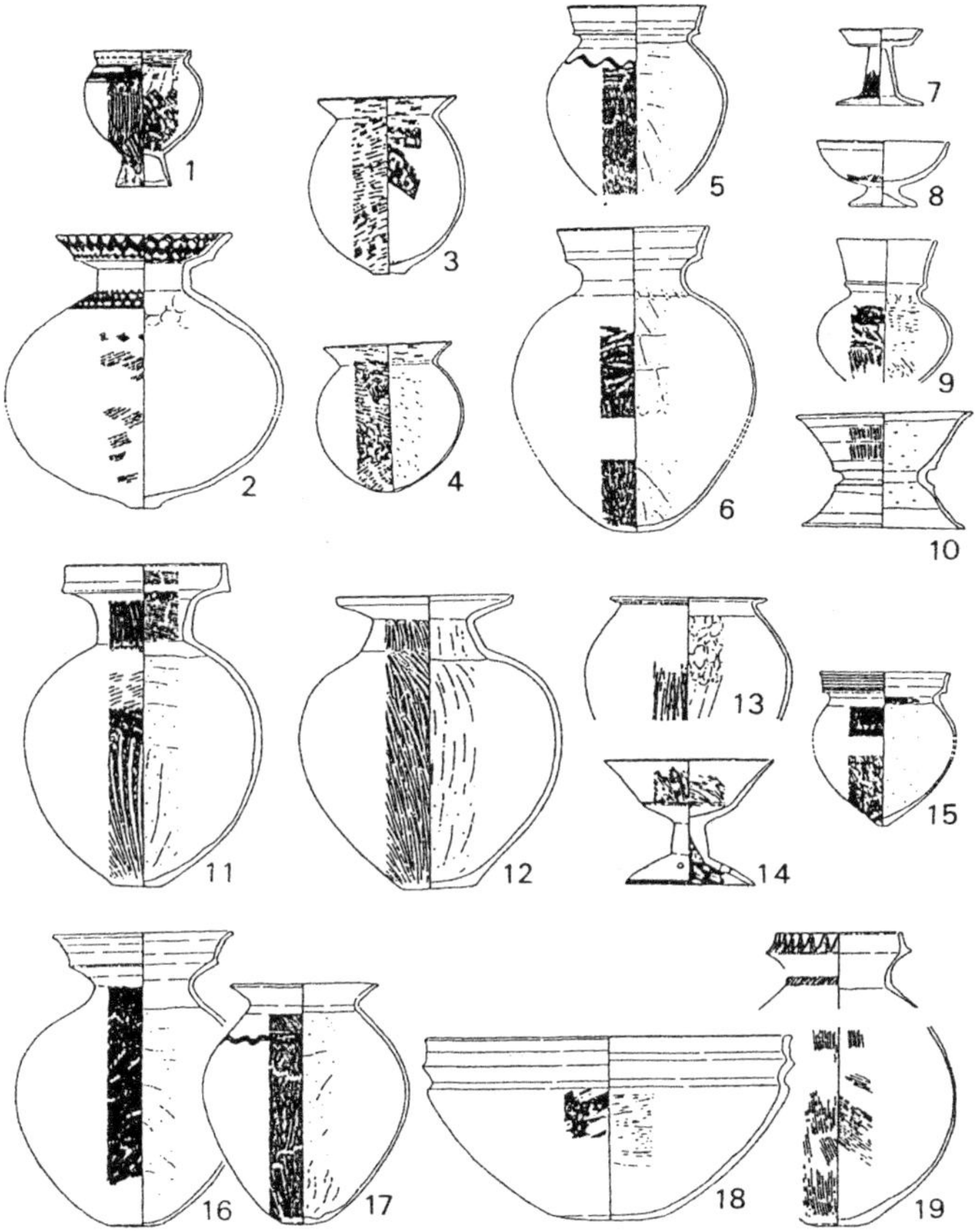

1　東海系，2～4　畿内系，5～10　山陰系，11～14　四国系，
15　北陸系，16～18　備後系，19　西部瀬戸内系

図33　吉備・津寺遺跡の外来系土器〈亀山 1996〉

多い。

松山平野の三・四世紀の外来系土器は、讃岐・吉備・河内・出雲が多い。そのうち、畿内系甕は一一遺跡で出土しており、なかでも宮前川遺跡の一〇〇点以上という量は他を圧倒している（梅木 一九九九）。今後、讃岐系と吉備系土器の分析がすすめば、畿内系土器が時期によって瀬戸内航路の南北いずれを主としたかが明らかになってくるであろう。いいかえれば、伊予の地域勢力が、時期によって吉備・讃岐、あるいは大和とどのようにかかわったのかが分かってくる。

伊予の外来系土器の中で特異なのは出雲である。なぜ出雲なのか。出雲の土器は筑紫にも吉備にも登場する。筑紫か吉備経由で伊予に来るのか。現段階では理解できない。

讃岐・阿波・播磨

一世紀には、伊予・讃岐・南吉備は共通する土器様相をもっていたが、東阿波だけは大阪湾岸地方と結びついていた。それが二世紀になるとその類似性は消滅し、独自性を持ちはじめる。そして三世紀（下川津4式以降＝庄内式期）には東阿波と讃岐は親縁性を強める（大久保 一九九〇、四〇〇ページ）。三世紀の積石塚に象徴される阿讃連合の成立である。

三世紀の東阿波と讃岐の土器の親縁性のなかに特徴的な現象が二つある。一つは小形丸底壺の登場である。下川津3式＝才ノ町式＝纏向3類＝庄内古式に東阿波と讃岐に登場する小型丸底壺は、のちに布留式土器の指標とされる同名の器種にはつながらない別種の小型土器である。しかし、それは初期の長突円墳である徳島県鳴門市萩原一号墳の埋葬施設上の白礫帯から出土している点から類推できるように、王の葬送儀礼に使用された器の一つであり、その内容物は酒や水などの液体であろう。水は、単なる水ではなくクニの物代《ものしろ》であり、井泉信仰にもとづく聖水と観念されていた（辰巳 一九九四）。井泉信仰は、三世紀後半の奈良県桜井市纏向遺跡の導水施設以降と考えてきたが、三世紀前半の阿波・讃岐にその淵源《えんげん》があるかもしれない。

もう一つの現象は、「下川津B類土器」の存在である。私はかつて、兵庫県太子町川島遺跡20溝の土器の中から「B型土器群」とした特異な一群を摘出し、播磨系土器とした（石野 一九七一）。B型土器群の技術的な共通性として、壺・甕・高坏の口縁部内面の数条の凹線と壺・甕の胴部内面の指頭圧痕とヘラ削りと固い焼きしまりなどをあげた。その後、一九七八年に広瀬常雄氏（香川県教育委員会）が調査中の寒川町森広遺跡を訪ね、廃棄銅鐸を含む包含層にB型甕と庄内型甕があることを認めた。

その後、松下勝氏（当時、兵庫県教育委員会）は、姫路市長越遺跡の調査を通じてB型甕を讃岐産と推定し（松下 一九七八）、さらに中部瀬戸内に類例を求めて四国系であることをつきとめた（松下 一九九〇）。現在、川島B型土器群は下川津B類土器群の影響下に生まれたものであり、次のように要約されている（図34―大久保 一九九〇）。

①下川津B類土器と同様の胎土を持つ土器群は、高松市上天神遺跡などの弥生後期初頭に出現

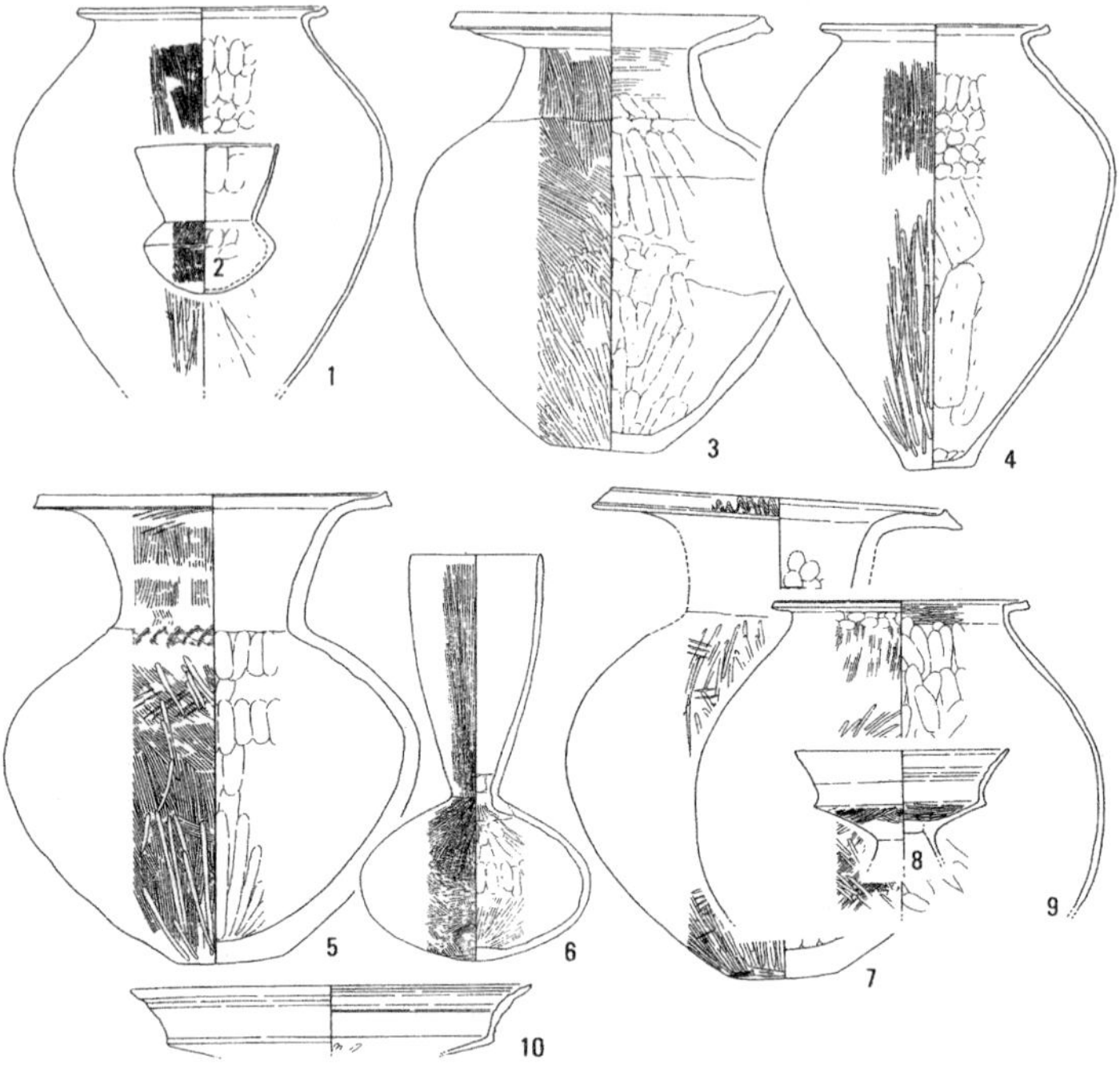

1・2　下川津3式古（才の町式），3・4　下川津3式新（才の町式）
5・6　下川津4式　（才の町式），7～9　下川津5式新（下田所式）

図34　讃岐・下川津B類土器群〈大久保 1990〉

していうが、形態的には他の土器と差異はない。
②胎土・形態・調整上の特徴を完備した最古のB類土器は、後期中葉（下川津1式＝鬼川市2式）に高松平野の旧香東川流域に出現する。
③B類土器の分布は、四国側では讃岐の丸亀平野以東と阿波の一部、山陽側では備中南部以東と播磨西部に多い。ただし、一つの遺跡の土器の主体を占めることはない。
④B類土器搬入・搬出のピークは、三世紀前半（下川津4式＝才ノ町式＝纏向3類＝庄内古式）である（土器の併行関係と暦年代は石野）。
⑤下川津4～5式（纏向3類）のB類土器は、在地の土器とともに萩原一号墳や鶴尾四号墳など初期の長突円墳に供献されている。
①のB類土器出現状況と③の特定地域に客体として存在するあり方は謎に満ちている。
B類土器を最初に意識したきっかけは、先に述べたように壺・甕・高坏の口縁部内面の多条凹線である。これは土器製作時のナデに起因するものであろう。

福岡県前原市三雲遺跡群番上地区土器溜などに軟質の楽浪系土器が含まれている（図35）。器種は鉢が主体で、B類土器と類似するのは多条凹線だけであり、弥生中期後半の土器と共伴している。下川津B類土器が成立する後期中葉とは約百数十年の年代差があって直ちにつながらない。楽浪系土器の製作技術をもった渡来何世かが讃岐に移住し、故地の技術で在地の土器をつくった可能性を考えておきたい。

③のB類土器の分布域は、二・三世紀の丸石積竪穴石室の分布域と一致し、その一端が大和・ホケノ山古墳の石室である。纒向遺跡にはB類土器が搬入されている。

④の搬入・搬出のピークが三世紀前半ということは女王卑弥呼の治政期間であり、魏との外交を展開している時期に相当する。その時、⑤萩原一号墳や鶴尾四号墳の被葬者が活躍した可能性が高い。

下川津B類土器の課題を広げすぎた感があるが、三世紀の中・東部瀬戸内の動向の一つの可能性として提起しておきたい。

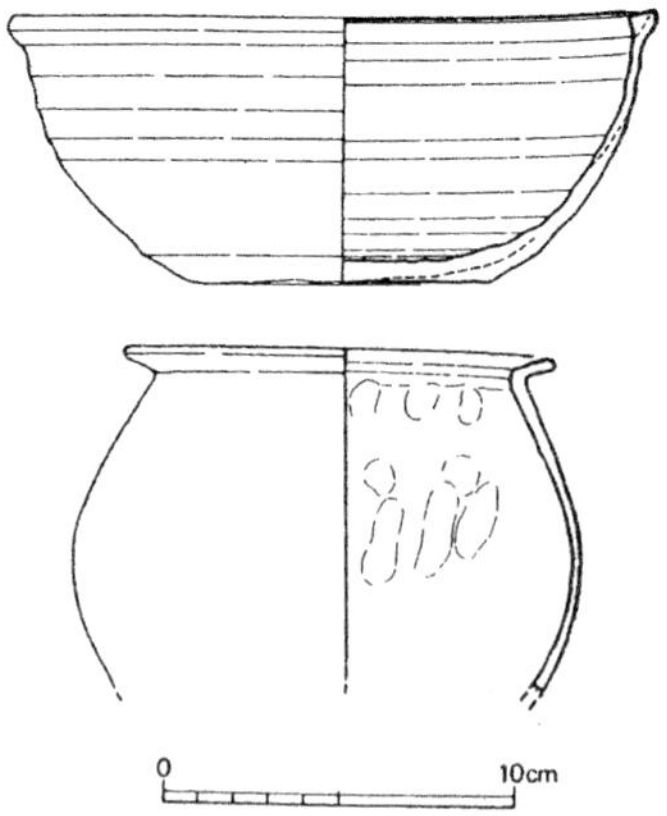

図35　筑前・三雲遺跡群の楽浪系土器〈柳田〉

土佐―近畿～九州太平洋ルート

久家《くが》隆芳氏（高知県埋蔵文化財センター）によると、土佐の海岸部に庄内甕を持つ遺跡が約一〇ヵ所あり、ほとんどは庄内河内型甕だという。ところが布留型甕は二ヵ所にしかない。三世紀の土佐は爆発的に集落が増大し、全弥生集落の数に匹敵する（出原　二〇〇〇）。

その一つ、西土佐の仁淀川河口、春野町仁ノ遺跡には搬入品の庄内河内型甕が多量にある。その上流で庄内甕の多い伊野町八田《はった》遺跡は、幅一〇メートルの仁淀川の支流沿岸の山麓低地にあり、川港にふさわしい。

さらに、東土佐の南国市東崎遺跡にはヒビノキ2式＝庄内古式の鉄鏃《てつぞく》一〇本余と鉄鎌《てつがま》・鉄鋤《てつすき》片・鉇《やりがんな》などの鉄器が集中し（山本　一九八九）、土佐山田町林田遺跡にも鉄鏃一二本と鉇がある。大和・河内の庄内式期の集落に比べて、鉄の保有量がきわめて高い。和歌山県御坊市堅田遺跡で弥生前期の環濠集落と青銅器鋳型が検出されたとき、九州と近畿間に太平洋ルートの存在が想定されたが、三世紀の河内人は太平洋岸・土佐に港津を構築していたのだろうか。

大阪湾岸―播磨

一九九九年十一月現在、播磨には三六ヵ所の庄内甕を持つ遺跡がある（渡辺　一九九九）。最も多いのは太子町鵤《いかるが》遺跡の一〇〇点以上で、他は神戸市玉津田中遺跡と赤穂市東有年沖田遺跡がやや多い程度で、他は少量である。庄内系土器以外では、太子町川島遺跡や姫路市長越遺跡で讃岐系土器が目立つほかは、微量の東海系・山陰系・吉備系土器などが各遺跡に点在する。そのなかでは、神戸市出合遺跡の陶質土器が目立つ。

三世紀の播磨に関しては、庄内甕播磨誕生説に触れておかなければならない。庄内甕は播磨で生まれ、河内や大和、九州へと拡散したという（奥田・米田　一九九二）。その根拠は主に、土器胎土に含まれる砂礫《されき》観察による。奈良県桜井市纏向遺跡の日々使用し、日々こわれる数千個の甕が海をこえて播磨から運ばれてきたとは、とても信じられない。この逆であったとしてももちろんである。私は、岩石学者である奥田氏の砂礫による産地同定が方法としては正しい、としたうえで砂礫は動くと考えた（石野 一九九七）。ヒントは『日本書紀』にあった。神武天皇が大和を征服するにあたって、「潜《ひそ》かに天香久山《あまのかぐやま》の埴土《はにつち》を取りて」（神武紀即位前紀）攻めた。また、崇神天皇の時、「武埴安彦《たけはにやすひこ》が妻吾田媛《あたひめ》、密《ひそか》に来《きた》りて、倭《やまと》の香山《かぐやま》の土《はに》を取りて、領巾《ひれ》の頭《はし》に裹《つつ》みて祈《の》みて曰《もう》さく、『是、倭国《やまとのくに》の物実《ものしろ》』とまうして、則《すなわ》ち反《かえ》りぬ」（崇神紀十年九月）。「香山の土」は「倭国の物実」であって、それを取ることは戦いに際しての呪術であった。「物実」はおそらくクニグニにあったにちがいない。時には征服者が強奪し、時には首長が服属の証《あかし》として捧げた。あるいは、服属ではなく、友好の証であった。特定地域の砂礫が含まれる土器は神聖であり、そして多様な意味を持つ、と考えておきたい。決して土器の遠隔地生産と供給を示すものではない。なお、奥田・米田説に対する評価は、砂礫同定の方法は認めたうえで、結果については慎重に対処しようとする岸本道昭氏の考えが穏当であろう（岸本 一九九五）。

摂津

三世紀の摂津は、大阪府下の東摂と兵庫県下の西摂で大いに異なる。東摂には、三島地域を中心に計画的な灌漑用水路と一〇〇棟をこえる住居のある高槻市郡家川西遺跡（森田 一九八九）や遠隔地の外来系土器（関東・東海・瀬戸内・山陰など）を持つ茨木市溝咋《みぞくい》遺跡などがある。西摂東端の旧河内湖の湖口部を占める吹田市垂水南遺跡や大阪市崇禅寺遺跡は物流拠点の様相をみせる。

それに対し、兵庫県下の西摂は遺跡数は多いが弥生時代以来の伝統的土器様相が継続し、外来系土器の比率は一％に満たない。

垂水南遺跡には、河内・紀伊はもとより西部瀬戸内・吉備・讃岐・山陰・近江・北陸・尾張・駿河と朝鮮系などの土器がある（図36）。このうち、「尾張がほぼ四割（三八％）を占め、以下、山陰系（二四％）、吉備系（一二％）と続くが、河内系は少量（四％）に止まる」という（米田文考　一九八三、八八二ページ）。これら外来系土器の搬入は、纏向二類期からはじまるが、中心は纏向四類から五類であり、原産地の傾向も三世紀後半から四世紀前半の現象であろう。

崇禅寺遺跡の外来系土器について指摘されている「東海、近江、山陰からの搬入品が吉備の土器よりも目につく傾向」（米田敏幸　一九九二b、五六ページ）は、垂水南遺跡とともに河内湖口に立地する両遺跡の性格を示しているように思われる。それは、「大和盆地に入ってきた東海系土器が大和川水系に沿って河内湖南岸部に達し、より西方の吉備や四国などに通ずるルートの中継点」（山田　一九九二）であり、三・四世紀の物流センターとしての役割であろう。その流れの中に崇禅寺遺跡の素環頭《そかんとう》鉄刀が位置づけられる。

それに対し、三島地域の郡家川西遺跡や溝咋遺跡は、中継点後背の「都市」であろう。

河　内

三世紀の河内で外来系土器が多いのは、加美久宝寺遺跡群、中田遺跡群、八尾南遺跡、本郷船橋遺跡である。なかでも、本郷船橋遺跡は、「庄内期でも古い段階

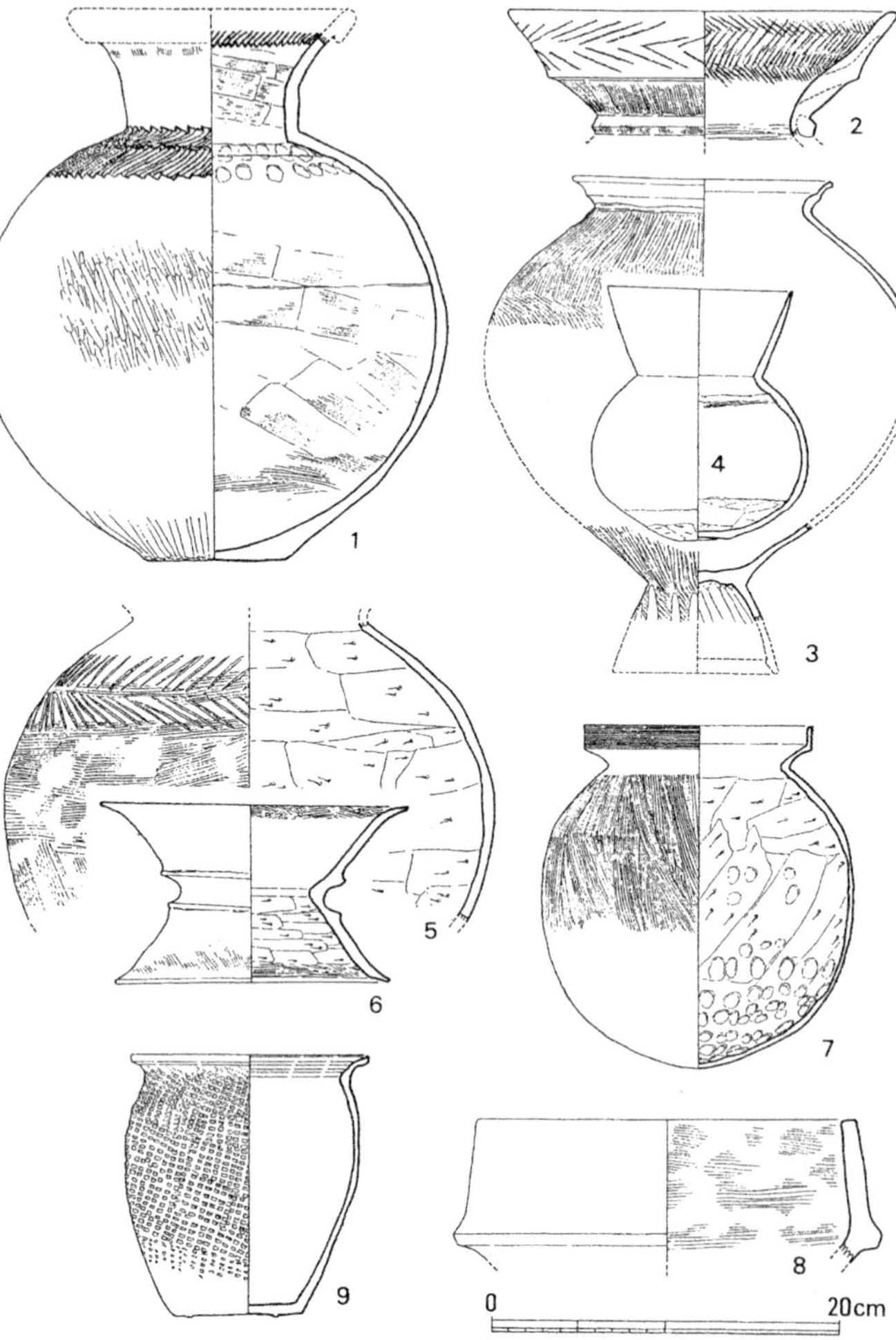

図36　摂津・垂水南遺跡の外来系土器〈米田文孝 1983〉

のほうが他地域からの搬入が多」く、河内の中では異なった特性を示す。具体的に搬入土器の数値を示すと、表13のとおり、およそ三世紀初頭前後から三世紀末にかけて約二〇%減少していることが分かる（安村 一九九五）。ただし、この数値は遺構としては良好だが観察土器点数が全体で一二四個体と少ないことと奥田尚氏による砂礫同定で「播磨庄内甕」（一五%）、「加賀産布留甕」（一一%）を搬入土器としているため、船橋遺跡全体の傾向として普遍化するには躊躇する。それにしても、多くの研究者が認めるように河内で外来系土器が増加するのは庄内式新相――三世紀後半という傾向とは異質である。三世紀前半は卑弥呼の時代であり、船橋遺跡が大和への河内側の関門に位置することと関係するかもしれない。

表13　河内・船橋遺跡の外来系土器

暦年代	纏向編年	米田編年	船橋遺跡	搬入土器
				%
200	1　類 2　類	庄内1式	井戸5	54.5
	3　類	庄内2式		
250	4　類	庄内3式	井戸3	44.4
300	5　類	庄内4式 庄内5式	井戸4	32.8

　加美久宝寺遺跡群は、二世紀末（米田庄内1式）にはじまり、三世紀後半―庄内新相に外来系土器が増加し、集落が拡大する。中田遺跡群も二世紀末に一斉に集落が出現し、四世紀前半―布留式前半のうちに消滅する（山田 一九九五）。山田氏も強調しているように、中田遺跡群の消長は、大和纏向遺跡の消長と一致しており、自然集落の消長ではなく、人工的・政治的な突然の出現と消滅を感じさせ

る。遺跡群の範囲も二×三・五キロと巨大である。

中田遺跡群の外来系土器は、庄内式新相―布留古相の段階に、多量の吉備系・四国系・山陰系とともに少量の東海系がある。

この傾向は、中河内全体に言えることで、「吉備、讃岐、阿波、山陰系が多数派であり、東海、北陸系は少数派である」。そのうえ、河内で作られた東海系S字甕は存在するが、それが継続することはない（山田 一九九五）。つまり、東海人は河内に一時住みつくことはあっても、世代をこえて定住することはなかった。

大和

三世紀の奈良盆地で使用されていた土器の大半は、伝統的弥生五様式系である。盆地東南部の一部の集落で約五〇％の新様式土器（庄内型壺・庄内型甕など）が使用されていたが、他の集落には客体としてしか拡まっていない。ここでいう一部の遺跡とは、桜井市北部の纒向遺跡と天理市南部の柳本遺跡などである。

纒向遺跡は、大和の神山・三輪山の麓にある二世紀末〜四世紀中葉の集落である。遺跡の範囲は、底辺二キロ、高さ二キロの不整三角形で、その中に推定六ヵ所の居住地と箸中山古墳（箸墓）を含む三世紀代の纒向古墳群がある。纒向遺跡の特色の一つは、外来系土器を調査地点によって差があるが一五〜三〇％含む点にある。土器の原産地は、西は筑紫から東は駿河、北は越中に及び、最も多いのは伊勢湾岸系である（表14―石野・関川 一九七六）。私は、外来系土器の比率の高いこ

表14　大和・纒向遺跡の外来系土器の比率

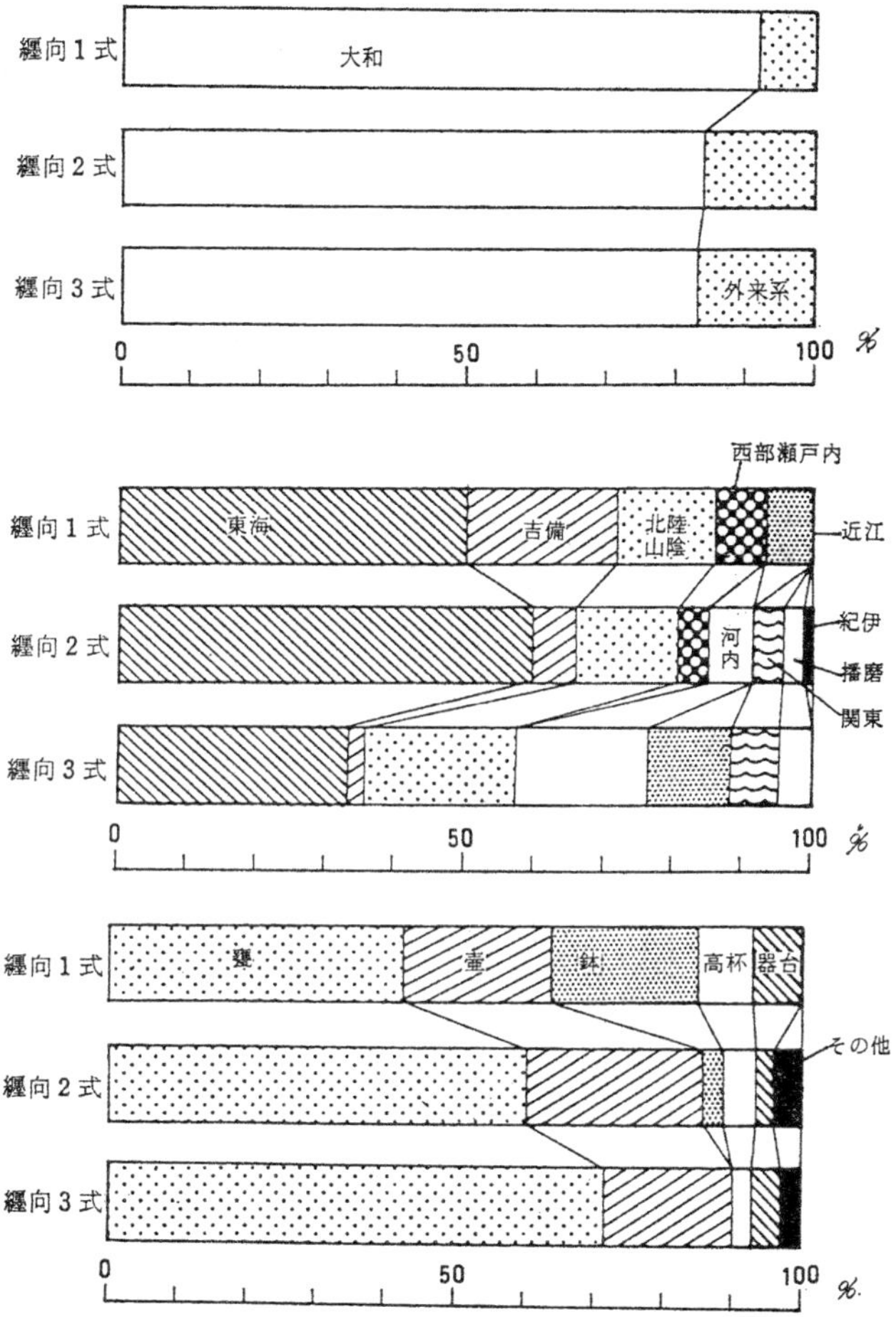

とを根拠の一つとして都市・纒向と考えている（石野　一九九八）が、古墳造営のためのキャンプ説もある（酒井　一九七七）。私には三世紀の大和王権が、筑紫・越中・駿河などの遠隔地を含めて労働者を徴発するだけの権力があったとはとても思えない。

寺沢薫氏は多くの根拠をあげて纒向都市論を述べるとともに、纒向型前方後円墳を提唱して九州から関東に及ぶ三世紀の政権構造を説いている（寺沢　一九八四・一九八八）。

庄内大和型甕が三世紀の奈良盆地の普遍的な甕ではないことは、一九七六年以来、くりかえし述べてきた。その後、増加資料によって具体的に検証され（青木　一九九二）、分布状況が類型化された（図37―小池　一九九四）。特に小池氏は、庄内甕の成立には内面ヘラ削りにみられる鉄器の使用と甕の尖底化にみられる煮沸形態、ひいては生活様式の変化を重視した。鉄器の普及は、少なくとも弥生後期初頭には認められるので、庄内式期の意義はさほど強調できないとしても、丸底化がすすむ四世紀の布留《ふる》甕の先駆けになる意味は強調されてよい。

三世紀初頭に甕の尖底化をいちはやくはじめた地域＝生活習慣を変質させた地域が盆地東南部の「おおやまと」である。そこには薄甕（器壁の薄い熱高率のいい甕〈石野　一九八八〉）＝庄内甕を主に使用する「都市」が並立し、初期の長突円墳が並ぶ。

盆地内には伝統的生活習慣を維持しつつ、遠隔地との交流をすすめている集落がいくつか認められる。その一つは、葛城《かつらぎ》の楢原《ならはら》遺跡にある（藤田　一九九四）。楢原遺跡には、南関東・東海・

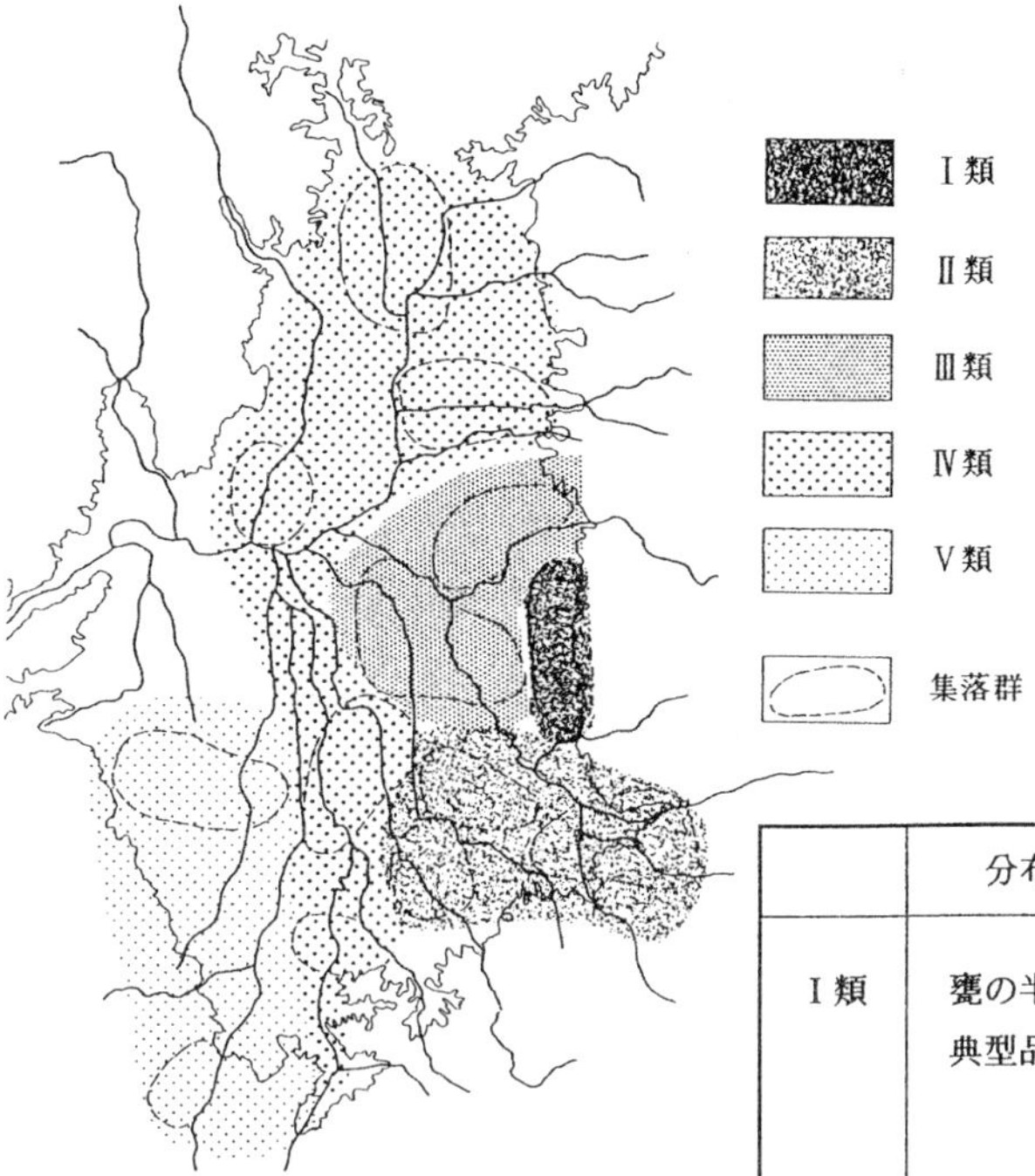

図37　奈良盆地の庄内型甕分布図
〈小池 1994b〉

	分布の特徴
Ⅰ類	甕の半数 典型品が多い。
Ⅱ類	甕の半数以下 典型品が多い。
Ⅲ類	甕の半数以下 模倣品が多い。
Ⅳ類	ごく少数 模倣品のみ。
Ⅴ類	ほとんど 存在せず。

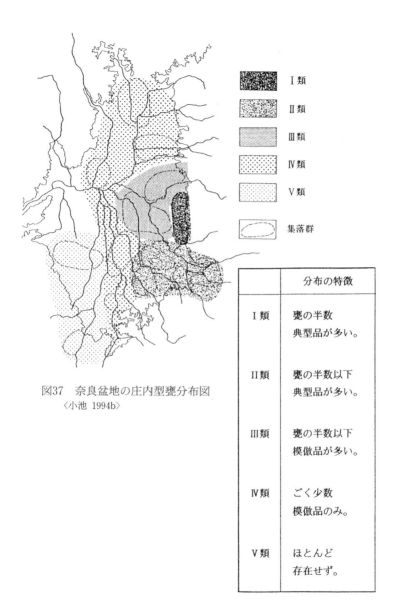

北陸・近江・河内・東部瀬戸内・北部九州など広範囲の土器が全体の約八％を占める。ただし、遠隔地の土器はそれぞれ二・三点と少なく、集落内でのあり方は明らかでない。三・四世紀の葛城は、奈良盆地の中にありながら明らかに盆地東部の磯城《しき》・山の辺＝おおやまとの地と異なっており、独自の遠隔地交流を行なっていたのであろう。

その他では、東海系土器を主体とする盆地北部の奈良市佐紀遺跡や同発志院遺跡、山陰系土器を主体とする盆地南部の橿原市院上遺跡や同千塚山遺跡など、集落による交流地域の差が感じられる（小池　一九九四ａ）。

近　江　近年、三・四世紀の近江系土器が注目を集め、「近江系土器の実態とその移動」が特集されるようになった（『庄内式土器研究』6、一九九四年）。その搬出地は、近畿・東海・北陸にとどまらず関東に及び、搬入地域は山陰・吉備・讃岐などの西日本が加わる。この研究動向は、従来不鮮明であった濃尾と近江の土器が区別できるようになったことによる。なかでも、美濃と北陸に接する湖北は活動的である。

高月町高月南遺跡には、三・四世紀の穴屋群と方形周溝墓群があり、穴屋では玉作りを行なっている。注目すべきは、Ａの方形周溝墓からは丹後系土器だけが、Ｂの方形周溝墓からは北陸系土器だけが伴う、という事実である。墓の外来系土器が一地域に限られるということは、被葬者の出自を示すと考えていいだろう。外来系土器は、それぞれ該当する地域との交流が推測できるが、交流の実態については不明確で、これほど明確に移住を示す資料はまれである。さらに同町物部遺跡にも玉作りを行なう三・四世紀の大集落があり、北陸・東海・畿内の各系土器を持つ。調査を担当する黒坂秀樹氏（高月町教育委員会）は、三世紀の湖北に関して注目すべき発言をしている。

①東海系S字甕・パレス壺といわれている器種は、湖北が先行する。

②三世紀の湖北の外来系土器の中では畿内系土器が最も多く、近江の他の地域の傾向と異なる。

①については東海系土器研究の通説とまったく異なる。通説では、S字甕もパレス壺も北伊勢を含む濃尾平野で生まれ、近江はその周縁と位置づけられていた。黒坂説は、周縁が中心になるという。東海系土器は、今や岩手県から佐賀県の間の列島各地に拡散しており、三・四世紀の土器では最も伝播力が強い。そのルーツに関する新説であり、両地域研究者による検証が期待される。

②については、米原町入江内湖西野遺跡の三世紀末の土坑内の甕が近江系五〇％・畿内系四六％・東海四％であることや、虎姫町五村遺跡の三世紀の土坑内の甕の七八％が畿内系で占められていて、検証されつつある（土井　一九九四）。

湖北では、二世紀末・三世紀初頭＝纒向一・二類・廻間《はさま》Ⅰ―0・1式併行期に一突起方墳（近江町法勝寺SDX二三）と一突起円墳（長浜市鴨田遺跡）が出現する先駆的地域である（宮崎　一九九四）。

それに対し、三世紀の湖南は外来系土器を持たない伝統的地域であり、湖東・能登川町斗西遺跡（植田　一九八八・一九九三）は、東海系（四三・八％）・北陸系（三五・七％）・山陰系（一〇・三％）を持つが畿内系（五・九％）は比較的少ない。

琵琶湖の水運を利用した三・四世紀の物流センターは、湖北であり、なかでも高月南・物部両遺跡が注目される。それを背景として三世紀中葉の全長六〇^{メートル}の長突方墳・小松古墳を含む古保利古墳群が成立した。奈良県纏向遺跡の「東海系・近江系土器」の出自の再検討が必要となった。

東海西部　東海西部・濃尾平野は、三・四世紀に関東から北九州にまで拡散するS字甕の発生地として著名である。赤塚次郎氏（愛知県埋蔵文化財センター）はその足跡を追い、三世紀は大和中心に動いているわけではないという構想を打ち立てた（赤塚　一九九二）。

①廻間Ⅰ式（二世紀末〜三世紀前半）　弥生後期の拠点集落をとりまく環濠が埋めつくされ、小集落が爆発的に増加する。B型墳丘墓（前方部の短い短突方墳―石野註）が出現し、S字甕を代表とする廻間様式が成立する。

②廻間Ⅱ式（三世紀後半）　庄内様式の動きに先行して、Ⅱ式初頭に廻間様式が列島各地に拡散する。同時に東海型長突方墳も拡がる。

この廻間様式の大量移動は、伊勢湾沿岸からの大量難民の排出であるが、それぞれの地域の土器様式として定着しているので、〝濃尾勢力による移住先の支配とは考えられない〟（〝 〟内は赤塚見解を石野流に解釈した部分）。難民排出の要因は、濃尾勢力＝狗奴国《くぬこく》と邪馬台国との抗争であり、東海系文化が長突円墳の列島的な造営に先駆けて定着することとなった。

①は、事実であろう。②については、廻間様式が三世紀第2四半期頃に拡散し、庄内様式がその間隙をぬう、と感じている。なお、廻間様式の東国への移住が「難民」か「植民」かは意見が分かれるところであろう。移動の契機が難民であっても、新天地に新たな文化を移植し、地域文化を刺激することは列島における弥生文化の始まりも同じである。いずれにせよ、東海系文化は列島に拡散したという指摘は正しい。

他方、廻間様式は列島各地に拡散したが、濃尾には外来系土器は稀薄である。三世紀の濃尾人は、外には出るが中には入れないのか。

廻間様式の標識遺跡である清州町廻間遺跡の時期別外来系土器は、各時期とも近接地の土器が中心で、なおかつ量も僅少である。これが尾張低地部を代表する集落でさえ、あるいは、代表する集落であるからこそ、〝外来人は入れない〟実態である。

三世紀の他の集落遺跡で外来系土器を持つ遺跡はある。岩倉市小森遺跡では、不時の出土資料ではあるが北陸系・山陰系、北信濃系（箱清水式）、北関東系（十王台式）の土器があるがそれぞれ二〜三点ずつと少ない（加納ほか 一九八八）。

さらに、濃尾と伊勢で比較的目につく北陸系を集約すると、濃尾平野では各遺跡数点ずっと散発的で、むしろ伊勢と三河に集中する。

三重県嬉野《うれしの》町貝蔵《かいぞう》遺跡の廻間一式後半（三世紀第2四半期）の大溝から多数の北陸系土器（装飾器台・高坏・甕など）と少数の畿内系（庄内甕・5様式系甕）、瀬戸内系、関東系土器が出土した。さらに、志摩半島の鳥羽市白浜遺跡からは、廻間II式併行の北陸系、畿内系タタキ甕と紀伊型（熊野型）甕が出土している（和気 一九九九）。

西三河では、安城市中狭間遺跡に廻間I式後半から末の北陸系土器（壺・甕・鉢）が集中するほか、四遺跡から北陸系土器が出土している。

そのうえ、畿内系甕の出土地が北陸系土器の集中地域と一致していることがわかる（早野 一九九六）。いいかえれば、濃尾平野には北陸系土器も畿内系土器も少なく、中勢と西三河に集中地域がある、ということである。

難問が二つある。一つは、中勢の雲出川流域は、赤塚氏のいうS字甕の宗教性を象徴する「聖なるツチ」の産地である（赤塚 一九九九）こと、もう一つは、畿内系甕のほとんどが伝統的5様式系のタタキ甕であることである。

後者から考えてみよう。三世紀の土器の移動に原産地の意図があるとすれば、先駆的な薄甕である庄内甕が移動している方が理解しやすい。私も庄内甕の限定使用地である「おおやまと」と中河内を先進地として考えてきた。都市・纏向論もその一つである。ところが濃尾周縁部から関東への移動は伝統派であった（図38）。

畿内で、主としてタタキ甕を使用する三世紀の大集落はどこか。私は今まで、三世紀の畿内の大集落は庄内様式の土器を使用し、外来系土器の多い遺跡を指標としてきた。実際に、奈良盆地を除く畿内の弥生拠点集落は、中期・後期初頭に解体し、小集落に分解していた（森岡 一九七六）。奈良盆地でも遅れて後期末に解体し、庄内式期に再編成される。

濃尾周縁へのタタキ甕の移動が、廻間Ⅰ・Ⅱ式であることは、貝蔵遺跡などでの共伴資料によって明白である。つまり、庄内甕成立前の纏向一式期に進出したとはいえない、ということである。僅かな可能性としては、纏向遺跡では庄内甕とタタキ甕の比率は五〇対五〇であるので、纏向からタタキ甕使用者が派遣されたかあるいは、タタキ甕使用集落から派遣された、という説明がありうるが難しい。

伝統派の大集落がありうる地域は、「おおやまと」と中河内を除く畿内各地に想定できるが、濃尾周縁に搬出されている伝統的甕には、近江・山城・紀伊などの特色ある形態・手法はない。可能性としては、伊賀・葛城・和泉・旧河内湖東岸・西摂などの外来系土器の少ない地域である。このうち、北陸との提携を考えうる伊賀と葛城と西摂が有力かもしれない。

タタキ甕は、三世紀の千葉県市原市神門古墳群から集中的に出土している。三世紀の房総は、

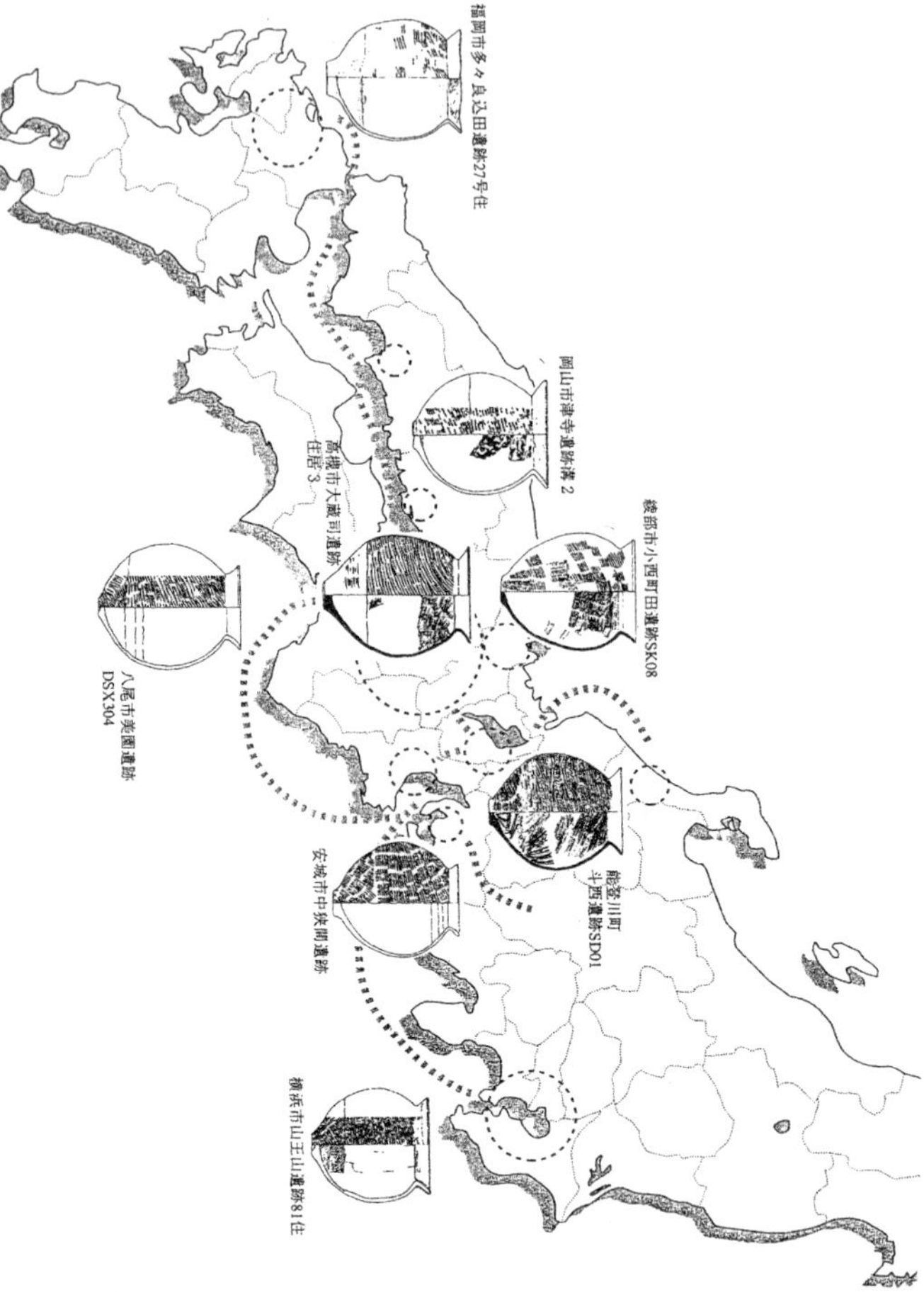

図38　近畿系タタキ甕の分布〈赤塚 1999〉

一突起円墳（神門古墳群）と一突起方墳（木更津市高部墳群）が競合している地域である。その背景に、庄内甕ではなくタタキ甕の畿内伝統派が存在するのであろうか。

「三世紀後半期に主体的に動いている地域は、畿内中枢部ではなくその周辺部の可能性が高い」（赤塚　一九九九、五五ページ）という播磨を意識した発言とは必ずしも一致しないが、同じ方向の一つの事実である。

信　濃　三・四世紀の信濃の外来系土器は、従来、中信・松本平の弘法山古墳の東海系土器に代表されている観があった。その後、松本市教育委員会によって未報告資料を含めた土器の再整理が行なわれ廻間III－1式に比定された（直井ほか　一九九三）が、赤塚氏は再整理資料を含めて「全体的な土器の特徴は廻間II式3段階を下降させる要因はない。むしろその多くが廻間II式前半期に所属する資料」であり、「従ってその造営は纏向3式前期のなかで考えておく必要がある」（赤塚　一九九五、三四ページ）とした。私は、纏向2・3式とした自説を修正し、豊岡卓之氏による纏向再整理の成果を併せて纏向3類＝旧纏向3式古（三世紀第3四半期）とする。

信濃ではその後、北信を中心に三・四世紀の外来系土器が増加してきた（図39）。二世紀末から三世紀中葉にかけて北信から上田盆地の千曲川流域に北陸系土器が主体的に流入し、三世紀後半になって同地域に東海系土器と近江系・畿内系タタキ甕が加わる。中野市七瀬遺跡では、三世

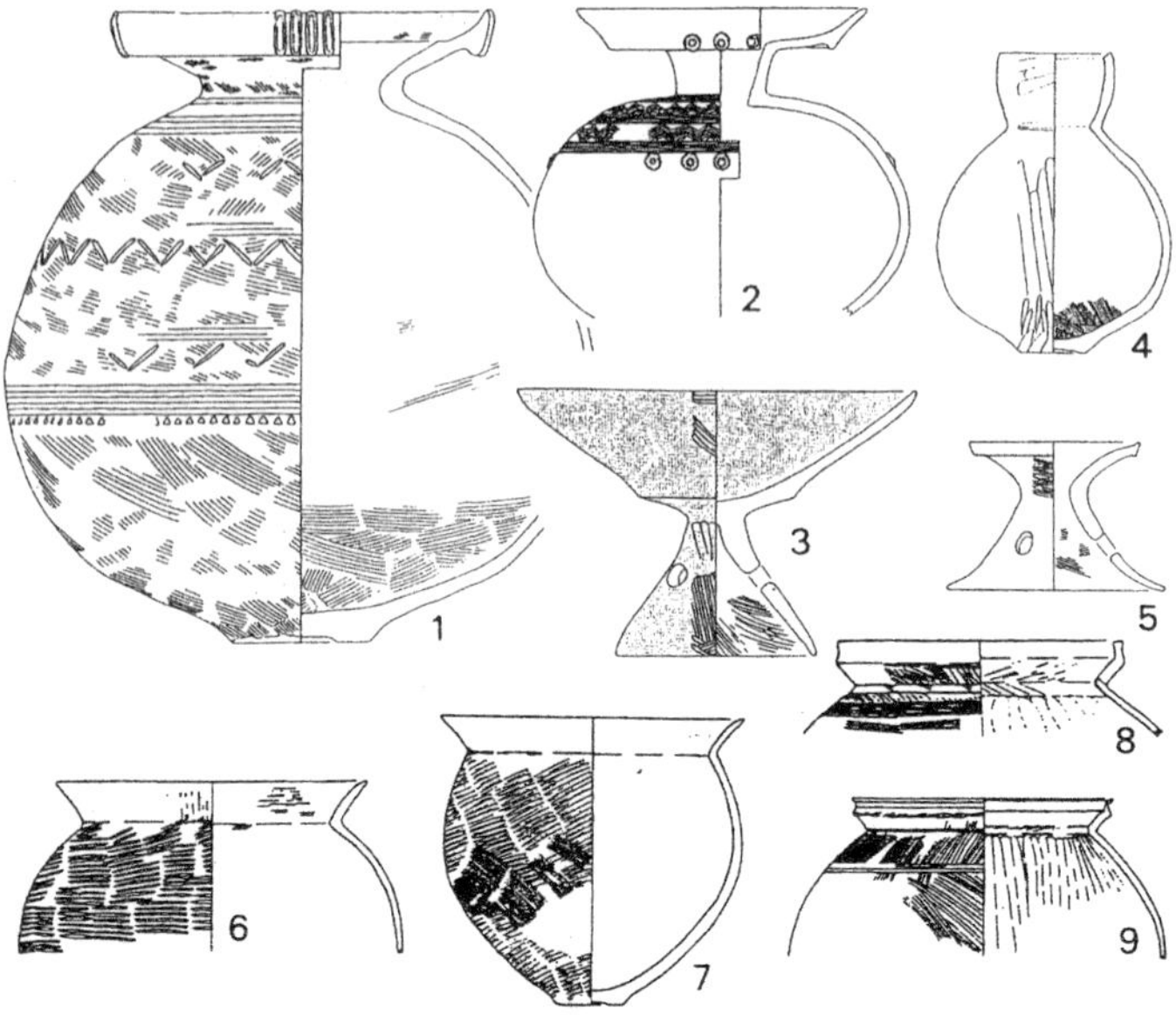

1〜5　長野県中野市安源寺遺跡，6〜9　長野県中野市七瀬遺跡

図39　北信濃の近畿系・近江系・東海系土器
〈関・中島 1999，青木 1998〉

紀中葉を境に、前半は北陸系主体、後半は東海系主体と入れかわる。

通説では、伊那谷の飯田市恒川《ごんが》遺跡はもとより、東海系土器は濃尾から伊那谷経由で中信から北信へと伝播したと考えられている。もちろん、そのルートも北関東への東海系土器の伝播ルートとしてありえたであろうが、北信へは日本海ルートを想定したい。僅かではあるが近江系土器が共伴すること（中野市七瀬遺跡）、湖北に東海系はもちろん畿内系土器が多いことから北陸系土器とともに日本海ルートで北信に進入したのではないか。木島平村根塚遺跡の箱清水式期の伽耶《かや》系鉄剣は日本海ルートの具体的な証拠の一つである。

なお、信濃の畿内系土器は、濃尾周縁や関東と同様に伝統的タタキ甕が主流であることに注目しておきたい。ただし、少数ではあるが、飯山市柳町遺跡の甕のように器壁は厚いが庄内甕の器形で外面ハケ、内面ケズリ調整の土器もある。

関　東　二世紀末〜三世紀初、関東の環濠集落は消滅する。集落のまわりにめぐらしていた堀を埋めるのは、平和な時代がやってきた、ということであろう。同じ現象は奈良盆地でもおこっており、二世紀末の「倭国乱」は関東にも及んでいたことを示す。そのころ、関東への外来系土器の流入は減少する。そしてこの時、濃尾と畿内の交流関係は停止し、「南関東地方は東海勢力に属する東端の地域としての位置づけが明確になった」という（比田井　一九九七）。これを受け、三世紀前半（庄内古式）、濃尾は南関東の小判形住居を濃尾の隅丸方形住居にていた。

変化させるほどの入植者を送りこんだ。東京湾沿岸に拡がる濃尾系のS字甕・ヒサゴ壺・パレス壺・高坏がそれである。そして、三世紀中葉（廻間Ⅰ―4式・Ⅱ―1式）には、濃尾系の首長墳である木更津市高部30・32号墳（本書一一〇ページ）が築かれた。そこには濃尾系土器が供献されていた。

濃尾の関東支配に対する畿内の反撃が、市原市神門三・四・五号墳である（田中　一九八四）。ただし、田中氏は神門四号墳を吉備9C期（纏向3類）に位置づけていたが、近年、庄内式直前段階と修正した（田中　一九九一）、神門五号墳はそれ以前であるので高部32号墳より当然さかのぼる。同様の年代観は、考古学協会新潟シンポジュウム付表（以下、新潟シンポと略称）にも示されている（日本考古学協会　一九九三、四四六ページ）。

田中氏と新潟シンポの年代観をとれば、ほぼ通説となりつつある上述の比田井説は成立し難い。総《ふさ》のクニには、二世紀末～三世紀初頭に短突円墳が成立し、三世紀中葉にかけて三世代にわたる長突円墳の首長墓が継続している。共伴する土器は、四号墳墳頂・墳丘下に「畿内系・伊勢湾沿岸系・在地系」があり、畿内系は、奈良県纏向遺跡東田地区南溝中層土器群に比定されている（田中　一九七七）。墳丘下の畿内系土器の主体は伝統的5様式系のタタキ甕であり、あらためて畿内の中での出自が問われる。

神門五号墳が高部三二号墳に先行し、神門四号・三号墳と高部三〇号墳が前後して築造されたことになると、総の畿内系と濃尾系の土器の前後関係と各遺跡での質と量があらためて問題になる。特に、タタキ甕が大和纏向に近似しているとなると、二・三世紀の畿内による関東経略は、中枢とされる庄内甕使用グループ——畿内改革派によってすすめられた可能性が強まる。伝統派か改革派か、課題として残しておきたい。

伝統派タタキ甕は、総だけではなく相模・武蔵の東京湾岸から内陸部にかけて拡がり、上毛野《かみつけぬ》に及ぶ。上毛野と総は、初期の一突起方墳の集中地域であり、濃尾系土器との重複が濃厚である（深沢　一九九八）。

越

二世紀末から三世紀中葉までの越《こし》は、「汎北陸的な甕・鉢・器台・壺・蓋が主体となり、東北・中部高地・近畿系（の土器）がある」が少ない。それが、三世紀後半になると「越前・加賀の南西部、能登・越中・佐渡・越後の北東部に明瞭に二分され」、外来系土器は東海系・近江系と畿内系など多い（川村　一九九三）。

三・四世紀の加賀の外来系土器を地域ごとに分析した安氏の作業（安　一九九九）によると、人々の動きが伝わってくる（図40）。三世紀第３四半期（漆５・６群＝纏向三類）には、加賀・石川・能美の三地区は在地系土器（旧月影式）が主体を占め、変質した東海系（東海Ｂ型）を中心に近江・長浜甕と山陰甕が加わる。在地人の主導のもとに北近江を介して濃尾との交流を深め、それに山陰や畿内が参入してくる状況がうかがえる。それに対し、江沼人は変質東海系に加えて

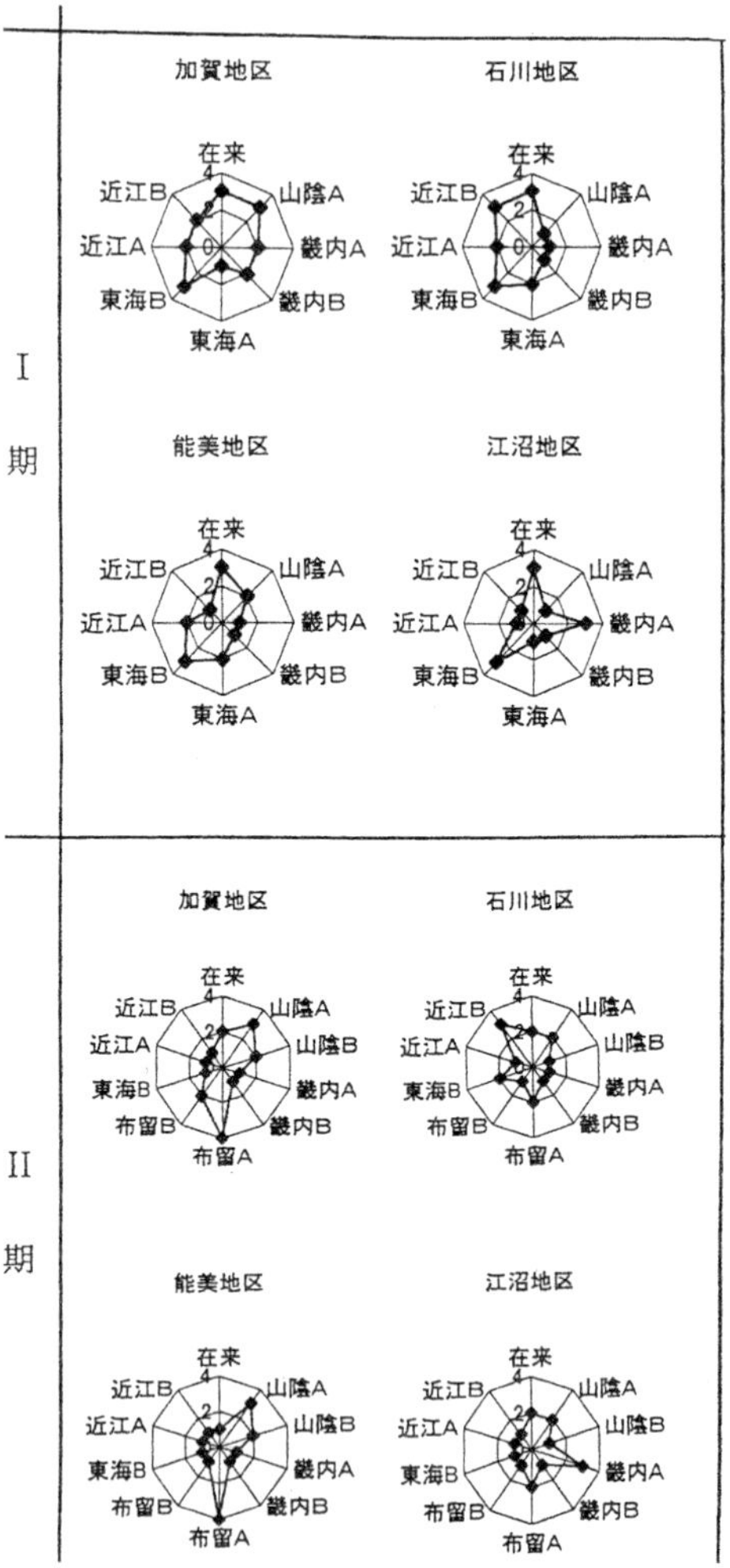

図40　加賀の外来系土器の系統と頻度
〈安 1999〉

畿内系タタキ甕を入れるという他と異なるパターンを示す。江沼の在地・変質東海・伝統派畿内の三極構造は、三世紀後半から四世紀初（漆7・8群＝纏向四類・布留1式）になると伝統派畿内だけが突出して他はすべて縮小してしまう。同時期の加賀・能美が布留傾向甕を多量に持つのとも異なる。

江沼の選択は何だったのか。三世紀第3四半期の江沼には、最初の大型墓として加賀市小菅波《こすがなみ》四号墳（一突起方墳・全長一七メートル）が築かれ、つづいて分校《ぶんぎょう》カン山一号墳（一突起円墳・全長三六メートル）が築かれる。外来系土器の比率が在地・変質東海・伝統畿内と並存しているときに、最初に加賀四地域全体で優位に立つ変質東海系の一突起方墳が築かれ、三世紀末に四地域で伝統派畿内が唯一突出する江沼に一突起円墳が登場し、四・五世紀へと継続する。やがて、加賀片山津玉造遺跡が登場し、大和政権進出の先駆と理解されやすいが、改革派の庄内甕も布留傾向甕も他地域に比べて少ないのが難点である。

北越

北越《きたこし》では北海道系・東海系・畿内系土器が共伴する。一九九三年十月に発掘調査中の新潟県巻町南赤坂遺跡を訪れたとき、私ははじめて本州島の遺跡で北海道系土器と畿内系土器の共伴例を見た。調査担当の前山精明氏（巻町教育委員会）によると後北C_2・D式は数十片あり、北海道の後北式土器と本州の土師器が融合したような個体もあるという。三・四世紀、北海道人は北越に定住していた。ちょうど、日本考古学協会新潟大会のときだったので、北海道の野村崇氏らと私の印象を確かめたくて再び出かけた。あらためて他地域の土器をみると、関東系・駿河系などがあり、畿内系土器は三世紀第4四半期（纒向四類）と理解した。この時のノートをみると、〝新潟で北海道人と近畿人が会い、情報交換した。邪馬台国の「その余の旁国」の中に北海道も入るか。少なくとも、近畿と北海道の土器の併行（関係）がはじめて事実として分かった〟とある。「その余の旁国」はいささか興奮した表現だとしても、情報は間接に魏に伝わった可能性はあるだろう。三世紀後半の「世界」は確実に拡まりつつあった。

中村五郎氏（会津若松市在住）によると、会津は縄文時代以来北越であり、各時代の土器は北越と同じ変遷をたどる、という。

北越の会津

会津坂下《ばんげ》町稲荷塚遺跡は、初期長突円墳として著名な杵ヶ森古墳を含む三・四世紀の集落で、穴屋群出土土器をもとに編年案が示されている（吉田一九九五、一七七〜一八一ページ）。それによると、三世紀第3四半期（漆町5・6群）併行の一群土器は壺・鉢・蓋・高坏・器台・甕に北陸系譜が認められ、在地の弥生土器の色彩を色こく残している段階である。外来要素は、高坏の一部に東海系が認められる。二a群土器は漆町七群併行で、北陸系が減少し、東海系ヒサゴ壺や畿内系二重口縁壺が加わる。そして杵ヶ森古墳は、吉田氏をはじめ赤塚次郎・川村浩司氏らも漆町七群期に比定しているが、私は周辺の方形周溝墓群以前と考え、漆町五・六群期としている。

三・四世紀の会津盆地は、従来、東北南部では異質な地域と考えられてきたが、福島県浜通り・仙台平野・米沢盆地などで外来系土器が増加し、一連の動きのなかで考えうるようになってきた。

南東北―関東・濃尾人の北上―北海道人の南下

福島県浜通り、いわき市菅俣B、折返A遺跡に布留甕と小型丸底壺をもつ四世紀（布留1式）の長方形居館がある。その下層に夥しい住居群があり、三世紀後半に集落が拓かれたことが分かる。その三世紀後半の住居跡から濃尾系の壺・高坏・S字甕が在地系土器にまじって出てくる。浜通りには他にも、浪江町本屋敷古墳群下層から漆町5・6群の北陸系土器と北関東の十王台式土器、原町桜井高見町A遺跡の住居跡から十王台式土器が出土している（青山 一九九八）。北陸系土器は会津盆地に多いが、浜通りへのルートはおそらく房総に入った北陸人が濃尾来住の海洋民と結びつき北上したのであろう。海上ルートの一端に北関東・十王台式土器の人々も加わっていた。

濃尾系海洋民はさらに北上し、陸前、石巻市新金沼遺跡に到達した。新金沼遺跡には三・四世紀（前野町式・塩釜式）の住居が三十余棟あり、南関東系・前野町式の壺、濃尾系のS字甕と北海道の後北C_2・D式土器が伴う。ここでもまた、北海道人と関東人・濃尾人が出合い、物流センターとなった（佐藤 一九九四）。北海道系土器とともに東北各地に拡まる黒曜石製の刃器は、交易品として北海道の毛皮を想定させる（上野 一九九二、辻 一九九六）。そうであれば、毛皮はやがて関東から濃尾へと拡散し、「毛人」のクニを想像したであろう。濃尾人はさらに北上川をさかのぼること一二〇キロ余の岩手県盛岡市永福寺遺跡にいたる。新金沼遺跡や永福寺遺跡のS字甕が関東産であったとしても、それは関東移住数十年後の濃尾人の再移動と考えられる。関東人は、四世紀に五領式土器を携えて北上し、仙台平野に塩釜式土器を成立させた。

北海道の南東北系土器

札幌市に南東北系の天王山式土器があるという（上野　一九九二）。天王山式土器は福島県白河市天王山遺跡を標式とする弥生後期の土器として提唱されたが、近年、庄内式併行期に下ることが確認されている。それにしても、仙台平野に及ぶ北海道人の活動とともに、南東北人が北海道にいたる背景は、三・四世紀の日本列島史をダイナミックにしてくれる。

広域移動土器の動態

S字甕は、パレス壺・ヒサゴ壺・高坏など他の濃尾系土器とともに三・四世紀の列島で質量とも最も広範な動きをする土器である。赤塚次郎氏の論考（赤塚一九九一・一九九二）を要約しておこう（図41）。

S字甕―九州から東北まで

S字甕の移動は、三世紀中葉、廻間《はさま》2式前半にはじまり、南越・信濃・上毛野《かみつけぬ》・相模・総《ふさ》と大和・吉備《きび》に拡まる。やがて、S字甕B類は東は南東北へ、西は北九州へと拡大する。ただし、分布の濃度は圧倒的に東方にかたよっている。

S字甕の移動経路は基本的に四つある。東方へは、太平洋海路・東山道・北陸道で、西方へは瀬戸内海路をとる。

S字甕の受容の仕方は地域によって異なり、

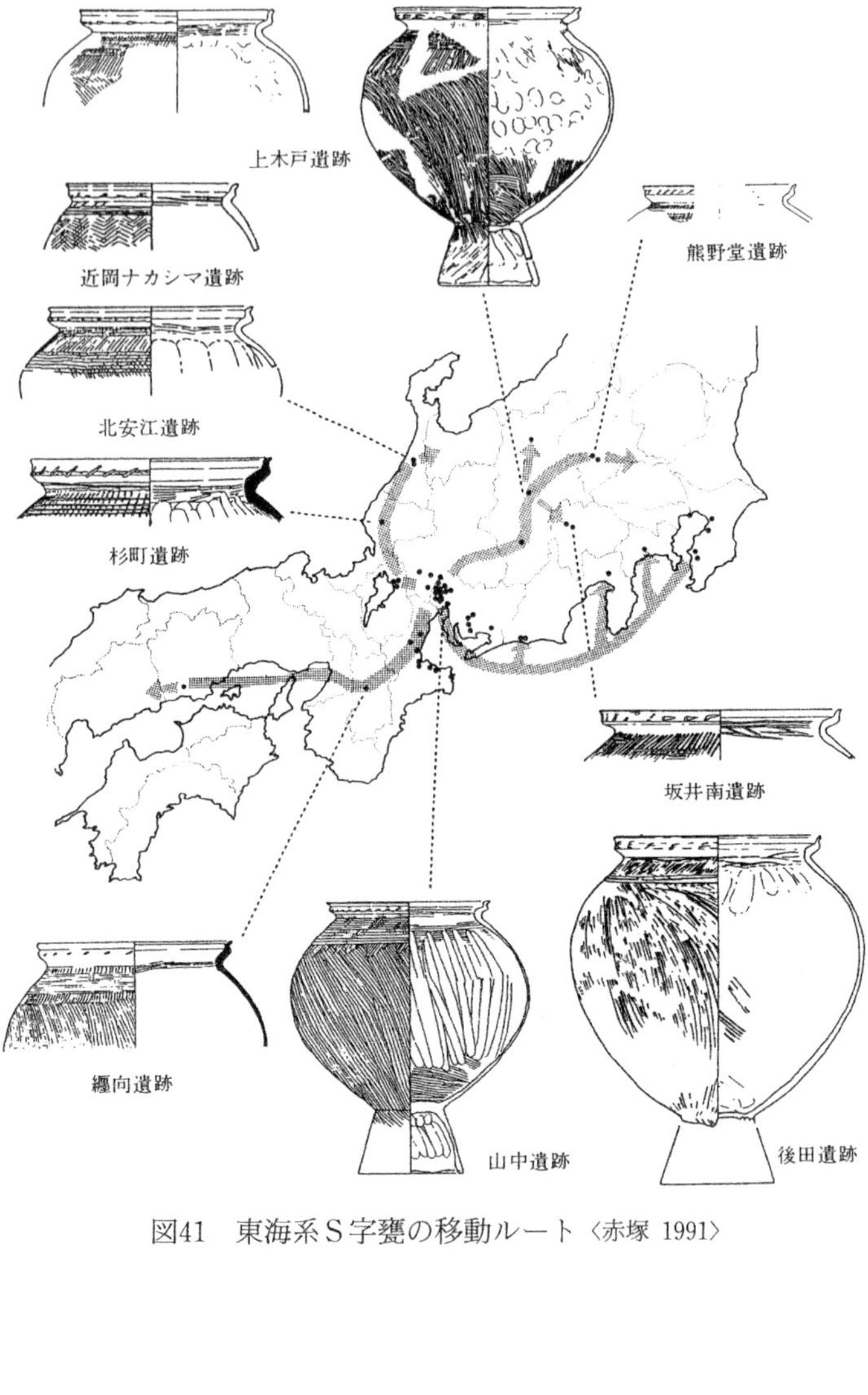

図41　東海系S字甕の移動ルート〈赤塚 1991〉

在地の土器として定着する地域――上毛野
在地化しない通過地――河内
在地化しないが在地の土器が影響をうける――南越
在地化せず、影響もうけないが、模倣品をつくる――総
など多様である。

なお、赤塚氏が強調する濃尾系土器移動の重要な一点は、庄内式土器より一段階早く移動する点であり、三世紀中葉の倭国と狗奴国の戦闘にからめて理解している。邪馬台国が大和で、狗奴国が濃尾であるとすれば、狗奴国の拡張政策に対する倭国の反撃が三世紀中葉の戦乱であった。そして、倭国の第二次拡張政策が三世紀後半、台与《とよ》の時代である。

5　式甕と庄内甕

5式甕とは、近畿の伝統的5様式甕、いわゆるタタキ甕の別称である。5式甕の独自の動きは東方に顕著で、西方へは庄内甕とともに動いているように見える。

従来、庄内様式の拡散を三世紀の大和・河内の政治的動向と連動させた考え方が強く、5式甕の動向については、さほど注目されていない。ところが、関東の三世紀の近畿系土器は圧倒的に5式甕であり、庄内甕はきわめて少数である。この点に注目し、関東の5式甕を近畿との関連で論じたのは西川修一氏である（図42―西川　一九九一）。濃尾系土器が一突起方墳とともにいちは

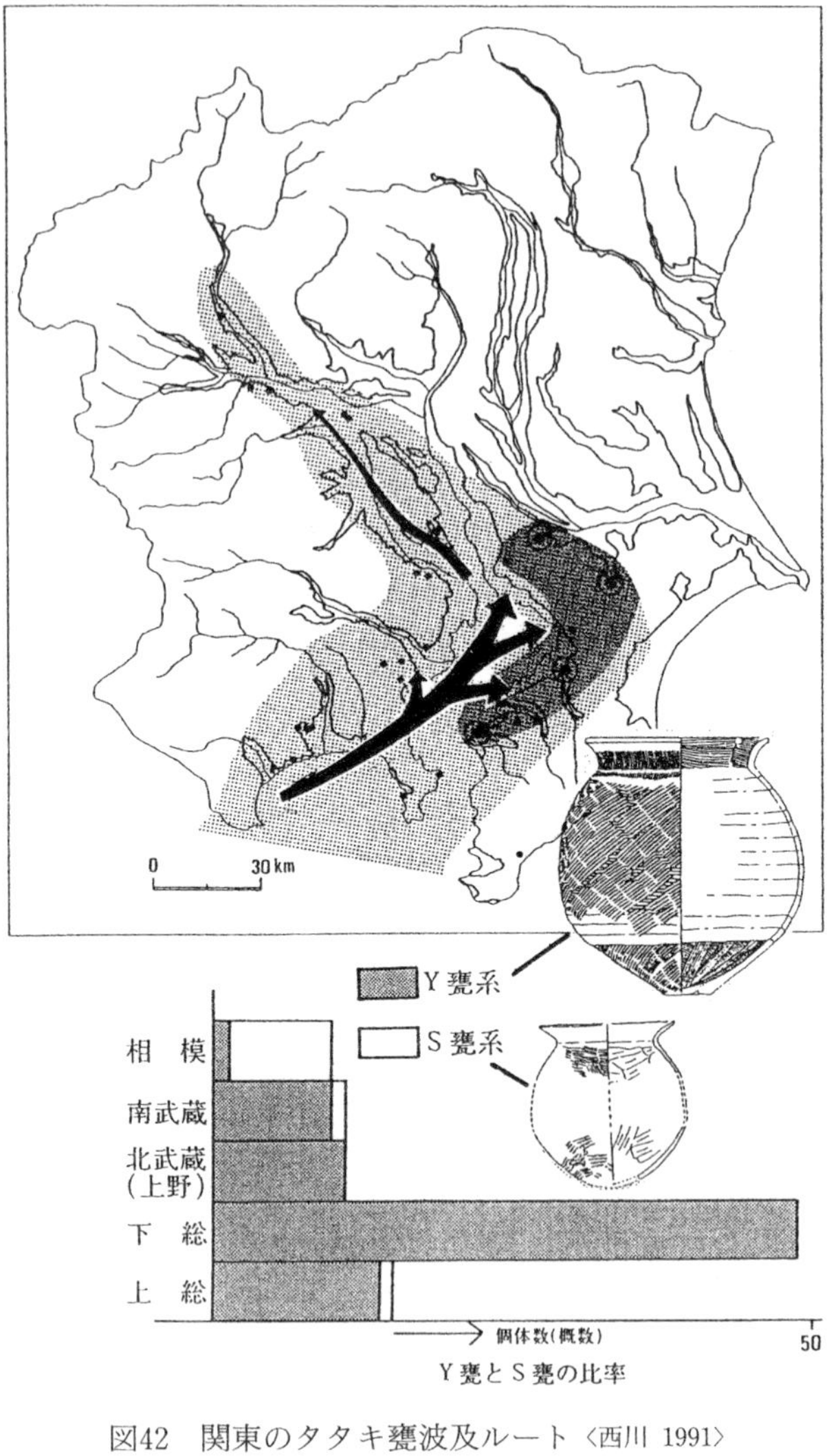

図42　関東のタタキ甕波及ルート〈西川 1991〉

やく関東に進出しているという学界動向のなかで、そうとは言い切れないという西川説はもっと議論されてよい。西川説の要点は次のとおりである。

①5式甕は、「第5様式終末から庄内式古段階」（纒向一類から同三類）に関東に波及した。横浜市山王山遺跡が初期の例で、大量の5式甕をもち、集団移住が想定される下総・戸張一番割遺跡や同・大崎台遺跡がある。

②移動ルートは、中伊勢―西三河―関東説が有力だが、近畿―関東直接ルートも捨て難い。

③関東の5式甕は、海岸線に近いところか、河川をさかのぼった地域に分布する。

④庄内甕は、全体量が少ないながら相模では優勢だが、他では点的であり、庄内甕の移動は庄内新相以降である。

⑤関東の5式甕保持者は、「畿内権力」から「はじき出された人々」である。

①は、下総・神門四号墳の5式甕を纒向二式（庄内古式）併行とする田中新史説（田中 一九七七）や菊池健一説（菊池 一九八八・一九九〇）の再評価であり、濃尾・廻間様式の先行伝播を強く主張する赤塚説と衝突する。

④は、従来からの通説で、関東の5式甕を庄内新式以降とする考え方の根拠となっていた。

⑤については、現状では何とも言えない。中伊勢・西三河・下総の5式甕が近畿のどの地域の5式甕に最も近いのかが不明だからである。近江・山城・紀伊の特色ある5様式併行甕ではない。

西摂津・葛城・北河内・伊賀が候補になる。大阪湾岸から直接太平洋ルートで関東に向かう場合、紀伊・阿波・熊野の海洋民の協力が必要と思われるが、関東にはこれらの地域の土器は出土していない。

庄内甕をもたない大和葛城・北河内・伊賀の5式甕との比較検討が必要になってきそうだ。西日本の庄内様式は、備前・備中・長門・豊前・筑前・筑後・肥前・肥後に集中地域があり、特に博多湾岸と佐賀平野が顕著である（図43）。そしてこれら庄内甕の多くは、近畿の中枢地である中河内産ではなく、大和か西播磨産であるという（角南《すなみ》 一九九七）。ただし、備中の津寺遺跡や加茂B遺跡では中河内産が比較的多く、北九州では福岡県津屋崎町今川遺跡や佐賀県土師本村遺跡で認められる程度である。

日本海に面した出雲・鹿島町南講武草田遺跡には、庄内式〜布留式併行の5式甕約五〇点に対して、厚手の庄内河内甕類似品が一点あるだけである。

三世紀の近畿には、5式甕派と庄内甕派が存在した。庄内甕派の中枢地は中河内と大和東南部であり、5式甕派はそれ以外のすべてを占めている。5式甕派は主に関東と山陰に進展し、庄内甕派は西日本に動いた。

近江の受け口甕

近江には受け口甕と俗称されている弥生後期以来の伝統的甕があり、列島の東西に動いている。しかし、従来は、濃尾系S字甕と同類と見られ、濃尾系

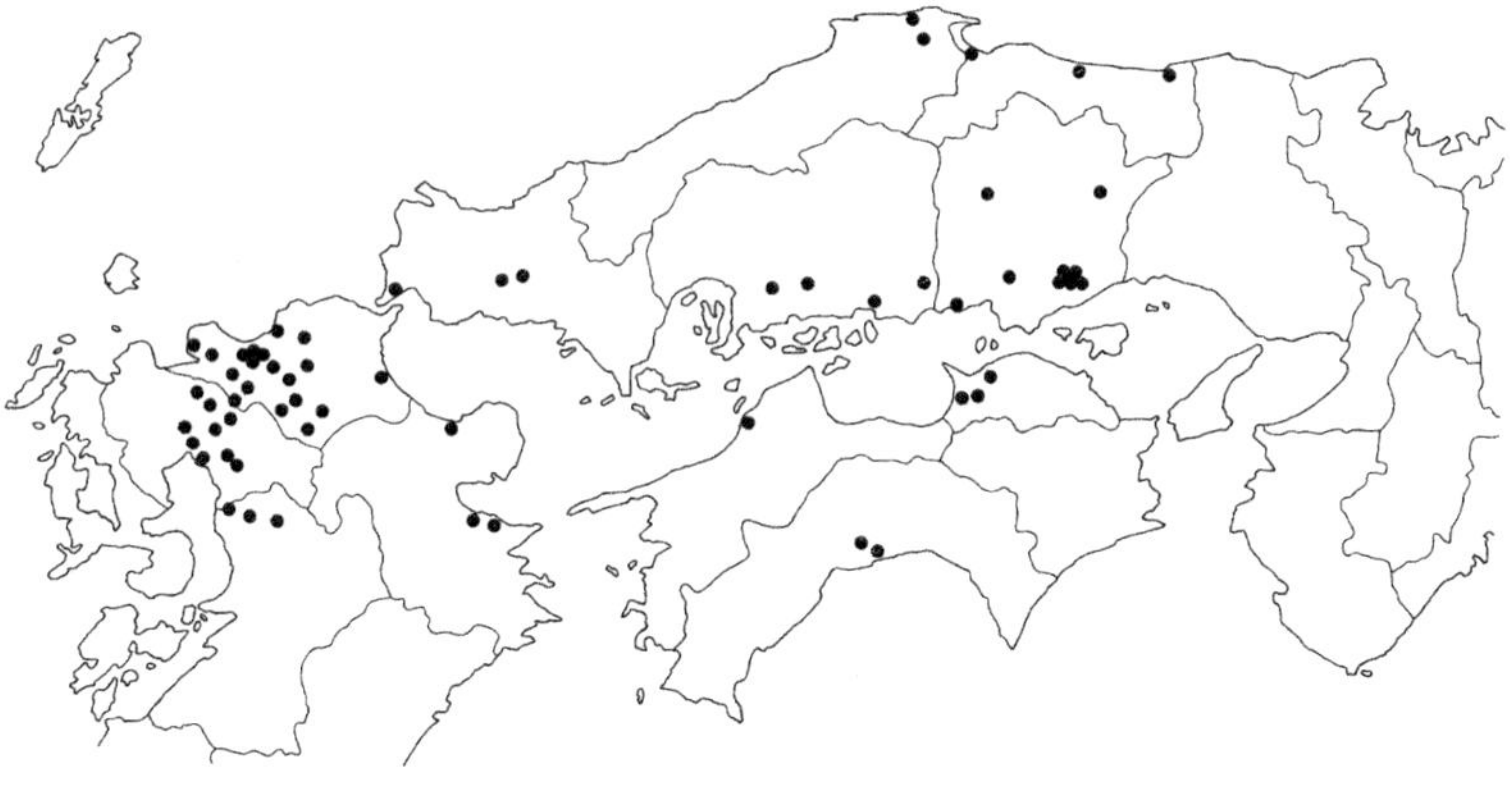

図43　西日本のタタキ甕の分布（上）と庄内甕の分布（下）
〈角南 1997から作図〉

土器の移動とともに副次的に移動していると考えられてきた（比田井 一九九四）。しかし、近年、北陸・中部・関東で近江系土器が濃尾系と区別して検討されるようになり、独自の動きが垣間見られるようになってきた。

近江の北方、福井平野の三・四世紀の遺跡にはほとんどすべて受け口甕をはじめとする近江系土器がある（赤沢 一九九四）。福井平野では集落だけではなく、鯖江市王山古墳群や同西山古墳群・安保山古墳群などの墳墓に必ず壺・甕・鉢・器台などの近江系土器が供献されている。むしろ、三・四世紀の越前・福井平野は北近江と同一文化圏と考えてよさそうだ。他方、山を越えて加賀・月影式土器分布圏には近江系をはじめ外来系土器が激減する。

関東平野では五〇ヵ所をこえる受け口甕出土遺跡が報告されている（及川・池田・北村 一九九四）。分布は「南部の相模、武蔵、上総、下総に集中して認められ、北部では上野と下野にわずかに認められ、下野東部から常陸の北部では出土していない。……一遺跡で集中的に出土するのは神奈川県川崎市東耕地遺跡で十例以上、千葉県印西町船尾町田遺跡でも十三例以上が出土し、千葉市東寺山石神遺跡でも十例近くの破片が出土している」。移動ルートは、湖東から中伊勢・西三河を経由する海路が想定されている。

中伊勢・西三河は、近畿の5式甕の伝播基地と一致し、ともに濃尾平野をさけている。到達地・関東は、S字甕と5式甕の競合地であり、受け口甕も5式甕と連帯しつつ競合地に加わった。

5式甕と庄内甕を合せ持つ三世紀の纏向遺跡に、受け口甕が集中し、そこを拠点として大和川から旧河内湖口の崇禅寺遺跡を経て瀬戸内に出るコースが想定できるが、河内湖周辺の近江系土器は一遺跡数点程度と少ない。むしろ、近江系土器の西方へのルートは、日本海を想定した方が適切であろう。ただし、現状では北部九州からの近江系土器の出土はない。

越の移動―千種甕(北陸東北)・能登甕(北陸中部)・月影甕(北陸西南部)

三世紀前半(漆町4群)、越の土器が動きはじめる。上毛野の榛名山東麓および赤城山西麓域の「樽式系の要素の中に、北陸系の要素が参入する。東海系の要素よりも早く北陸系の要素が参入することがこの地域の最大の特徴である」(深沢　一九九八、九九ページ)。移動ルートは明らかではないが、ほぼ同時に相模・伊勢原市坪の内九門寺遺跡の玉作工房に千種甕が登場する。移動初期は、越の玉作工人が関与していたのだろうか。

三世紀中葉〜後半(漆町5・6群)、上毛野のさきの地域では北陸系の要素が主体を占め、近江系や東海系が客体的に加わる。他方、同じ上毛野の井野川流域では東海系S字甕が安定的に受容され、三世紀後半・末へと継続する。

南関東では、本期以降、四世紀にかけて千種甕を中心とする越の土器が増加する(川村　一九九四)。埼玉県川越市霞ヶ関遺跡や千葉県茂原市国府関連遺跡がその好例で、特に後者では三二点以上の千種甕と二点の台付装飾壺があって越の中でも越後主体であることを示す。これを数字で示すと、南関東で越系土器をもつ三・四世紀の遺跡、二十余から八一点の甕が出土しているが、うち六九点・八五％は千種甕である。

ただし、川村氏も指摘しているように、千葉県市原市南中台遺跡や同・中台遺跡の越の土器には越後よりは北加賀・能登・越中西の特色があり、南関東の越系土器を越後に限定することはできない。しかし、加賀西南部の月影甕がきわめて少ないことは注意されてよい。

越の土器は、北近江の木之本町桜内遺跡を基点にして畿内に入るが、奈良県纏向遺跡の外来系土器の中の七・八％を除くと、大阪府茨木市東奈良遺跡の月影甕など、一遺跡数点にとどまる。さらに西方には点的にしか伝わっていない。

倭韓の墳上・墳中の建物

弥生時代の方形周溝墓の埋葬施設周辺や古墳墳丘上に方形配置の柱穴やそれに類する遺構がある。私はかつて、墳丘裾の「古墳立柱」について考えたときに、これら建物類似遺構については中国の陵寝制度との関係を示唆した（石野 一九八八）が、資料不足のため議論にはなっていない。近年、二〜五世紀の墓壙内外の柱穴の類例が増加してきた。一九九三年の奈良県桜井市大福木棺墓の四柱根遺存例や、一九九五年、福岡大学における東アジア考古学談話会での韓国考古学者の研究発表の中のいくつかの事例が刺激的であった。

銅鏡や土器などの移動するモノではなく、土地に刻まれた不動産から倭韓交流の一端を考えてみよう。

墓壙外柱穴と類似遺構

方形周溝墓と四柱穴

弥生時代の方形周溝墓の台状部に、埋葬施設（木棺）を囲む四柱穴と思われる遺構がある（図44）。

最古の例は、弥生中期後半（近畿四様式）の兵庫県川西市加茂遺跡第八調査地点の方形周溝墓である（石野 一九六七）。柱穴は台状部の三隅で確認したが、柱間が五〜七メートルと広いことと、周辺に弥生柱穴がいくつも点在しているため確信がもてない。

確実な例は弥生後期の香川県高松市空港跡地遺跡にある（図45、佐藤 一九九三）。径約一三メートルの円形周溝墓の中央に木棺墓壙があり、その四隅と短辺中央に六柱穴がある。墓壙と六柱穴の方位は一致する。弥生時代の方形周溝墓に埋葬施設の覆屋か柵がある最古の例となる。

岡山県御津町みそのお四〇号墳の墓壙コーナーに柱穴がある（椿 一九九三）。みそのお墳墓群

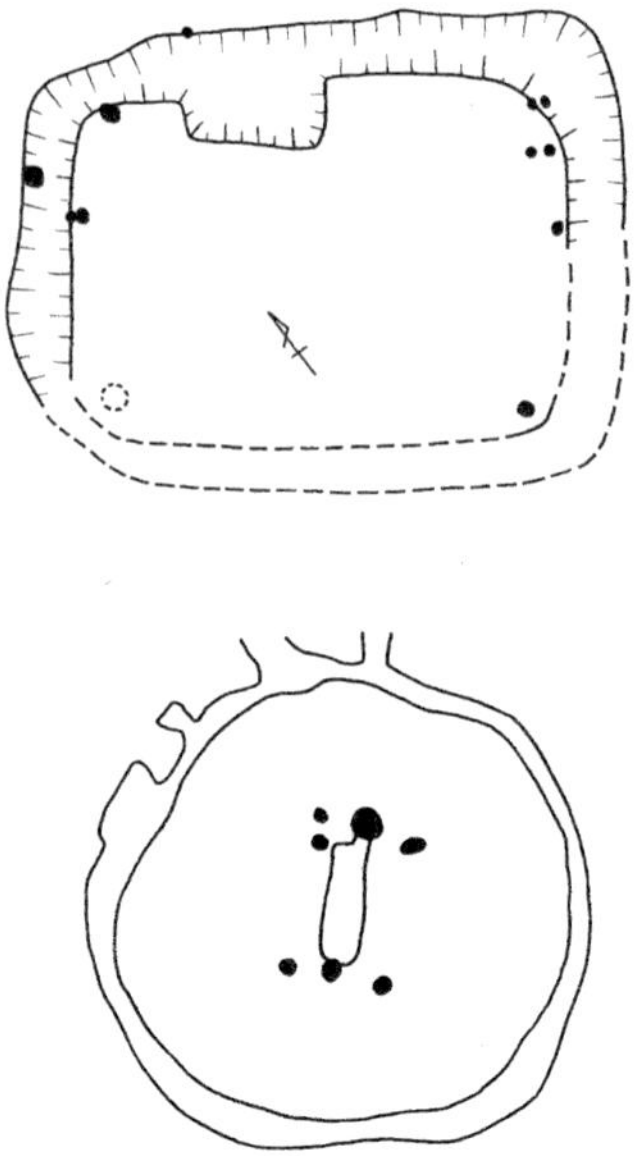

図44　周溝墓上の建物（上　兵庫県加茂遺跡、下　香川県空港跡地遺跡）〈石野 1967、佐藤 1993に加筆〉

は一世紀初頭から四世紀（弥生後期初頭から古墳前期）にかけて連続して築かれており、四〇号墳は三世紀初頭（高橋IX—b期＝纏向二類）に相当する。四〇号墳は一辺約七メートルの方形で二基の埋葬施設をもつ。第一主体の墓壙は、約一六〇×三三〇センチで中央部に約六五×一八〇センチの箱形木棺を納め、遺体は東頭位と推定されている。「墓壙隅のピットは東西とも重複して二基ずつ検出され、いずれも内側のピットを中心に石が詰められていた。……大きさは検出面で径四〇センチ前後、深さ四五〜五八センチを測り、墓壙底面近くまで掘り込まれている」。

　第二主体は、第一主体と接して併行している。墓壙は、約一三〇×三〇〇センチで、中央部に約七〇×一六五センチの箱形木棺を納め、遺体は東頭位と推定されている。「ピットは墓壙対角線上のコ

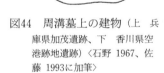

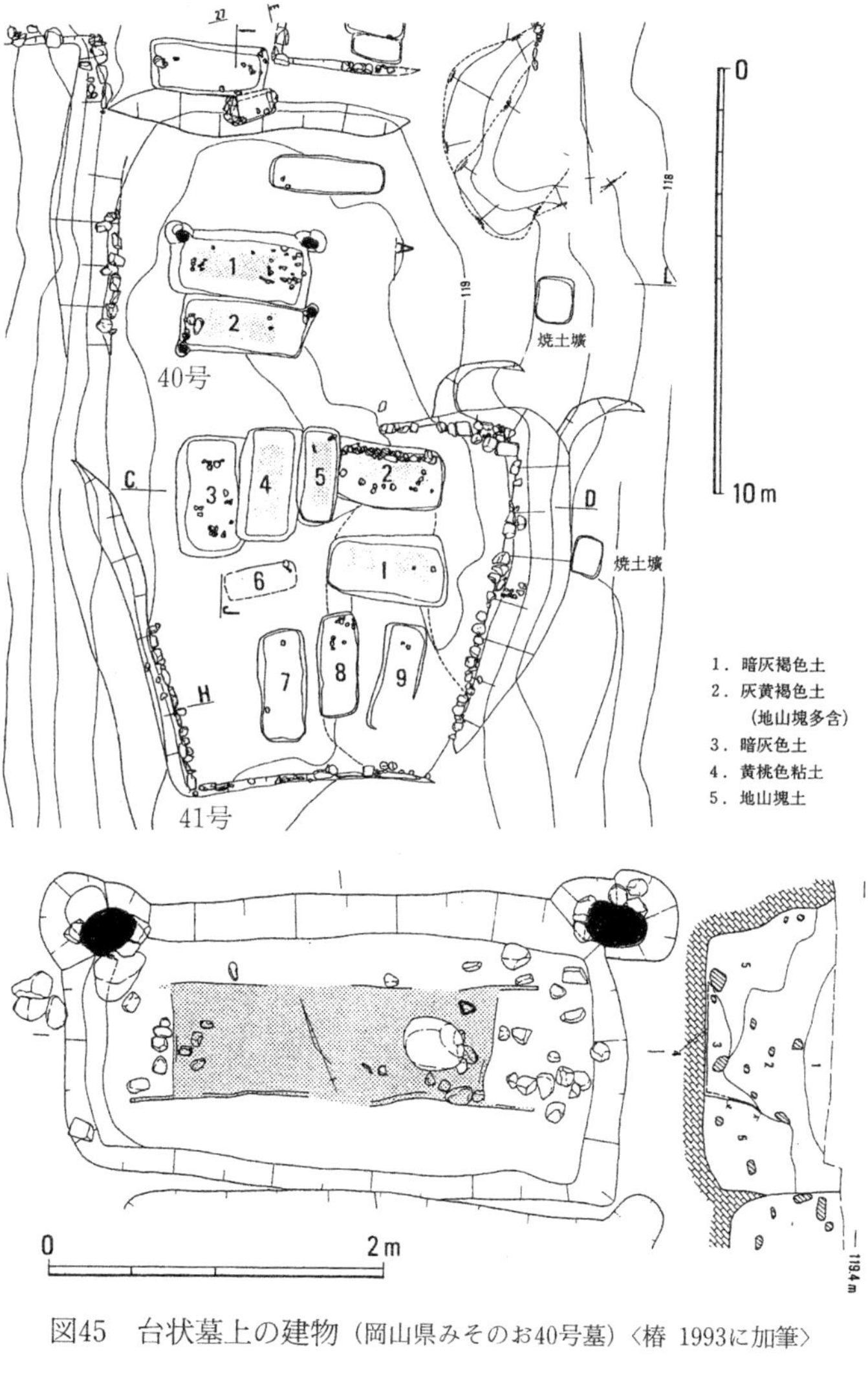

図45　台状墓上の建物（岡山県みそのお40号墓）〈椿 1993に加筆〉

ーナーに二基検出されたが、他のコーナーや周辺部には存在しなかった。大きさは検出面で径約三〇～三五センチ、深さ二〇～四〇センチを測る」。

四〇号墳に接して四一号墳があり、九基の墓壙があるが墓壙内外の柱穴はない。なお、四〇号墳と四一号墳の墳丘に接して、長辺一メートルの長方形焼土壙がそれぞれ一基ずつある。

みその四〇号墳の墓壙柱穴は、四柱穴セットにならないが二基一組で、一基に二穴が重複している点に特色が認められる。二穴のうち一穴は石が詰められ、他は詰められていない点は西谷三号墓の柱穴と共通する。

四突方墳の墓上施設

二世紀末・三世紀初の島根県出雲市西谷三号墓の四突方墳上の建物は、発掘調査によって検出された最も明確な墓上施設である（図46）。墳丘規模は、突出墓を含めて四〇×五〇メートル、方形部だけでも三〇×四〇メートルと大きい。方形部中央に二基の大型墓壙（第一主体・第四主体）があり、第四主体の墓壙を切って四主柱穴・四副柱穴が掘られていた。第四主体の墓壙は、四・五×六メートルで、中に主棺と副棺がある。主棺は墓壙底中央部に設けられた〇・八×二・一メートルの内棺に木槨《もくかく》が付設されており、約一〇キロの朱とともに鉄剣一とガラス管玉《くだたま》二〇が副葬されていた。副棺は墓壙を埋める過程で設置されており、〇・五×〇・九六と小さく、副葬品はない。

四主柱は、柱心々で二・一×二・八メートルの長方形に配置されている。径一一〇～一二五センチ・深さ六〇～九〇センチの柱穴内に径三〇～四〇センチの円柱を立て、まわりに互層状に土を詰めた頑丈な工法をとっている。主棺の遺体胸部の真上に相当する墓壙埋土上面に全面に朱が付着した長径一一・六センチの円礫が置かれ、その周囲に小礫を積み、さらにその直上に二〇〇個体の土器がおさめられていた。土器は、吉備の立坂型の特殊壺・特殊器台が一〇セット以上と丹後の土器が含まれていた。

なお、「主柱穴の柱痕部の土は粘土ではなくサラサラした均質の土であり、その部分の特に上半には完形に近いものも含め多数の土器片が落ち込んでいた。……一方、副柱の方は柱痕部分の土は粘土質となっており、主柱と副柱とで事後の扱いが異なっていたことを暗示している。(従って)、この施設は祭儀後も永く建っていることは

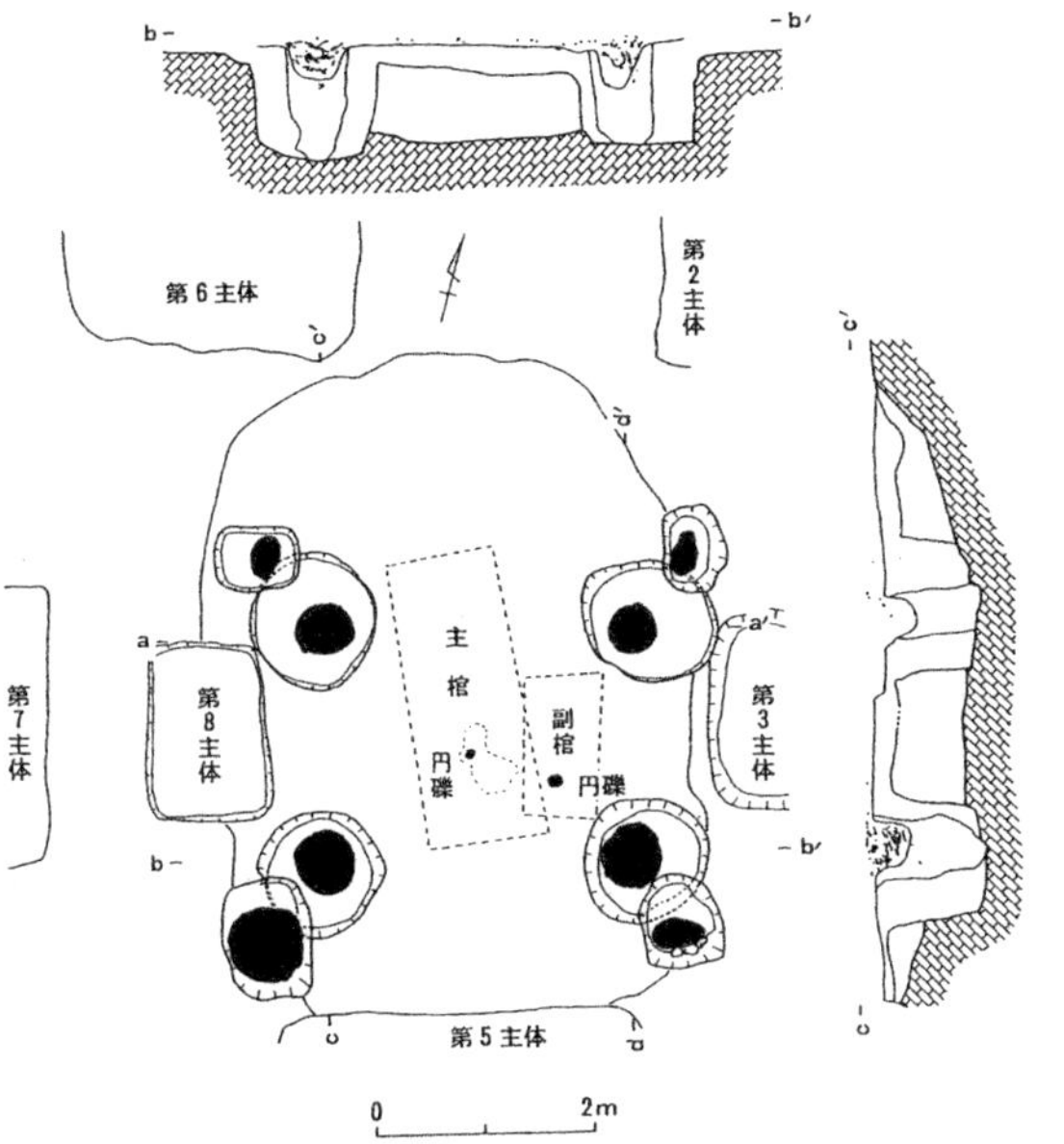

図46　四突起方形墓上の建物（島根県西谷3号墓）
〈渡辺貞幸 1993に加筆〉

なかった、つまり恒常的な建物としては機能しなかったと考えなければならない」（渡辺 一九九三、一五八・一五九ページ）。

西谷三号墳の調査は、墳丘上の建物に関する最も豊かな情報を提供してくれた。遺体の埋葬が終り、墓壙を埋め戻した後で、墳丘上に四本柱と副柱を立て、さまざまな祭儀を行なっている。私は四本柱の頑丈な立て方と副柱に注目したい。四本柱の柱穴径一一〇〜一二五チセンは、弥生・古墳時代の大型建物の柱穴に等しく、しかも六〇〜九〇チセンと深く、底は地山に達している。径三〇〜四〇チセンの円柱は、地山に据えられて不動沈下することはなく、柱のまわりは互層に土を詰めてブレはない。まさに高層建築の柱の立て方である。副柱は、四主柱の対角線上の外側に接して立てられている。束柱《つか》であろう。床を支える柱は、主柱の対角線上の内側か外側に立てると床桁が柱に当たらず合理的である。屋根を支える主柱と床を支える束柱を別に設ける建物はフィリピンやパプアニューギニアの民家に現存する（石野 一九九九）。

西谷三号墳の墳上の四主柱は建物の柱であり、束柱による高床を設けていた。しかし、四主柱と四副柱の柱痕部分の堆積土は、前者は「サラサラ」で後者は「粘土質」であって、渡辺氏は恒久的な建造物ではないと指摘されている。

祭儀後、柱を抜き土砂で埋める場合、特に理由がなければ周辺の土砂で埋めるのが常識であろう。「サラサラ」の土は不思議だ。それに、柱掘方の断面図によれば四主柱とも柱痕が垂直に残っており、抜き穴の痕跡が認められない。そのうえ、柱痕のまわりには互層に詰めた土が残っている。つまり、四主柱は、祭儀後抜かれてはいない。柱根が自然に腐朽し、少しずつサラサラ土とおきかわったのではないか。それに対し、副柱は抜いて粘質土で埋めたと理解できないだろうか。机上の空論の恐れはあるが、もしそうであれば、祭儀後、高床をはずし、高楼は墓上に残したことになる。

なお、西谷三号墳の並列する大型墓壙二基のうち一基にだけ建物が設けられている。二・三世紀の墓上建物は、大型墓の主にだけ認められた施設であることを示している。

吉備では、楯築古墳の中心主体に西谷三号墳と同様の墳丘上建物があった可能性が検討されているらしい。図47には円礫帯の下に斜立する土層が描かれている。調査段階に意識されていなかったとしても、西谷三号墳ほどの大柱穴ではなかったことは確かであろう。

二世紀末、三世紀と推定されている福岡県前原市平原一号方形周溝墓にも柱穴群が伴う（図12）。九×一四メートルの台状部のほぼ中央に三・三×四・四メートルの長方形墓壙があり、墓壙長辺に沿って棟持柱のある一間×三間（四・一×四・四メートル）の建物跡が検出された。調査者の原田大六氏は、一九六六年に鳥居を伴う殯宮《もがりのみや》跡として発表しているが、類例がないため否定的見解が多かった。しかし、一九九九年になって井戸と考えられていた穴が大柱の柱穴であることが確認され、しかも、その位置が棟持柱の延長上にあたることが分かった。これによって、墓壙周辺の柱穴群は木

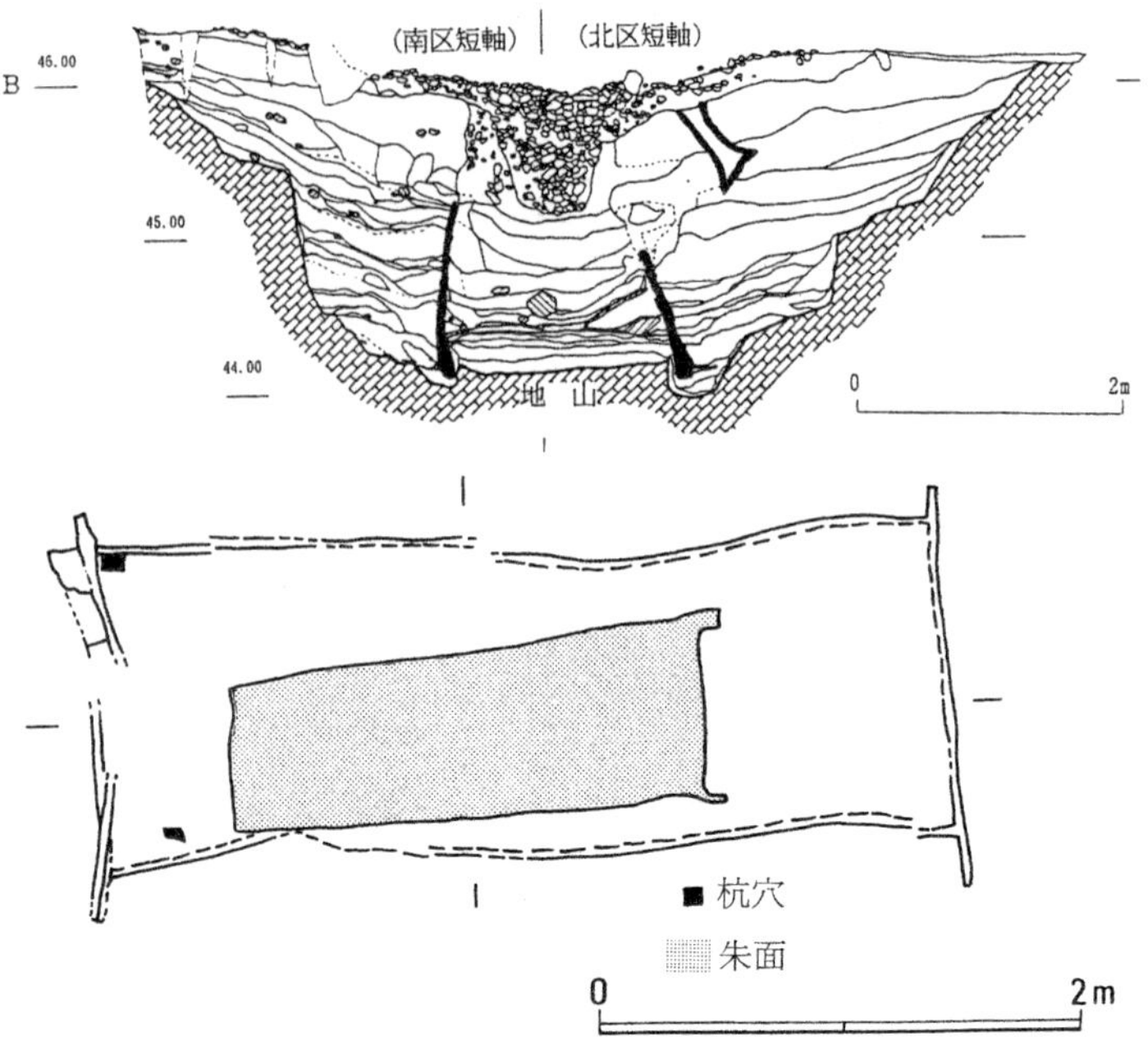

図47　中円双方墳の木槨支柱
（岡山県楯築古墳）〈近藤 1992
に加筆〉

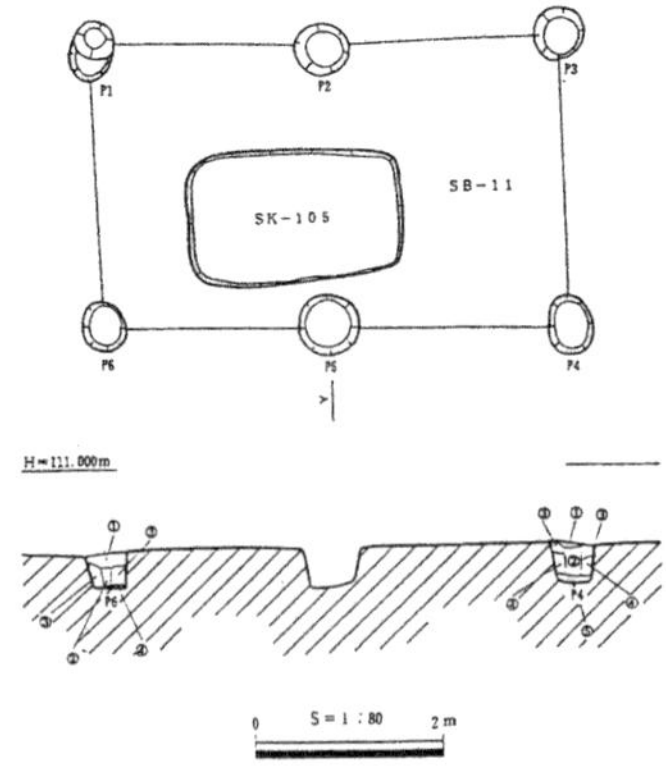

図48　全面焼土の土壙
（鳥取県妻木晩田遺跡）

棺を覆う建物跡である可能性が考えられるが、両辺の柱間隔が不揃いのため柵か立柱の可能性も残しておきたい。

葬法と渡来人

鳥取県淀江町・大山町妻木晩田遺跡群の中の妻木新山A_1地点に庄内式併行期の覆屋をもつ土坑が三基ある（図48）。土坑は長方形で、大は約一三〇×二一〇センチである。他の土坑と異なるのは、土坑壁と底が真赤に焼けている点で、調査団は土器焼成坑としている。覆屋は、一間×一間と一間×二間と二種あるが、一間×一間の一つは、土坑内の壁ぎわに二個一対の径五センチの小穴である。これは後述する墓壙内柱穴と類似しており、墓の可能性がある。

中国の新石器時代と夏殷周時代に墓壙壁を焼く墓制がある。先秦の文献では「暨周《きしゅう》」と称し、「地面に長方形の竪穴を掘り、その壁面と底面に粘土を塗り付けてから焼き、厚くて硬い『紅焼土』の層を全面につくる。この焼いた墓壙に死体を安置する」という。「これまで中原地域では『暨周』の遺跡は出土していないが、……嶺南の韶関馬壩で、およそ五五〇〇年前に相当する原始氏族時代の『暨周』の実例が発見されている」（揚　一九九八）。

妻木新山A_1地点の壁面焼成土坑と「暨周」には年代・地域とも大きな差があるが、従来、まったく注意されていないことで、検討すべき課題である。現地で土坑内を観察したときに、土器焼成土坑としては壁面下部と底面が赤変するほどよく焼けているのが理解できなかった。もしこれが墓壙であれば、明らかに中国の影響下の葬法であり、渡来人を想定しなければならない。

関東の方形周溝墓と四柱穴

関東の方形周溝墓では、三世紀の四本柱が注目されている（図49―山川 一九九六）。埼玉県小沼耕地一号・三号周溝墓、小敷田五号・九号周溝墓、鍛冶谷・新田口V次一号周溝の五基で、「いずれも方台部中央に周溝墓と主軸をあわせて四本の柱穴が存する。……埋葬施設と殯施設の両面から建物跡の性格を考えなければならない」とされている。三・四世紀の東京都北区豊島馬場SH一二四号周溝墓では、周溝内から長さ一〇センチ、径一〇センチの四段に枘穴《ほぞあな》のある丸太材が出土しており、台状部に埋葬施設を囲む多角形の柵が想定できる（石野 一九九六）。

「弥生の風葬」では、故楠元哲夫氏の発想に導かれて台状部上に木棺を置き風葬にしたイメージを描いたが、その僅かな根拠が豊島馬場周溝墓の杭であった（石野 一九九六）。方形周溝墓の四柱穴から墓上の建物を推定する方が妥当だが、柵の可能性も考えておきたい。その区別は、穴の断面調査を行なって柱か杭かを確かめ、柱であれば建物、杭であれば柵といちおう分けておこう。

柱穴ではないが、埴輪配置から墳丘上に大規模建物を推定しうる例が奈良県桜井市メスリ山古墳にある（図50―石野 一九八八）。「メスリ山古墳は全長二五〇メートルの前期長突円墳である。その墳頂部には円筒埴輪が長方形にぎっしり並べられており、その所々に大形の円筒埴輪が配置されて

図49　4本柱のある関東の方形周溝〈山川　一九九六に加筆〉

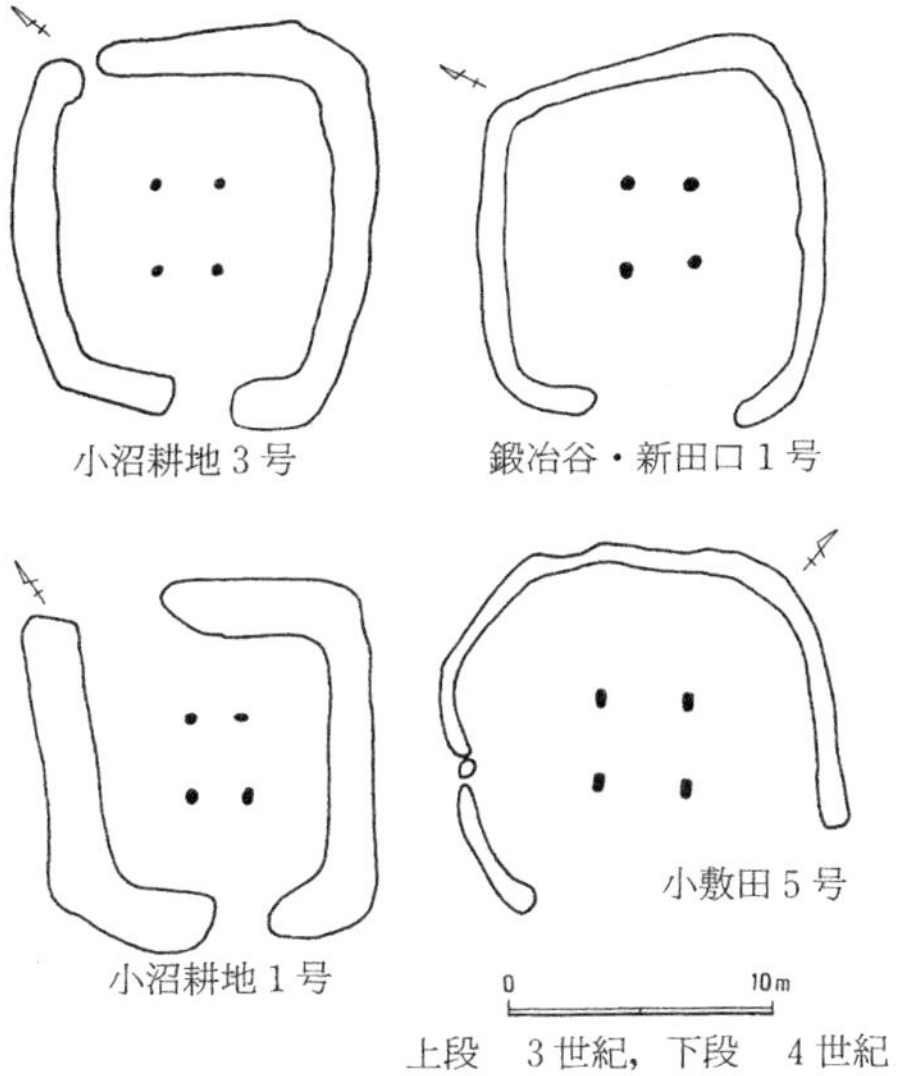

図50　王墓墳頂の建物を象徴する巨大円筒埴輪（奈良県メスリ山古墳）〈石野　一九八八b〉

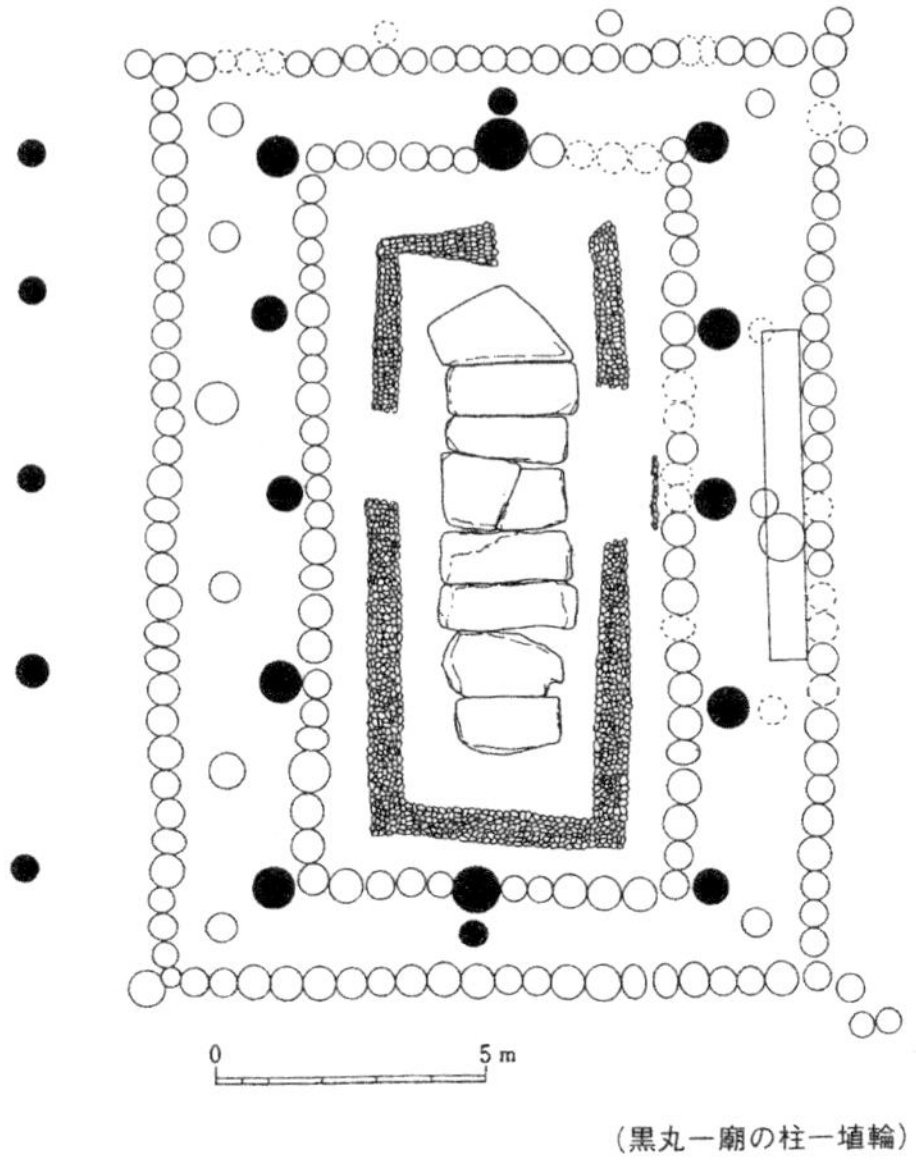

いる。その大形埴輪の配置をたどると、あたかも二間×四間で一面に庇《ひさし》をもつ建物の柱位置を思わせる」。

韓国の墓壙外柱穴は、五世紀の玉田古墳群にある。墓壙の長辺外側に二基ずつ四基あり、短辺外側に各一基あって、棟持柱つき四本柱状の配置をとる。柱穴配置はきわめて整然としており、他の多くの類例があることを感じさせる。

柱穴と建物　墓壙外柱穴は、可能性としては前一世紀（弥生中期後半）の兵庫県加茂遺跡、確実には二世紀（弥生後期）の香川県高松空港跡地遺跡からはじまる。

二世紀末・三世紀初には、出雲・西谷三号墳の墳丘上に巨大な建物が立った。ほぼ同時に、吉備・楯築古墳の墳上にも立っていたかもしれない。吉備には、四本柱にはならない二本柱がみそのお四〇号墓に存在する。

福岡県平原一号方形周溝墓は棟持柱付一間×三間の建物である。三世紀の鳥取県妻木新山A_1地点の一間×二間の覆屋付焼成土坑が「墍周」であれば、複数間の墓上建物は、二・三世紀ごろに列島に登場していると考えられる。なお、三世紀には埼玉県の方形周溝墓五基に一間×一間の墓上建物跡が知られているので、少なくとも三世紀には列島の広い範囲に墓上建物の存在を予測できる。

四世紀には大和の大型前方後円墳（メスリ山古墳）に庇と棟持柱をもつ二間×四間の本格建築が想定できる。

墓壙内柱穴と類似遺構

墓壙内の柱穴　二世紀末（弥生後期・鬼川市3式期）の岡山県倉敷市楯築《たてつき》古墳の中心埋葬施設の木槨《もっかく》の内側から杭状の痕跡が二基検出されている（図47）。楯築古墳は「弥生墳丘墓」とも呼ばれている全長八〇メートル《メートル》余の中円双方墳で、後円部中央の墓壙上縁は五・五〜六・二五×九メートル《メートル》、底部で三×六メートル《メートル》、深さ二・一メートル《メートル》と巨大である。その中に長方形角材を横積みしたと推定されている木槨と木棺が設置されている。

「槨内北東隅と北西付近で、杭ようの痕跡を発見して追求したが、下方にいくにつれ痕跡が薄れ、やがて消えてしまった。……可能性としては槨材の補強材であったことが考えられるにしても、決定することはできなかった」（近藤　一九九二、八五ページ）。楯築古墳は、日本列島に木槨墓が存在することをはじめて確認した調査であり、その段階に木槨の補強材らしきものを追求している姿勢は見事である。

木槨墓はその後、島根県西谷三号墓、広島県佐田谷墓、岡山県総社市新本立坂墓、岡山市雲山鳥打一号墓などで確認されているが、木槨補強材としての杭穴の検出は、三世紀の雲山鳥打一号墓だけである（図51）。雲山鳥打一号墓では、木槨の四隅と長短辺の随所に杭を打ちこみ木槨を補強している。四隅以外は、杭の位置に特に規則性は認められない。

四世紀の千葉県佐倉市飯合作遺跡の方形周溝墓の周溝内木棺の両長辺に三基ずつ小穴が並列している（図51）。両短辺には木口穴があって側板を支えることは可能だと思われるが杭を打って補強しているのだろうか。あるいは、各小穴は対になっているので、なんらかの構造材になるのだろうか。

墓壙内に杭そのものが遺存していたのが奈良県桜井市大福ヨノモト地区のU字底木棺である（萩原　一九九三b）。大福木棺墓は、庄内式期の方形周溝墓に接した同方位の周溝をもたない木棺墓で隣接する方形周溝墓とほぼ同時期と推定している。一×一・五《メートル》の長方形墓壙の中央に刳抜《くりぬき》式木棺をおき、木棺に接して四本の杭を打ちこんでいる。杭は皮つきのヤマナラシ材で、径一〇〜一四《センチ》と比較的太い。木棺身は、幅三五〜四六《センチ》、長さ二一〇《センチ》で、外面は丸味を残したまま荒削りしている。蓋も丸太刳抜きだが腐蝕して薄くなっていた。桜井市教育委員会は墓壙ごととりあげ、市埋蔵文化財センターに展示している。大福ヨノモト木棺墓の四本の柱は、墓壙壁から離れているのでその補強材ではないし、木棺身に接しているが木棺の安定のために特に必要な材とも思えない。

墓壙内の四柱穴

三世紀中葉の早期前方後円墳である奈良県桜井市ホケノ山古墳の墓壙内に四基の主柱穴がある（図18）。ホケノ山古墳は、箸中山古墳（箸墓）の東北二五〇メートルにある全長八〇メートルの長突円墳である。円形部に内法二・七×七メートルの丸石積石囲いがあり、それに接して角材横積木槨を設け、その中に木棺をおいた。木槨の内側に接して八個の柱穴があり、木槨の補強材と思われる。

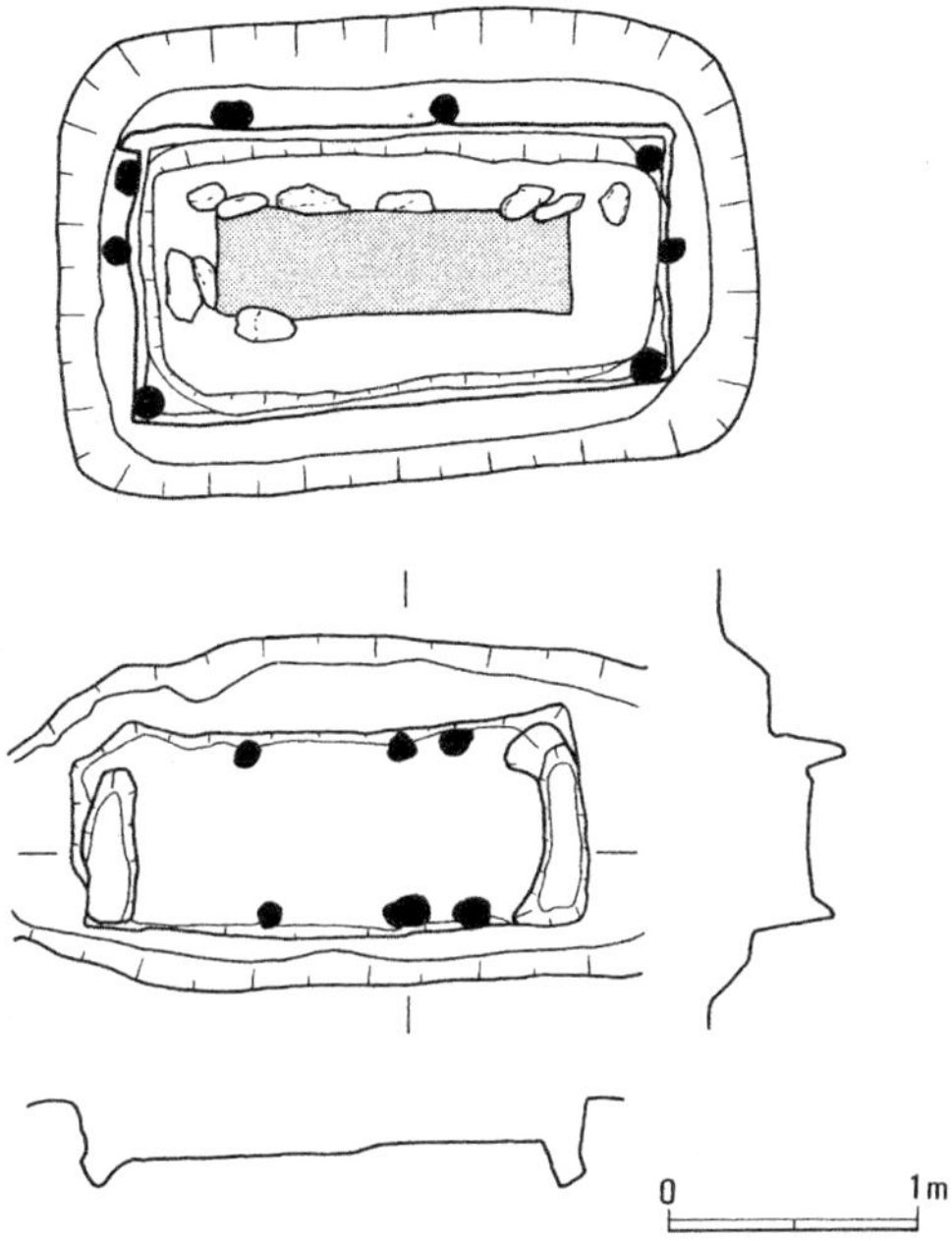

図51　木槨支柱（上　岡山県雲山鳥打遺跡、下　千葉県飯合作遺跡）〈近藤 1992〉

韓国の蔚山《うるさん》市《し》中山里墳墓群には、二～五世紀の木槨墓があり、とくに二～三世紀に墓壙内柱穴が多い（李　一九九七)。柱穴には木槨四隅外の四本柱と槨壁内の支柱とがあり、槨底に枕木を付設する例もある(図52)。時期的にも構造的にもホケノ山古墳の木槨に極めて近い。

四世紀前半には、韓国釜山市福泉洞三八号墳に木槨を支える四本柱が立つ。長方形墓壙の両長辺に木槨壁に接して二本ずつ立て、中央に竪穴式石室を設ける。

韓国嶺南埋蔵文化財研究所によると、四世紀中葉〜後半の慶山林堂古墳群の中に三段墓壙の下段テラスに四柱穴をもつ例があるという。柱穴は径三〇センチ余で内槨と外槨の間にあり、構造材らしい。

福泉洞古墳群の遺構覆屋の中に六本柱穴のある大型墓壙(三×八メートル)が保存されている。柱穴は墓壙中央の礫床に接しており、木槨壁の構造材と考えられている。

四世紀の墓壙内柱穴

四世紀には北海道と東北北部に墓壙内柱穴が多い。墓標と思われる単独の柱穴を除外すると、後北C_2・D式期の長円形墓壙内の四柱穴が顕著である(図53—菊池一九七九)。菊池氏は北海道千歳市ウサクマイ遺跡を標式として「ウサクマイ型墓壙」を提唱しておられる。ウサクマイ型墓壙とは、「隅丸方形ないし楕円形の土壙墓で壙底四隅に柱穴様の穴をもつものである」。そして、「後藤寿一は江別町村農場の後北C〜D式期のこの型の例について、かつて、『墓壙の中へ更に柱を立てて小屋を作り、そこへ屍を葬ったものであろう』と述べている。私もウサクマイ遺跡の報告の中で同様の見解を述べ、さらにこの型の墓制

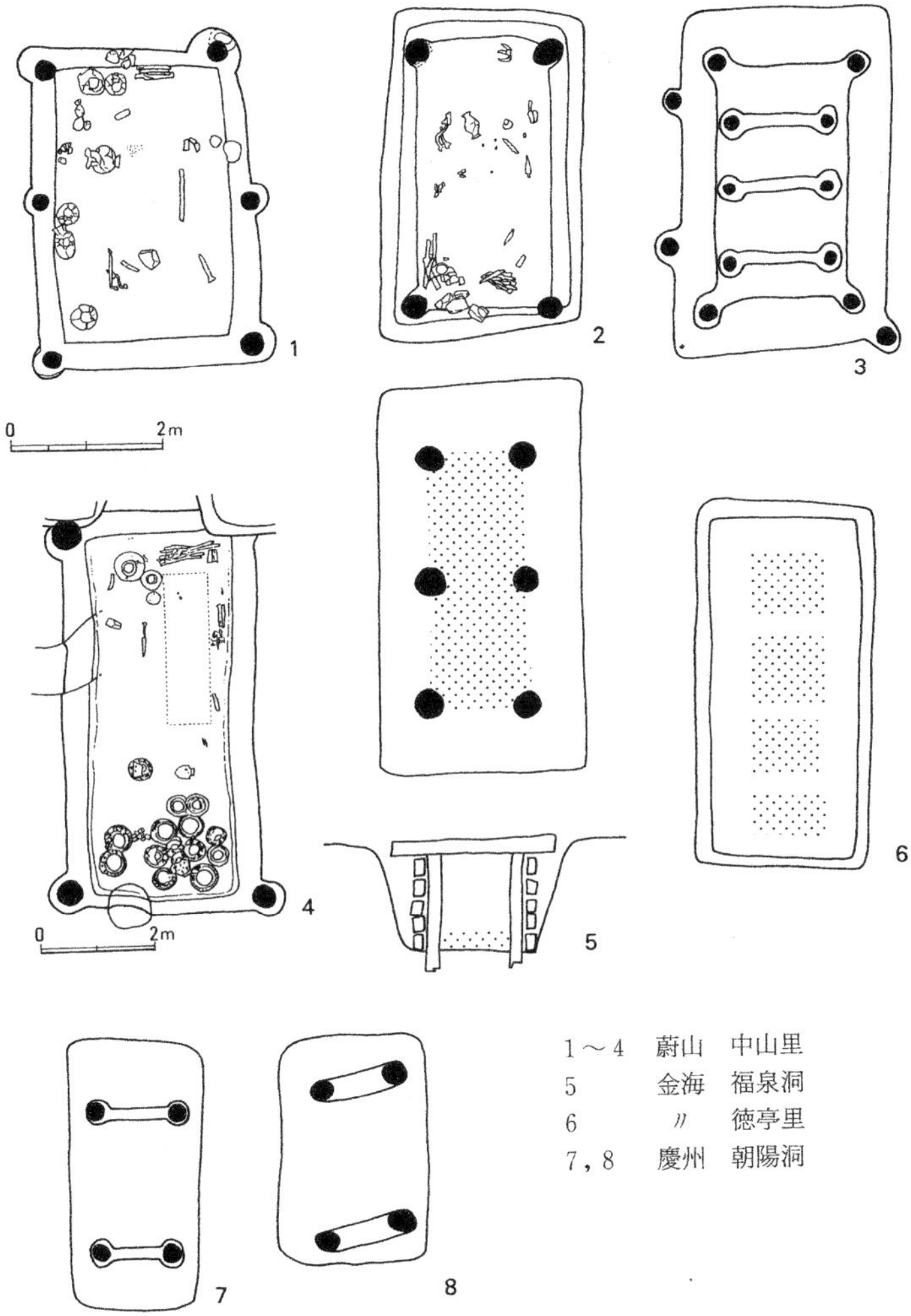

図52　韓国の木槨支柱と墳上建物〈李 1997を中心に国立慶州博物館、福泉洞博物館の展示資料から作図〉

が樺太・黒竜江流域など北東アジア大陸方面と結びつく可能性を示唆した」。類例は、北海道の余市町天内山遺跡、恵庭市上島松遺跡や秋田県能代市寒川II遺跡、岩手県盛岡市永福寺遺跡など各地に拡がっている。永福寺遺跡には、後北C_2式土器と東海系のS字口縁甕が共存し、四世紀の列島の南北文化の交点としても興味深い。S字口縁甕と後北C_2式土器の共伴は、永福寺遺跡に通じる北上川河口の宮城県石巻市新金沼遺跡をはじめ仙台平野各地にみられ、太平洋岸交易ルートが間接的には樺太・シベリアにつながる様相をみせはじめている。

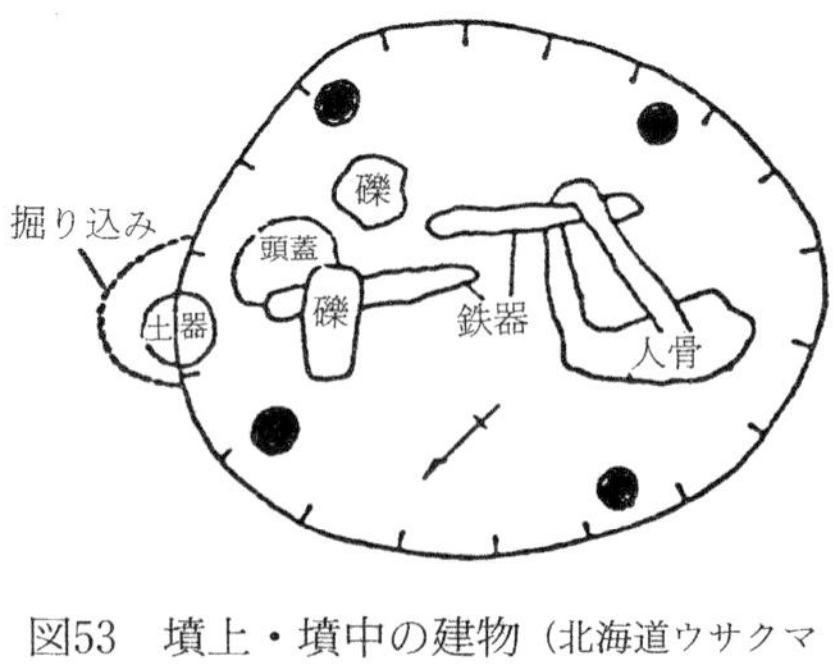

図53　墳上・墳中の建物（北海道ウサクマイ型墓壙）〈菊池 1979に加筆〉

四世紀の東海と東北の古墳に共通する墓壙構築法が認められる。岐阜県養老町象鼻山古墳は、三世紀末にさかのぼりうる全長四〇・四メートルの長突方墳で構築墓壙に箱形木棺をおいている。墳丘築造の第四段階に大方形部の四隅に径四〜五メートルの円錐台形の土壇を築き、第五段階で土壇間を盛土で埋めて平坦にする。やがて、その上に箱形木棺を設置し、遺体を納め、盛土を重ねて墳丘が完成する（宇野 一九九八、三九ページ）。構築墓壙下面の四隅の土壇に柱を立てると、墓壙内柱穴と同じ構造となる。

これとまったく同じ墓壙構築が、宮城県宮崎町大塚森古墳で行なわれている（辻秀人氏調査）。大塚森古墳は、四世紀後半の径四六メートルの円墳で、墓壙四隅に土壇を築き、その間を土砂で埋める。象鼻山古墳の調査ではじめて確認された盛土法であり、今後、類例が増加するであろうが、二つの地域の四世紀の土器と土木技術の共通性として注目しておきたい。

五世紀の墓壙内柱穴

丹後・加悦町鳴谷東三号墳・同下岡古墳と熊本市水源池遺跡に五世紀の墓壙内柱穴がある。鳴谷東三号墳は二×四・一メートルの墓壙の中に二棺あり、墓壙埋土の上下面に棒状の「立ち腐れ痕」が十五基検出されている（和田 一九九二）。墓壙壁に沿うものも木棺に接するものもあり、整然としていない。下岡古墳は、径一二メートルの円墳で一・四×四・二メートルの墓壙内に〇・五×三・三メートルの箱形木棺をすえる。棺側には墓壙埋土上から六本の柱が整然と立てられている（黒坪・河野 一九九三）。水源池遺跡は一・七×二・五メートルの墓壙内に四柱穴が長方形に配置されている。わずかな例ではあるが墓壙内柱穴が五世紀にも継続していることを示している。

墳丘内外の柱穴の機能と系譜

墳丘内外の柱穴の配置を整理すると次のようになる。

（柱穴位置）	（配列）	（類例）	（機能）
墳丘上	列	赤坂今井（3）	柵・幡
	方形	西谷3（2）	建物（墳上）

墳丘内	墓壙外	列	住吉東(5)	柵・幡
		方形	空港(2)・平原(3)	建物(墳上・中)
	墓壙内	不整形	楯築(2)・雲山鳥打(2)	欅支柱
			ホケノ山(3)・中山里(2)	建物(墳中)
		方形	福泉洞(5)・ウサクマイ(4)	
			神門4(3)	建物(墳下)

※（ ）内の数字は世紀

墳丘内外の柱穴位置は、墳丘上・墳丘内・墳丘下と墳丘裾に分かれ、その配列は列・方形・不整形となる。

墳丘上の列柱は類例が少なく、三世紀前半の丹後・赤坂今井方形墓に可能性がある。おそらく四世紀の大阪府柏原市玉手山九号墳や五世紀の岡山県山陽町両宮山古墳などの墳丘テラスの列柱の祖型になるかもしれない。

墳丘上の方形四本柱の典型は、島根県出雲市西谷三号墓である。前述のとおり、二世紀の四突方形墓の墳上に高床建物が想定できる。四世紀には奈良県桜井市メスリ山古墳の巨大円筒埴輪の配置に象徴されるように、大和の大王墓に登場していたであろう。

墳丘内の柱穴は墓壙の内と外に分かれる。ただし墓壙外の柱は低塚の場合は墳上に突き出ていることが想定でき、墳丘上の列柱や建物と同じ機能となる。五世紀の神戸市住吉東古墳の列柱と

香川県高松市空港跡地遺跡の建物がその例である。福岡県前原市平原方形墓の墓壙外柱穴群は平行四辺形に配列されていて建物としては不適当であるが、棟持柱の存在を重視すれば平行四辺形か六角形の異様な墓壙被覆施設が想定できる（図12）。

墓壙内の柱穴は従来ほとんど注目されていない。一九七九年、楯築古墳ではじめて木槨が指摘され、同時に墓壙内の杭穴が槨壁支柱として注目された。他方、北海道でも「ウサクマイ型墓壙」が注目されていて、墓壙内の四本柱が墓上の建物として北方文化とのかかわりが指摘されていた（菊池　一九七九）。二〇〇〇年、はじめて三世紀の長突円墳である奈良県ホケノ山古墳から墓壙内四主柱穴と木槨に接する八基の柱穴が検出されたことによって、墳丘内に家屋を模した墓室が列島内に存在する可能性が検討できるようになった。類例は、二・三世紀の韓国中山里墳墓群などにあり、源流をたどることができる（石野　二〇〇〇）。

中国東北部や朝鮮半島北部にルーツがあるとすれば、北海道の墓壙内柱穴も理解しやすい。東北アジアの同じ地域から一方は黒竜江から樺太・北海道へ、一方は朝鮮半島から瀬戸内東部・近畿へというルートを描くことができる。

墓壙外柱穴と墓壙内柱穴

墓壙の内外に墓壙と同じ方位の（長）方形柱穴群をとりあげて検討した。その結果、墓壙外柱穴は少なくとも二世紀（弥生後期）にははじまり、三・四世紀（古墳時代早・前期）に増加する。墓壙内柱穴はやや遅れて三世紀にはじまり、四世紀に継続しているが、韓国良洞里遺跡例を参考にすれば、二世紀にさかのぼる可能性がある。

墓壙外柱穴と陵寝制度

墓壙外柱穴の機能は、島根県西谷三号墓や埼玉県小沼耕地三号方形周溝墓などにみられるように墓上施設であろう。墓上施設としては建物・台・柵などが想定できるが、柱通りの揃う柱穴群や大型柱穴群は建物の柱穴であろう。つまり、墳丘上に埋葬施設を覆う建物を想定する。埋葬施設上の建物は中国では商代の安陽小屯五号墓からあり、戦国の中山王陵「兆域図」には明瞭に描かれている。これらは、「陵寝《りょうしん》制度」の「寝」に相当する。後漢の『独断』下には、「宗廟の制、古はもって人君の居となす。前に『朝』あり、後ろに『寝』あり。……『寝』には衣冠・几杖《きじょう》・象生（日常生活の具あり」とある（揚 一九七一、二八ページ）。「当時の人々が死者の霊魂は墓室の中に留まると信じている以上、……それに飲食・起居を奉供する場として『寝』を、墓室の頂上かその近くに建設する必要があった」（同、三九ページ）。「後漢の明帝（五七〜七五）は、陵におもむいての朝拝祭祀の儀式を始めて挙行し、……陵寝における祭礼の地位が、宗廟におけるものを凌ぐ結果をもたらした」（同、五四・五五ページ）。このように陵寝制は秦漢代に最も普及していた。後漢明帝即位の五七年は、まさに倭の奴国王が朝貢し金印を受けた年である。時期は遅れるが、四世紀の奈良県メスリ山古墳の大型建物を象徴する埴輪配置は、その傾向をよく示している。

なお、菊池徹夫氏が注目している粛慎《しゆくしん》・挹婁《ゆうろう》・勿吉《ぶつきつ》・靺鞨《まつかつ》などの「冢上屋《ちょうじょうおく》」（菊池 一九七九）は、北アジア諸民族の台上葬と漢民族の陵寝制が融合した形態とも考えられる。二・三世紀の日本列島の墓上建物は、秦漢の陵寝と比較するときわめて小規模であり、北方「冢上屋」の系譜で考える方が分かりやすい。

墓壙内柱穴と冢内屋

「冢上屋」とほぼ同時に登場したらしい墓壙内柱穴は、「冢内屋《ちょうないおく》」の柱穴ではないだろうか。「冢内屋」という用語は造語であって古文献にはない。さきに述べたように三・四世紀の日韓の墓壙内柱穴は木棺・木槨の補強材ではないし、墳丘上にまで柱を伸ばして「家上屋」とするには墓壙内に柱穴を穿つ必然性がない。それなのに四本柱をもつのは、墳丘内に埋葬施設を覆う建物を設けた、と考えざるをえない。木槨内はまさに部屋であり、切妻か寄棟の屋根を設けようとする意図が沸く。ホケノ山古墳の四主柱と棟持柱によって、切妻屋根の「冢内屋」を想定した（図54）。材質は異なるが五世紀の長野市大室古墳群の合掌型石室は墳丘内の切妻屋根である。

高句麗・好太王の陵墓の可能性が検討されている中国集安の太王陵は一九九〇年の墓室調査によって合掌型石室であることが判明した（森 一九九七、孫 一九九六）。孫仁傑氏によると高句麗積石墓の木槨から出土する鉄 鎹《かすがい》は、「鉄釘では困難な木槨天井の棟部や天井部と側面の稜角部の緊結に適して（おり）、……現在でも東北農村で倉庫を建てる際に見ることができる」（孫 一九九六、五ページ）という。私も一九九九年に集安を訪れたときに実見した。

楯築《たてつき》古墳から「鉄器というか鉄片というか、いずれも小形で薄い」鉄製品が四一点出土している。「長さ・幅・厚さとも不同で、長さは一〇〜三五ミリ、幅は三〜一二ミリ、厚さは一〜四ミリの範囲におさまる」が「完形品は一点もなく、半数近くは屈曲している」。「円礫堆での分布は、平面的には万遍ないが、垂直的に見ると上方に多い」。報告書では「実用品というより、形代《かたしろ》ないし『仮器』の類」と想定しておられる（近藤 一九九二、一〇三ページ）。

確かに楯築古墳の「鉄片」は小さくて薄く、「形代」の感じではあるが、二世紀に鉄製形代の

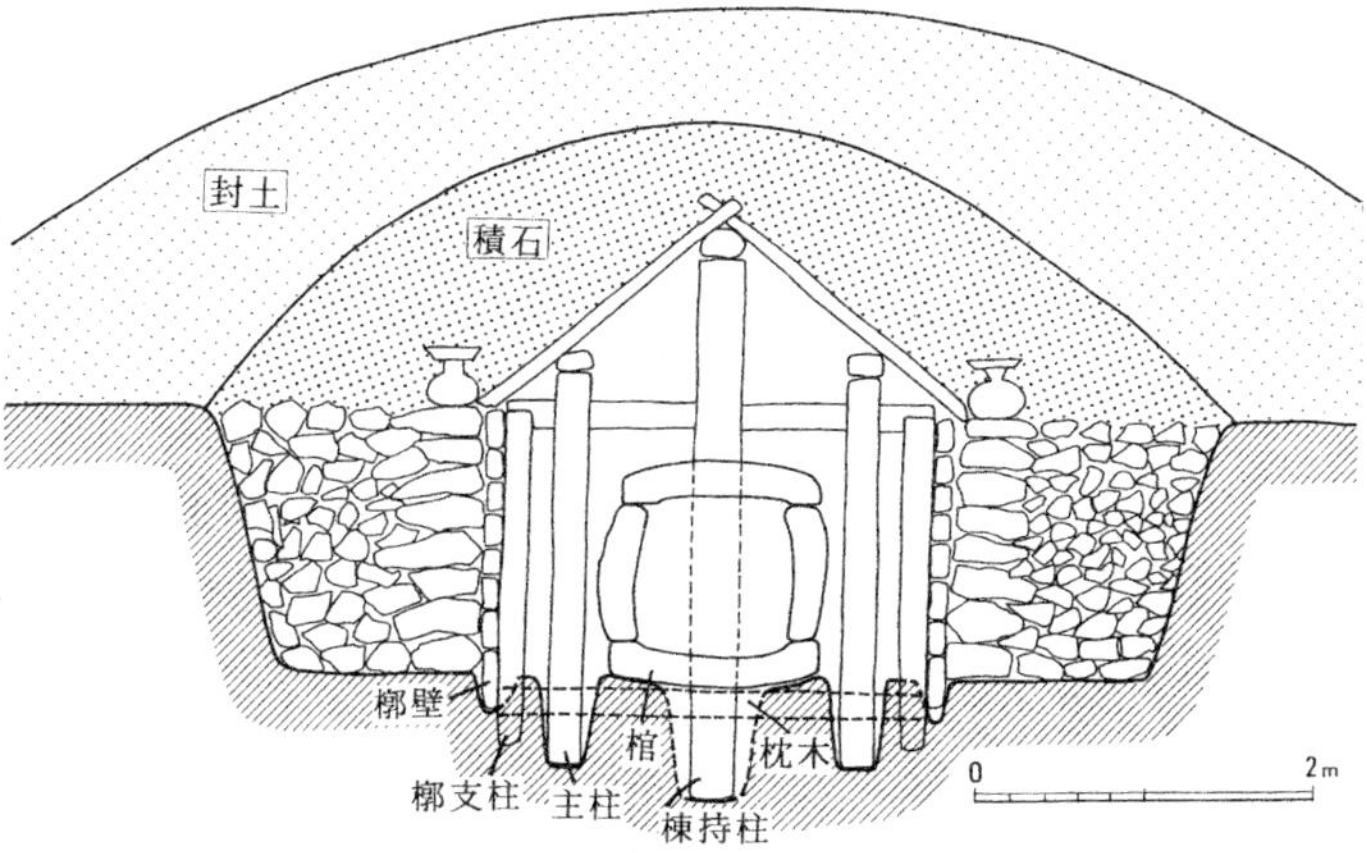

図54　ホケノ山古墳埋葬施設復元模式図〈岡林 2000を参考に石野作図〉

類例はない。実用品として考えると、高句麗積石墓の鉄鋌を想起した。楯築古墳の「鉄片」は、L字型に曲がり、先端が尖る。薄くて小さいのは難点だが鋌の要件を備えている。集中出土層位が木槨上の円礫堆であることも屋根と考えると理解しやすい。楯築古墳は、角材横積の木槨墓であり、屋根は切妻型であろうか。生者が出入りしない「冢内屋」であるため小型の鋌で棟部などを象徴的にとめたのであろう。

　ホケノ山古墳からも用途不明の小形鉄製品が多量に出土している。長さ約六センチで彎曲し、片刃につくる。鋌とは考え難いが、三世紀の列島には類例がない。

　冢上屋と冢内屋の両方をもつ墳墓はない。両者は、埋葬施設上の建物（墓屋）としては共通するが、その背景となる観念はまったく異なる。冢内屋は明らかに死者のための施設であり、冢上屋は生者が死者の霊魂を祀る施設である。冢上屋には生者が出入りするが、冢内屋には生者は近づかない。

今後の類例の増加を期待したい。

東アジアの中の邪馬台国

邪馬台国は、中国の史書である『魏書』「東夷伝倭人条」にある国である。二三九年に倭国の女王卑弥呼は難升米《なんしょうまい》等を派遣して魏の朝貢国となり、実質的な貿易を開始した。二四〇年に「装封」して邪馬台国にもたらされたはずの「金印紫綬」「銀印青綬」をはじめとする各種の織物や金・五尺刀・銅鏡・真珠・鉛丹などは、列島内のどこかにその一端が見えているのだろうか。これらの品々がよって立つところの先端技術や「鬼道」に象徴される思想の片々は学んできたに違いない。その痕跡は、三世紀の列島内の遺跡に現われていないのだろうか。

先端技術の痕跡

魏の都・洛陽への行程には、朝鮮半島の帯方郡が含まれている。半島南岸から西岸の航路には伽耶《かや》・百済の水人の協力が不可欠であったろう。三世紀の倭系文物が半島にもたらされ、伽耶・

表15　魏と倭国間の授位・贈与交易品

年　　月	西暦	贈　　与　　品	貢　納　品
景初3年6月	239		男生口4人，女生口6人，班布2匹2丈(卑弥呼)
景初3年12月	239	(金印紫綬・銀印青綬) 絳地交龍錦5匹・絳地縐粟罽10張・蒨絳50匹・紺青50匹・紺地句文錦3匹・細班華罽5張・白絹50匹・金8両・5尺刀2口・銅鏡100枚・真珠・鉛丹各50斤 (明帝)	
正始元年	240	金帛・錦罽・刀・鏡・采物	
正始4年	243		(印綬)・生口・倭錦・絳青縑・緜衣・帛布・丹・木弣・短弓矢
正始8年	247	(詔書・黄幢)	
不明			男女生口30人・白珠5000孔・青大勾珠2枚・異文雜錦20匹(台与)

〔注〕 下線のあるのが織物類

百済系文物が列島にもたらされていても不思議ではない。このような観点から三世紀の列島内の大陸系文物を探ってみよう（表15）。

織　物　「景初三（二三九）年一二月、明帝より冊封体制の一環として賜与された染織品は、錦（絳地《こうち》交竜錦、紺地句文錦）・色絹（蒨絳《せんこう》、紺青、白絹）の絹製品、罽《けい》（絳地縐粟罽《すうぞくけい》、細班華罽《さいはんかけい》）の毛製品からなっており、後漢・三国時代の織染局において外夷臣僚その他に給賜するため織造されたものであろう。もちろんこれに該当する織物片は、現在のところ出土をみない」（角山　一九八一）。

魏の皇帝からの賜与品の中で、朝貢品への答礼として賜与された四品はすべて「絳地交竜錦」をはじめとする織物類であり、特に卑弥呼への賜与品としても「紺地句文錦」を筆頭に三品までが織物で、四番目以下に「金八両・五尺刀二口・銅鏡百枚……」とつづく。

三・四世紀の古墳では、頭辺に銅鏡、身辺に刀剣を副葬する例は多いが織物は銅鏽・鉄鏽に付着して僅かに遺存するだけで実態が把握できない。しかし、遺体に布が掛けられていたことは、五世紀の奈良県橿原市新沢一二六号墳の金製歩揺（スパンコール）の分布からも推測できるし、長大な木棺の副葬品のない空白部分に織物が収められていた可能性も十分に考えられる。

奈良県天理市下池山古墳の鏡袋から「班布」が復元され、また、石室被覆粘土を覆った赤と黒の麻布が微細な痕跡から復元されたように、三世紀の遺跡から魏の錦が検出される日は近い。

五尺刀

魏の一尺を二四・一二センチとすれば、魏の皇帝から賜与された「五尺刀」は、一二〇・六センチである。三・四世紀の列島出土の刀剣で一〇〇センチをこえる長刀はない。近いのは、伯耆・宮内刀の九四センチと丹波・西紀町内場山方形墓の一〇〇センチであり、福岡県平原方形墓の七五センチがこれに次ぐ。ただし、大阪市崇禅寺遺跡の素環刀は、柄の部分しか残っていないが、環頭の大きさからみて全長一〇〇センチ前後と推定できる。

二・三世紀の近畿の鉄製刀剣は丹後に集中している。伯耆・宮内刀素環刀の存在を重視すれば、日本海沿岸諸国—出雲・丹但主導による導入が考えられる。「倭人条」で五尺刀が銅鏡の前に記され、数も少ないのは五尺刀が威信財として銅鏡よりも上位だと認識されていたと考えられる。さらに、素環刀が軍事力を象徴するもの（渡辺　一九九七）とすれば、三世紀中葉に倭国女王卑弥呼が魏に狗奴国との交戦を訴え魏の「詔書・黄幢」を受けたと同様の関係が出雲・丹但と大陸との間に存在していたのだろうか。

土器にみる倭韓交流

三世紀の韓式系土器が列島各地に広まっていることが分かりかけてきた（埋蔵文化財研究会　一九八七）。北部九州では、福岡市西新町遺跡や前原市三雲遺跡群で三世紀末～四世紀前半の土器と後期瓦質土器・陶質土器の共伴例が多い。その中で三雲遺跡群サキゾノ地区一区一号住居の庄内甕と陶質土器の共伴例は先駆けである。

瀬戸内沿岸には点的に広まるが集中する地域はない。

大阪平野には、大阪市加美一号方形周溝墓と久宝寺遺跡に三世紀第3四半期の庄内甕と陶質土器があり（坪田 一九九六、田中 一九九六、米田・奥田 一九九六）。内陸の大和には纏向遺跡の二点だけである（橋本・村上 一九九八）。

現状では列島の韓式系土器は、圧倒的に五世紀の資料が多いが、近い将来には三世紀の韓式系土器を集中的に持つ港市的集落が検出されるであろう。

同様に朝鮮半島の三世紀の倭系資料も釜山市東莱貝塚や金海市府院洞遺跡に点々と認められるだけできわめて少ないが、海洋貿易民相互の交流には国境はなかったであろう。

あとがき

邪馬台国とは何か。

倭国の「女王の都する所」、「戸数七万余戸」。女王とは誰か、「卑弥呼」。三世紀の倭国のクニグニでは最大の人口。そこを女王卑弥呼が都とした。卑弥呼は、鬼道をよくし、宮室・楼観・城柵を設け、婢千人が従い、兵が守衛した。男弟は政治を補佐した。一八〇年代に即位し、二四七年か二四八年に没した。婢百人が殉葬された。

卑弥呼時代の邪馬台国は、二世紀末〜三世紀中葉の倭国の政治・宗教の中枢地である。そして卑弥呼没後、王位は台与に継承された。

邪馬台国探しは、三世紀の日本列島の政治・宗教の中枢地を求めることである。三世紀の政治・宗教は、考古資料にどのように反映されているのだろうか。

本書では、居館・祭場・墳墓などの構造物とクニの内外のモノの集中地―物流拠点を求めた。三世紀の墳墓は、筑紫・出雲・吉備・大和・越・毛野など、各地域に特色ある葬法がある。出雲の四突起方形墓や大和の一突起円形墓はその典型である。そして、卑弥呼登場から台与の遣晋使派遣に至る二世紀末から三世紀後半の列島最大の墳墓を時期別に列記すれば次の通りである。

二世紀末　吉備・楯築古墳　二突起円墳　全長八〇メートル
三世紀初頭　大和・纒向石塚古墳　一突起円墳　全長九六メートル
三世紀前半　大和・ホケノ山古墳　一突起円墳　全長八〇メートル
三世紀中葉　大和・中山大塚古墳　一突起円墳　全長一二〇メートル
三世紀後半　大和・箸中山古墳（箸墓）　一突起円墳　全長二八〇メートル

二世紀末、吉備に突如として巨大古墳・楯築が出現した。吉備の弥生後期末の大型墓は長辺二〇～三〇メートルの長方形墓で、直前の鯉喰《こいくい》方形墓で長辺四〇メートルに達する。人々は墳丘の巨大さと墳頂の立石群の異様さに驚き、カミを想い、やがて吉備の英雄ウラの伝説を生む契機となった。楯築古墳は、紀元前四〇〇年頃から続いてきた方形墓優位の世界から円形墓の時代への変革を示す。まさに古墳時代の曙である。そして、三世紀初頭の纒向石塚古墳から箸中山古墳に至る巨大円形墓へと継続し、中枢地は大和に移った。

他方、物流拠点は各地にある。筑紫・西新町、肥前・諸富《もろとみ》、吉備・津寺、大和・纒向……。なかでも筑紫から駿河に及ぶ遠隔地交易を示すのは大和・纒向である。物流拠点は経済中枢地であり、「大市」の存在を示す。

三世紀初頭から後半に至る各世代の列島最大規模の墳墓の造営地である纏向古墳群を含む「おおやまと」、遠隔地交易の中枢地である「おおやまと」の中の纏向は三世紀の倭国の中枢地である邪馬台国の有力候補地にふさわしい。

吉川弘文館から『邪馬台国の考古学』のお話をいただいてから三年余を経過した。前半の三分の一は最初の半年位で書きあげたが、その後とまってしまった。ここ一、二年のうちに各地で三世紀の集落や墳墓の良好な調査例が加わり、三世紀を各地域から掘りおこすこととした。図面や写真も新らしい素材を中心とし、従来の基本資料もできるだけ新たな視点から加工し、整図し直した。

多くの資料を提供いただいた各地の機関・個人の方々、整図をしていただいた松本奈里子さん、直接編集を担当いただいた吉川弘文館編集部の方々に感謝いたします。

二〇〇〇年十二月吉日

石　野　博　信

引用・参考文献

青木一男　一九九八「信濃における土器群の画期と交流――箱清水式土器文化圏の庄内併行期を中心として――（メモ）」『庄内式土器研究』16。
青木勘時　一九九二「大和における庄内併期の甕の諸相」『庄内式土器研究』3。
青山博樹　一九九八「東北における土器の移動についての諸問題」『庄内式土器研究』16。
赤沢徳明　一九九四「越前における近江系土器について」『庄内式土器研究』8。
赤沢秀則(編)　一九九二『南講武草田遺跡』鹿島町教育委員会。
赤塚次郎　一九九一「S字甕の移動」（『邪馬台国時代の東日本』国立歴史民俗博物館）。
〃　一九九二「東海系のトレース」『古代文化』四四―六。
〃　一九九五a「西上免遺跡」『埋蔵文化財愛知』四二、愛知県埋蔵文化財センター。
〃　一九九五b「初期前方後円（方）墳出土の土器」『季刊考古学』五二号。
〃　一九九九「三世紀への加重――古墳時代初頭の様相変動と共鳴――」『考古学フォーラム』一一号。
東　潮　一九八九『韓国の古代遺跡』百済・伽耶　一八六ページ　中央公論社。
天野末喜　一九九六「倭の五王の墳墓を推理する」（『倭の五王の時代』藤井寺市教育委員会）。
有田辰美　一九八六『川床遺跡』宮崎県新富町教育委員会。

安　英樹　一九九九「北陸における土器交流拠点」『庄内式土器研究』20。
池　浩三　一九八三『家屋文鏡の世界』相模書房。
石野博信　一九六七「方形周溝遺構」『摂津加茂』関西大学
〃　一九七一「川島遺跡20溝の土器について」(『川島・立岡』兵庫県太子町教育委員会)。
〃　一九七六「大和平野東南部における前期古墳群の成立過程と構成」『横田健一先生還暦記念日本史論叢』、『古墳文化出現期の研究』学生社に再録)。
〃　一九八五「長野県弘法山古墳の検討」『信濃』三七―四。
〃　一九八八a「古墳前期の薄甕と厚甕」(『考古学論集』網干善教華甲記念会)。
〃　一九八八b「古墳立柱」(『考古学叢考』下、斎藤忠先生頌寿記念論文集刊行会、のち、石野『古墳時代史』雄山閣出版、一九九〇年、に収録)。
〃　一九九〇『古墳時代史』雄山閣出版。
〃　一九九一「生活と祭祀―総括」(『古墳時代の研究』三、雄山閣出版)。
〃　一九九六「弥生の風葬――クスのクウソウ――」(『宇陀の古墳文化』楠元哲夫著作集刊行会)。
〃　一九九七「三輪山周辺の三世紀の大型墳と信仰」(『日本古代史　神々の遺産』新人物往来社。
〃　一九九八a「三世紀の都市纏向遺跡」(『古代を考える　邪馬台国』吉川弘文館)。
〃　一九九八b「邪馬台国は見えてきたか」『歴史と旅』二五巻一八号、秋田書店。
〃　一九九九a「三世紀の土器移動の背景」『庄内式土器研究』20。
〃　一九九九b「竪穴の中の高床建物」『みずほ』29。

石野博信・関川尚功　一九七六　『纏向』桜井市教育委員会。
石野博信・豊岡卓之　一九九九　『纏向』第五版補遺、奈良県立橿原考古学研究所付属博物館。
今治市教育委員会　一九七四　『唐子台遺跡群』同委員会。
上野秀二　一九九二　「北海道における天王山式土器について――札幌市K135遺跡4丁目地点出土資料を中心に――」（『東北文化論のための先史学歴史学論集』加藤稔先生還暦記念会）。
宇野隆夫　一九九七　『象鼻山1号古墳――第一次発掘調査の成果』養老町教育委員会・富山大学人文学部考古学研究室。
〃　一九九八　『象鼻山1号古墳――第二次発掘調査の成果』養老町教育委員会・富山大学人文学部考古学研究室。
梅木謙一　一九九九　「伊予における土器交流拠点」『庄内式土器研究』20。
梅原末治　一九二一　『佐味田及び新山古墳の研究』。
梅本康広・中島康隆　一九九七　「中海道遺跡第32次発掘調査概要」（『向日市埋蔵文化財調査報告書』四四集、向日市埋文センター）。
大阪府文化財センター　一九九八　「尺度遺跡」同センター。
及川良彦・池田　治・北村尚子　一九九四　「関東における近江系について」『庄内式土器研究』8。
大久保徹也　一九九〇　「下川津遺跡における弥生時代後期から古墳時代前半の土器について」『瀬戸大橋建設に伴う埋蔵文化財調査報告Ⅶ下川津遺跡』香川県埋蔵文化センター。
岡田晃治ほか　一九八七　「帯城墳墓群Ⅱ」『埋蔵文化財発掘調査概報』京都府教育委員会。

岡林考作　二〇〇〇「ホケノ山古墳の調査」第17回橿原考古学研究所公開講演会資料。
岡村秀典　一九九三「福岡県平原遺跡出土鏡の検討」『季刊考古学』四三号。
奥　和之ほか　一九七八『中山遺跡』落合町教育委員会。
奥田　尚　一九九二「河内型庄内甕と大和型庄内甕」『庄内式土器研究』1。
小沢　洋　一九九四「高部古墳群特集」『きみさらづ』5、君津郡市文化財センター。
小野一臣・間壁忠彦・間壁葭子　一九七七「岡山県清音村鋳物師2号墳出土の土器」『倉敷考古館研究集報』一三。
橿原考古学研究所付属博物館(編)　一九八六『三世紀の九州と近畿』河出書房新社。
片桐千亜紀・土屋積　二〇〇〇『長野県中野市高遠山古墳発掘調査概報』中野市教育委員会。
金井亀喜・小都隆　一九八一「矢谷古墳」『松ケ迫遺跡群発掘調査報告』広島県教育委員会。
加納俊介ほか　一九八八「愛知県岩倉市小森遺跡出土の土器」『古代』八六、早稲田大学考古学会。
亀山行雄　一九九六「岡山県津寺遺跡の庄内併行期の土器について」『庄内式土器研究』11。
川村浩司　一九九三「北陸東北部の古墳出現前後の様相」『東日本における古墳出現過程の再検討』日本考古学協会新潟大会実行委員会。
〃　一九九四「関東南部における北陸系土器の様相について」『庄内式土器研究』6。
菊池徹夫　一九九〇「アイヌ史と擦文文化」(『北からの日本史』第二集、三省堂)。
〃　一九七九「靺鞨とオホーツク文化」(『三上次男博士頌寿記念　東洋史・考古学論集』同編集委員会)。

岸本直文　一九八八「丁瓢塚古墳測量調査報告」『史林』七一―六、京都大学史学研究会。
岸本道昭　一九九五「庄内甕播磨発生説考」『庄内式土器研究』10。
喜田貞吉　一九二四「竪穴住居の址」『中央史壇』秋期臨時増刊。
木村徳国　一九七五「鏡と画とイヘ――建築にかかわることばから――」（『日本古代文化の探究　家』社会思想社）。
木村房之　一九八三「考古建造物の尺度の発見」『歴史と人物』一九八三年五月号。
草原孝典　一九九五「吉備における庄内併行の土器」『庄内式土器研究』9。
久住猛雄　一九九八「北部九州における庄内式併行期の土器様相」『第18回庄内式土器研究会資料』。
黒坪一樹・河野一隆　一九九三「下岡古墳」『京都府遺跡調査概報』五四、京都府埋蔵文化財調査研究センター。
慶尚大学校博物館　一九八八～『陜川　玉田古墳群』Ⅰ～Ⅴ、同博物館。
小池香津江　一九九四ａ「大和における東海系土器の流入」『庄内式土器研究』5。
〃　一九九四ｂ「古墳出現期・大和の地域構造に関する予察」『文化財学論集』奈良大学。
小玉亜紀子　一九九九「樽味四反地遺跡六次調査地」『松山市埋蔵文化財調査年報』一一、松山市埋蔵文化財センター。
小林正春　一九九二『八幡原遺跡』飯田市教育委員会。
高野陽子　一九九八「近畿北部地域における墳墓供献土器について」『庄内式土器研究』15。
国営吉野ヶ里歴史公園工事事務所　一九九六『国営吉野ヶ里歴史公園建物等復元検討調査報告書』同

事務所。
後藤守一　一九三三『上野国佐波郡赤堀村今井茶臼山古墳』。
〃　一九四二『日本古代文化研究』河出書房。
近藤義郎　一九九二『楯築弥生墳丘墓の研究』楯築刊行会。
坂　靖・青柳泰介　一九九五「井戸遺跡・南郷（丸山・大東）遺跡」（『奈良県遺跡調査概報　一九九四年度』）。
酒井龍一　一九七七「古墳造営労働力の出現と煮沸用甕」『考古学研究』九四。
佐藤信行　一九七六「東北地方の後北式文化」（『東北考古学の諸問題』）。
〃　一九八四「宮城県内の北海道系遺物」（『宮城の研究』1、清文堂）。
〃　一九九四「東北地方南部の続縄文文化と研究史」（『北日本続縄文文化の実像』縄文文化検討会）。
佐藤竜馬　一九九三「ST10」『空港跡地遺跡発掘調査概報』香川県埋蔵文化財研究会。
下沢公明　一九九八「上東遺跡」『岡山県埋蔵文化財報告』二八、岡山県教育委員会。
白石太一郎ほか　一九八四「箸墓古墳の再検討」『国立歴史民俗博物館研究報告』三。
菅原康夫　一九八三『萩原墳墓群』徳島県教育委員会。
角南聡一郎　一九九七「西日本における畿内系甕製作技術の展開――弥生時代終末～古墳時代初頭の甕製作技術の出自を中心として――」（『奈良大学大学院研究年報』2）。
関　武・中島正一　一九九九『長野県中野市安源寺城跡遺跡発掘調査報告書』中野市教育委員会。

瀬戸谷皓・川本正人　一九九〇『但馬を掘る』但馬考古学研究会。
孫　仁傑　一九九六「高句麗積石墓における棺槨の研究」（岡林孝作訳）『古代学研究』一三五。
高橋健自　一九二七『日本原始絵画』大岡山書店。
高橋　護ほか　一九八七「宮山墳墓群」『総社市史　考古資料編』総社市。
田口正美ほか　一九八八『大島上城遺跡　北山茶臼山西古墳』群馬県教育委員会。
竹原一彦・増田孝彦ほか　一九八三『豊富谷丘陵遺跡』京都府遺跡調査報告書Ⅰ、京都府埋蔵文化財センター。
田崎博之　一九八三「古墳時代初頭前後の筑前地方」『史淵』一二〇、九州大学文学部。
田嶋明人　一九九四「北陸南西部の古墳確立期の様相」（『東日本の古墳の出現』山川出版社）。
辰巳和弘　一九九〇『高殿の古代学』白水社。
〃　一九九四『地域王権の古代学』白水社。
田中清美　一九九六「加美遺跡一号方形周溝墓出土の陶質土器」『韓式系土器研究』6。
田中新史　一九七七「市原市神門4号墳の出現とその系譜」『古代』六三。
〃　一九八四「出現期古墳の理解と展望」『古代』七七。
〃　一九九一「神門3・4・5号墳と古墳の出現」（『邪馬台国時代の東日本』国立歴史民俗博物館）。
田中裕介・土井和幸　一九九五「大分県小迫辻原遺跡」『考古学ジャーナル』三八四号。
谷口恭子・藤本隆志（編）　一九九三『西大路土居遺跡』鳥取市教育福祉振興会。

辻　秀人　一九九六「蝦夷とよばれた社会――東北北部社会の形成と交流――」『古代蝦夷の世界と交流』古代王権と交流1、名著出版。
角山幸洋　一九八一「織物」（『三世紀の考古学』中巻、学生社）。
都出比呂志　一九九八「総論―弥生から古墳へ」（『古代国家はこうして生まれた』角川書店）。
椿　眞治　一九九三『みそのお遺跡　岡山県埋蔵文化財発掘調査報告』八七、岡山県教育委員会。
坪田真一　一九九六「久宝寺遺跡出土の韓式系土器について」『韓式系土器研究』6。
出原恵三　二〇〇〇「土佐地域」（『弥生土器の様式と編年』四国編、木耳社）。
寺沢　薫　一九七九『桜井市纏向遺跡発掘調査概報』昭和五三年度、橿原考古学研究所。
〃　一九八四「纏向遺跡と初期ヤマト政権」『橿原考古学研究所論集』6。
〃　一九九七「箸墓古墳――前方部北裾と周辺部の調査」（『下池山古墳・中山大塚古墳』学生社）。
土居一行　一九九四「近江における外来系土器の様相」『庄内式土器研究』6。
友広哲也　一九八四「有馬遺跡弥生礫床基」『研究紀要』一、群馬県埋蔵文化財調査事業団。
豊岡卓之　一九八五「弧帯文の性格とその分布」（『考古学と移住・移動』同志社大学考古学シリーズ2）。
直井雅尚ほか　一九九三『弘法山古墳出土遺物の再整理』松本市教育委員会。
中川渉ほか　一九九三『内場山城跡』兵庫県文化財調査報告一二六冊、兵庫県教育委員会。
中西靖人ほか　一九八三『亀井』大阪文化財センター。

中溝康則　一九九八　「西播磨における積石塚墳墓群について」（『網干善教先生古稀記念考古学論集』）。
西川修一　一九九一　「関東のタタキ甕」『神奈川考古』二七。
日本考古学協会新潟大会実行委員会　一九九三　『東日本における古墳出現過程の再検討』同会発行。
野島　永・野々口陽子　一九九九　「近畿地方北部における古墳成立期の墳墓(1)」『京都府文化財情報』七四—三。
萩原儀征　一九八八　「纏向遺跡巻之内家ツラ地区」（『大和を掘る・一九八七年度』橿原考古学研究所付属博物館）。
〃　一九九三ａ　「纏向遺跡巻之内尾崎花地区」（『大和を掘る・一九九一年度』橿原考古学研究所付属博物館）。
〃　一九九三ｂ　「大福遺跡」（『木棺—弥生から古墳へ』桜井市立埋蔵文化財センター）。
橋本輝彦　一九九八　「箸墓古墳——纏向遺跡第109次発掘調査資料」桜井市教育委員会。
橋本輝彦・村上薫史　一九九八　「纏向遺跡巻野内地区遺構群の特殊性と韓式系土器」『古代学研究』一四一。
浜田耕作　一九一七　『肥後に於ける装飾ある古墳及横穴』京都帝国大学文学部考古学研究報告第一冊。
早野浩二　一九九六　「弥生時代終末期〜古墳時代前期の東海地方における畿内系甕について」（『鍋と甕　そのデザイン』東海考古学フォーラム）。

原田大六　一九六六「福岡県『平原弥生古墳』の問題点」『古代学研究』四二・四三合併号。
〃　一九九一『平原弥生古墳』平原弥生古墳編集委員会。
原町市教育委員会　一九九九「桜井古墳群上渋佐七号墳現地説明会資料」同委員会。
樋口隆康　一九九五「青龍三年銘鏡に映した古代」(『鏡が語る古代弥栄』京都府弥栄町)。
比田井克仁　一九九四「南関東における庄内式併行前後の土器移動」『庄内式土器研究』5。
〃　一九九七「定型化古墳出現前における濃尾、畿内と関東の確執」『考古学研究』四四—二。
深沢敦仁　一九九八「上野における土器の交流と画期」『庄内式土器研究』16。
藤井雄三　一九九五「香川県鶴尾神社四号墳」『季刊考古学』五二号。
藤田和尊　一九九四『楢原遺跡Ⅰ』御所市教育委員会。
藤田三郎　一九八三『唐古鍵遺跡第一三・一四・一五次発掘調査概報』田原本町教育委員会。
藤丸詔八郎　一九九一「中国鏡の流れ」(『弥生古鏡を掘る——北九州の国々と文化』北九州市立考古博物館)。
堀口捨己　一九四八「佐味田の鏡の家の図について——出雲大社と古代住居——」『古美術』一九六号。
埋蔵文化財研究会(編)　一九八七『弥生・古墳時代の大陸系土器の諸問題』同会。
間壁葭子　一九九九『古代出雲の医薬と鳥人』学生社。
正岡睦夫　一九九五「古墳の編年—吉備」(『全国古墳編年集成』雄山閣出版)。
松岡良憲　一九九六『新庄遺跡』大阪府教育委員会。
松下　勝　一九七八『播磨・長越遺跡』兵庫県教育委員会。

〃　一九九〇「播磨のなかの四国系土器」(『今里幾次先生古稀記念・播磨考古学論叢』、のち、松下勝『播磨をめぐる弥生文化』精文社、一九九三年、に収録)。
丸山竜平　一九八三「箸墓と卑弥呼」『季刊邪馬台国』十七、梓書院。
溝口隆司　一九八八「古墳出現前後の土器相――筑前地方を素材として――」『考古学研究』三五―二。
光谷拓実　一九九五「古墳の年代を年輪から計る」(『科学が解き明かす古墳時代』日本文化財科学会。
宮崎幹也　一九九四「北近江の土器様相」『庄内式土器研究』6。
宮田浩之　一九八八『津古生掛遺跡II』小郡市教育委員会。
森　浩一　一九九七「集安の王陵研究と合掌式石室」『古代学研究』一三七。
森岡秀人　一九七六「西摂弥生社会の地域的展開」『武陽史学』七―一、武陽史学会。
〃　一九八五「弥生時代暦年代論をめぐる近畿V様式の時間幅」『信濃』三七巻四号。
森下　衛ほか　一九九一「園部黒田古墳の調査成果」『船阪・黒田工業団地予定地内遺跡群発掘調査概報』京都府園部町教育委員会。
森田克行　一九八九「大阪府安満遺跡」(『探訪　弥生の遺跡』畿内・東日本編、有斐閣)。
〃　一九九九「大阪府今城塚古墳」『季刊考古学』六八号、雄山閣出版。
八木武弘　一九八六「雉之尾一・二・三号墳」(『愛媛県史　資料編考古』)。
安村俊史　一九九五「船橋遺跡の庄内式土器」『庄内式土器研究』9。
柳沢一男　一九九九「盟主的首長墳の動向からみた日向首長連合の消長」『古墳時代の日向の地域性』宮崎県埋蔵文化財センター。

柳田康雄　一九八〇〜八三　『三雲遺跡群』Ⅰ〜Ⅳ、福岡県文化財調査報告書。
〃　一九八六　「北部九州の古墳時代」（『日本の古代』五、中央公論社）。
〃　二〇〇〇　『平原遺跡』前原市教育委員会。
山川守男ほか　一九九六　「埼玉県の方形周溝墓」（『関東の方形周溝墓』同成社）。
山田隆一　一九九二　「大阪府下出土の東海系土器とその特質」『庄内式土器研究』3。
〃　一九九五　「近畿3」〈大阪府〉（『ムラと地域社会の変貌――弥生から古墳へ――』埋蔵文化財研究会）。
山本三郎　一九九四　「西丹波における前方後円墳の出現」『前方後円墳の出現をめぐって』両丹考古学研究会　一一九ページ。
山本哲也　一九八九　「高知県東崎遺跡」（『日本考古学協会年報』42）。
湯村　功　一九九八　「庄内式併行期の山陰の様相」『庄内式土器研究』18。
楊　寛　一九八一　『中国皇帝陵の起源と変遷』学生社。
楊　鴻勛　一九九八　「中日文化の関係からみた縄文・弥生時代の掘立柱建物」（『先史日本の住居とその周辺』同成社）。
横島勝則・丸山次郎　一九九八　『太田南古墳群・太田南遺跡・矢田城跡第2次〜第5次発掘調査報告書』弥栄町教育委員会。
吉田博行ほか　一九九五　『杵ガ森古墳・稲荷塚遺跡発掘調査報告書』会津坂下町教育委員会。
吉原佳市　二〇〇二　『根塚遺跡』木島平村教育委員会。

米田敏幸　一九九二a「畿内古式土師器に関する二つの仮説」『庄内式土器研究』1。
〃　一九九二b「大阪府下の庄内式土器出土遺跡と搬入土器」『庄内式土器研究』1。
米田敏幸・奥田　尚　一九九六「久宝寺・加美遺跡出土の三韓時代系の土器の意義について」『韓式系土器研究』6。
米田文考　一九八三「搬入された古式土師器」（『関西大学考古学研究室開設30周年記念　考古学論叢』関西大学）。
李　亨坤　一九九七「新羅式土壙木槨墓の検討」昌原史学三、昌原大学校史学会。
和気清章　一九九九「伊勢における土器交流拠点」『庄内式土器研究』20。
渡辺明夫・藤井雄三　一九八三『鶴尾神社四号墳調査報告書』高松市歴史民俗協会。
渡辺貞幸　一九九〇「出雲市・西谷3号墓の墓上施設跡」『考古学研究』一四六。
〃　一九九二「島根県西谷3号墓の第4主体」『考古学研究』一五四。
〃　一九九三「弥生墳丘墓における墓上の祭儀――西谷3号墓の調査から――」『島根考古学会誌』10。
渡辺　昇　一九九九「庄内期の播磨の集落」『庄内式土器研究』20。
渡辺昌宏　一九九七「近畿における鉄器普及の背景」（『卑弥呼誕生』大阪府立弥生博物館）。

著者紹介
一九三三年、宮城県に生まれる
一九六一年、関西大学大学院文学研究科修了
奈良県立橿原考古学研究所を経て、
現在、徳島文理大学教授、奈良県香芝市二上山博物館館長
主要著書
古墳文化出現期の研究　古代大和へ、考古学の旅人　古代近畿と東西交流　日本原始・古代住居の研究　古代住居のはなし　邪馬台国と古墳　女王卑弥呼の祭政空間

歴史文化ライブラリー
113

邪馬台国の考古学

二〇〇一年(平成十三)三月一日　第一刷発行
二〇〇三年(平成十五)四月二十日　第二刷発行

著者　石《いし》野《の》博《ひろ》信《のぶ》

発行者　林　英男

発行所　株式会社　吉川弘文館
東京都文京区本郷七丁目二番八号
郵便番号一一三—〇〇三三
電話〇三—三八一三—九一五一〈代表〉
振替口座〇〇一〇〇—五—二四四
印刷＝平文社　製本＝ナショナル製本
装幀＝山崎　登

歴史文化ライブラリー

1996.10

刊行のことば

現今の日本および国際社会は、さまざまな面で大変動の時代を迎えておりますが、近づきつつある二十一世紀は人類史の到達点として、物質的な繁栄のみならず文化や自然・社会環境を謳歌できる平和な社会でなければなりません。しかしながら高度成長・技術革新にともなう急激な変貌は「自己本位な刹那主義」の風潮を生みだし、先人が築いてきた歴史や文化に学ぶ余裕もなく、いまだ明るい人類の将来が展望できていないようにも見えます。

このような状況を踏まえ、よりよい二十一世紀社会を築くために、人類誕生から現在に至る「人類の遺産・教訓」としてのあらゆる分野の歴史と文化を「歴史文化ライブラリー」として刊行することといたしました。

小社は、安政四年（一八五七）の創業以来、一貫して歴史学を中心とした専門出版社として書籍を刊行しつづけてまいりました。その経験を生かし、学問成果にもとづいた本叢書を刊行し社会的要請に応えて行きたいと考えております。

現代は、マスメディアが発達した高度情報化社会といわれますが、私どもはあくまでも活字を主体とした出版こそ、ものの本質を考える基礎と信じ、本叢書をとおして社会に訴えてまいりたいと思います。これから生まれでる一冊一冊が、それぞれの読者を知的冒険の旅へと誘い、希望に満ちた人類の未来を構築する糧となれば幸いです。

吉川弘文館

〈オンデマンド版〉
邪馬台国の考古学

歴史文化ライブラリー
113

2017年（平成29）10月1日　発行

著　者　石《いし》野《の》博《ひろ》信《のぶ》
発行者　吉川道郎
発行所　株式会社　吉川弘文館
〒113-0033　東京都文京区本郷7丁目2番8号
TEL　03-3813-9151〈代表〉
URL　http://www.yoshikawa-k.co.jp/

印刷・製本　大日本印刷株式会社
装　幀　清水良洋・宮崎萌美

石野博信（1933～）

ISBN978-4-642-75513-9